«El doctor Caldwell Esselstyn ha dirigido una investigación pionera y ha demostrado que la progresión de la cardiopatía, incluso severa, suele revertirse mediante la introducción de cambios exhaustivos en la dieta y la forma de vida.»

Doctor Dean Ornish, fundador, presidente y director del Instituto de Investigación para la Medicina Preventiva, y autor de *Dr. Dean Ornish's Program for Reversing Heart Disease*

«Un científico implacable nos enseña sus secretos para limpiar las arterias oxidadas de muchísimos pacientes… y sin provocarles dolor.»

Doctor Mehmet Oz, coautor de *You: The Owner's Manual*

«El doctor Esselstyn ha estado siempre a la vanguardia. Su idea sobre los poderes curativos de una nutrición adecuada en casos de cardiopatía coronaria ha demostrado ser cierta, lo cual desata a su vez otra idea sorprendente: que los pacientes cardiológicos pueden curarse a sí mismos.»

Doctora Bernadine Healy, antigua directora de los Institutos Nacionales de Salud (Estados Unidos)

«Este poderoso programa te convertirá en una persona prácticamente invulnerable frente a los ataques cardíacos. Basándose en décadas de investigación, el doctor Caldwell Esselstyn nos ha enseñado no solo a prevenir la cardiopatía, sino a revertirla, incluso en los casos de pacientes afectados durante años. Recomiendo encarecidamente este libro tan importante.»

Doctor Neal D. Barnard, presidente del Comité de Médicos para una Medicina Responsable, y autor de *Breaking the Food Seduction*

D1446552

«*Prevenir y revertir las enfermedades del corazón* ofrece un método práctico para recuperar la salud perdida. Considerando la prevalencia mundial de la enfermedad coronaria, este libro debería convertirse en el mayor éxito de ventas de todos los tiempos.»

Doctor John A. McDougall, autor de *The McDougall Program*

«La exitosa terapia del doctor Esselstyn para frenar y revertir la cardiopatía a través de la educación y motivación del paciente como tratamiento de elección causará conmoción en un sistema mercenario que recurre principalmente a las pastillas y los procedimientos quirúrgicos.»

Hans Diehl, fundador y director del Proyecto para Mejorar la Salud Coronaria (Coronary Health Improvement Project – CHIP)

«La solución que propone el Doctor Esselstyn en *Prevenir y revertir las enfermedades del corazón* es tan profunda como el descubrimiento de la gravedad por parte de Newton. La mitad de los norteamericanos que están muriendo en la actualidad podrían haber cambiado su cita con la funeraria si hubiesen seguido el plan del doctor Esselstyn.»

Howard F. Lyman, autor de *No More Bull!* y *Mad Cowboy*

«Si sufres alguna cardiopatía, este libro debería convertirse en una lectura esencial para ti. Podría salvarte la vida.»

Michael F. Jacobson, director ejecutivo del Centro para la Ciencia de Interés Público

Prevenir y revertir las enfermedades de corazón

Cura revolucionaria,
científicamente probada,
basada en la nutrición,
con más de 150 deliciosas recetas

Dr. Caldwell B. Esselstyn, Jr.

 *Ediciones*

Ni el editor ni el autor están ofreciendo consejo profesional ni servicio alguno al lector individual. Las ideas, procedimientos y sugerencias que aparecen en este libro no han de ser considerados sustitutos de la visita a un médico. Todas las cuestiones de salud requieren supervisión médica. Ni el autor ni el editor serán considerados responsables de ninguna pérdida o daño presuntamente derivados de la información o sugerencias que aparecen en este libro.

Las recetas incluidas en estas páginas tienen que ser preparadas exactamente como se detalla. El editor no es responsable de ningún problema de salud ni de tipo alérgico que pueda requerir supervisión médica, ni de ninguna reacción adversa a estas recetas.

Si bien el autor ha hecho todo lo posible por proporcionar direcciones de Internet correctas a la fecha de publicación de este libro, ni el editor ni el autor asumen responsabilidad alguna por errores o cambios que hayan tenido lugar con posterioridad a la presente publicación. Además, el editor no ejerce ningún control ni asume responsabilidad alguna sobre las páginas web del autor o terceras partes, ni de su contenido.

Título original: *Prevent and Reverse Heart Disease*

Traducción: Nora Steinbrun Cagigal

Diseño de cubierta: Rafael Soria

© Caldwell B. Esselstyn, Jr., Dr.

Publicado por acuerdo con Peter W. Berstein Corp.

De esta edición:
© Gaia Ediciones, 2012
  Alquimia, 6 - 28933 Móstoles (Madrid) - España
  Tels.: 91 614 53 46 - 91 614 58 49 - Fax: 91 618 40 12
  www.alfaomega.es - e-mail: alfaomega@alfaomega.es

Primera edición: octubre de 2013

Depósito legal: M. 26.851-2013
ISBN: 978-84-8445-476-2

Impreso en España por: Artes Gráficas COFÁS, S.A. - Móstoles (Madrid)

*Este libro está dedicado a mi esposa, Ann Crile Esselstyn,
quien le da sentido a todo.*

*Y a mis pacientes de la investigación original,
por volcar toda su fe en mí.*

Índice

Prólogo

UNA MAÑANA DE VERANO, en 1991, recibí una interesante llamada telefónica de un cirujano de la prestigiosa Clínica Cleveland, de Ohio, que había leído un artículo reciente publicado en *The New York Times* sobre nuestro estudio acerca de la dieta, el estilo de vida y la salud en China, y demostraba un gran interés por nuestros descubrimientos preliminares. Por ello, me invitaba a dar una conferencia en otoño, que tendría lugar en Tucson, Arizona. Su ambicioso título para la reunión era: «Primera Conferencia Nacional sobre la Eliminación de la Cardiopatía Coronaria».

Esto me resultó ya lo suficientemente intrigante como para convencerme de que aceptara. Pero también me impresionaba que este señor, el doctor Esselstyn, se hubiese asegurado la participación de muchos reconocidos especialistas en cardiología, como William Castelli, director del Estudio de Framingham sobre el Corazón, y el doctor Dean Ornish, quien recientemente había ganado un considerable reconocimiento por su demostración de que era capaz de revertir la cardiopatía a través de cambios en la dieta y estilo de vida de los pacientes. Como mínimo, esta conferencia resultaría sumamente estimulante. En mi propio entorno académico, por aquel entonces ya resultaba alarmante mencionar una tenue asociación entre la dieta y la cardiopatía. ¿Pero hablar de la *eliminación* de la cardiopatía coronaria?... Eso implicaba un cambio paradigmático.

La conferencia fue un gran éxito y resultó de lo más provocadora. Lo mismo sucedió con una reunión subsiguiente que tuvo lugar en Orlando, Florida, organizada por el doctor Esselstyn en colaboración con Michael Eisner, por aquel entonces director ejecutivo de Walt Disney Company.

Desde aquellos primeros días, mi esposa, Karen, y yo hemos frecuentado tanto al doctor Esselstyn —«Essy», como lo llaman sus amigos— como a su enérgica esposa y colega, Ann. Muchas veces he impartido conferencias junto a él en los mismos auditorios. Y de ese modo he llegado a conocer su notable investigación y sus resultados, así como sus más importantes consecuencias.

Los estudios del doctor Esselstyn se encuentran entre las investigaciones médicas más relevantes y cuidadosamente realizadas del siglo pasado. Es posible que no nos alcance la vida para concretar su objetivo último —la eliminación completa de la cardiopatía coronaria—, pero él nos ha explicado que sí es posible lograrlo y nos ha demostrado cómo. Su decisión de llevar a cabo esta investigación y de enseñarnos todo lo que él ha aprendido, en contra de la tremenda oposición del sistema médico, es una demostración de su coraje e integridad a nivel personal y profesional.

Este libro es una obra imprescindible tanto para las personas corrientes que sienten interés por cuidar su salud como para los especialistas de instituciones de investigación clínica y médica. Quien ignore su mensaje lo hará bajo su responsabilidad. No existe ninguna maravilla farmacéutica ni artimaña médica, actual o futura, capaz de equiparar estos descubrimientos.

T. COLIN CAMPBELL,
profesor emérito de bioquímica nutricional
de la Universidad de Cornell
y coautor de *The China Study* (2005)

Introducción

ESTE LIBRO TIENE SUS ORÍGENES en las dramáticas experiencias de veintitrés hombres y una mujer que hace veinte años se acercaron a mí desesperados, sin esperanza alguna. Por aquel entonces, yo era cirujano de la renombrada Clínica Cleveland. Un año sí y el otro también esta clínica viene siendo reconocida como el centro número uno del mundo en tratamiento cardiológico. Y, de hecho, las notables innovaciones y proezas quirúrgicas que mis colegas han conseguido introducir en el mundo de la medicina dan buena prueba de esta merecida fama.

Pero un cirujano solo dispone de un determinado número de herramientas para enfrentarse a una enfermedad letal, y los médicos de la clínica se habían visto obligados a reconocer que ya no podían hacer nada más por los pacientes a los que dedico este libro.

Este es siempre el momento más duro tanto para el enfermo como para el médico: la hora en que no queda más remedio que dictar la sentencia de muerte. Y esa era la posición en la que se encontraban la mayoría de estos pacientes en 1985. Cuando llegaron a mi despacho eran, hay que reconocerlo, un grupo de personas afligidas, apenadas por su salud física y también afectadas por una evidente tristeza de espíritu.

Lo más desmoralizador para quienes se habían beneficiado de las intervenciones quirúrgicas de la clínica era reconocer que todo lo que se había hecho hasta el momento para salvarles la vida —repetidas cirugías a corazón abierto, numerosas angioplastias, stents y la prescripción de una enorme cantidad de medicamentos— parecía no causar ya ningún efecto. Casi todos los hombres habían perdido la potencia sexual y la mayoría de ellos sufría fuertes dolores en el pecho —esa terrible condición conocida como angina—, que en algunos resultaban tan angustiosos que les impedían recostarse, obligándoles a dormir sentados. Solo unos pocos eran capaces de dar paseos largos, y algunos ni siquiera podían cruzar una habitación de un extremo al otro sin sufrir dolores insoportables. La verdad es que algunos eran verdaderos muertos vivientes.

Sin lugar a dudas, si todos aceptaron las exigentes condiciones que les planteé para probar la cura en la que ya creía por aquel entonces, fue porque se habían quedado sin opciones.

Les expliqué que lo que les estaba proponiendo no sería sencillo para ningún norteamericano acostumbrado a una dieta cargada de comida rápida frita, gruesos chuletones y sabrosos productos lácteos. Pero, continué, si estaban preparados para unirse a mí en una dieta que no difería de la que seguían dos tercios de la población mundial, teníamos muchas probabilidades de anular las sentencias de muerte que les habían impuesto sus médicos. Y mientras tanto podríamos demostrar que el principal factor de muerte entre los norteamericanos, la cardiopatía, era un tigre de papel al que podíamos vencer... sin usar el bisturí.

En la actualidad casi todo el mundo es consciente, en mayor o menor medida, de que aquello que come determina de alguna manera sus probabilidades de desarrollar alguna cardiopatía. Pero este principio no estaba establecido en absoluto cuando inicié mi estudio. He de admitir también que la amenaza que me afectaba a mí personalmente —todos los miembros de mi familia habían muerto jóvenes— tuvo mucho que ver, puesto que por aquel entonces yo había comenzado a buscar ya algún destino alternativo y le daba vueltas a la posibilidad de seguir una dieta baja en grasas y basada en el consumo de verduras. En la costa oeste, mi amigo el doctor Dean Ornish estaba comenzando a surcar el mismo camino que yo, y al mismo tiempo. Y allí estábamos ambos: en los extremos opuestos del continente, sin saber nada ni haber oído hablar jamás el uno del otro.

Casi todos los pacientes que se presentaron en mi consulta porque les habían informado de que prácticamente no había nada más que hacer por ellos continúan hoy —veinte años más tarde— con vida y sus enfermedades arteriales han desaparecido. Por eso encarnan la prueba viviente de lo que puedes conseguir tú y cualquier otra persona que elija volverse inmune a los ataques cardíacos. Ellos me concedieron el valioso don de la confianza en mí mismo, y gracias a esta seguridad personal he continuado asesorando y tratando a cientos de enfermos.

Este libro está dedicado a aquellos primeros pacientes, a la aventura que emprendimos juntos en aquel experimento pionero sobre el tratamiento de la cardiopatía coronaria y a su forma de tomar las riendas de sus vidas para descubrir, mientras buscaban una dieta y un estilo de vida alternativos, que era posible recuperar la alegría. En estas páginas encontrarás una forma simple y esperanzadora de emprender el camino hacia una vida larga y gratificante.

Permíteme contarte la historia de mis pacientes, de nuestra investigación y de lo mucho que hemos aprendido.

PARTE UNO

El meollo de la cuestión

1

Comer para vivir

«ERA UN VIERNES DE NOVIEMBRE DE 1996 y había operado durante todo el día. Terminé, me despedí de mi último paciente y entonces sentí un dolor de cabeza muy muy fuerte. Fue como un rayo. Tuve que sentarme. Uno o dos minutos después empezó el dolor en el pecho, que se extendió hacia el brazo, el hombro y la mandíbula.»

Son las palabras de Joe Crowe, el médico que me sucedió como presidente del equipo especial de tratamiento del cáncer de mama en la Clínica Cleveland. Estaba sufriendo un ataque cardíaco... y tenía solo cuarenta y cuatro años. En su familia no había antecedentes de cardiopatías; no tenía sobrepeso ni era diabético, y tampoco sufría hipertensión ni presentaba problemas de colesterol. En resumen, no era el típico candidato para sufrir un paro cardíaco, pero aun así lo estaba sufriendo... y mucho.

En este libro cuento la historia de Joe Crowe y la de muchos otros pacientes que he tratado en los últimos veinte años. Mi objeto de estudio es la cardiopatía coronaria, su causa y el revolucionario tratamiento, al que todo el mundo tiene acceso, que puede abolirla y ha salvado a Joe Crowe y a muchos otros. Mi mensaje es claro y absoluto: *la cardiopatía coronaria no tendría que existir, pero si existe, no debería empeorar.* Sueño con el día en que podamos neutralizar por completo esta enfermedad —que es el azote del moderno y próspero Occidente— y una impresionante lista de otras enfermedades crónicas.

La situación es la siguiente: en la civilización occidental, la cardiopatía coronaria es la principal causa de muerte tanto en hombres como en mujeres. Solamente en Estados Unidos, más de medio millón de personas muere todos los años a causa de esta dolencia. Tres veces ese número de individuos sufren ataques cardíacos, y alrededor de tres millones más experimentan paros cardíacos «silentes» con síntomas mínimos, lo cual no los hace conscientes, hasta mucho después de sufrir el daño, de que se encuentran en peligro de muerte. En el curso de su vida, uno de cada dos hombres y una de cada tres mujeres sufrirá en Estados Unidos alguna forma de esta enfermedad.

El coste de esta epidemia es enorme, mucho mayor que el de cualquier otra enfermedad. Estados Unidos gasta más de 250.000 millones de dólares al año en el tratamiento de las cardiopatías, lo que equivale aproximadamente a la cantidad de dinero que el país invirtió en los primeros dos años y medio de su campaña militar en Irak, y el doble de lo que el Gobierno federal adjudica anualmente al total de las investigaciones y el desarrollo, incluido el I+D para las áreas de defensa y seguridad nacional[1].

Pero la estadística realmente más impactante es la siguiente: casi la totalidad de ese dinero se dedica a tratar los síntomas. Con él se paga la medicación cardíaca, los agentes de disolución de coágulos y las costosas técnicas mecánicas que desvían la circulación sanguínea de las arterias obstruidas o bien las ensanchan utilizando globos, diminutos bisturís rotatorios, láseres y stents. Todos estos métodos encierran significativos riesgos de provocar complicaciones graves, incluso la muerte. Pero aunque lleguen a buen término, proporcionan solo un alivio temporal de los síntomas. *No hacen nada en absoluto por curar la enfermedad subyacente ni por prevenir su desarrollo en otras posibles víctimas.*

Creo que los médicos hemos tomado el camino equivocado. Es como si nos limitáramos a observar a millones de personas que avanzan hacia un acantilado y no tomáramos la decisión de intervenir hasta el último minuto, desesperados, pretendiendo salvarlos a pesar de que ya han caído. Lo que deberíamos hacer en realidad es enseñarles a evitar el abismo, a caminar en paralelo al precipicio para que jamás se despeñen.

En mi opinión, la cardiopatía coronaria es una patología evitable. Y en el caso de que no exista prevención posible, porque la enfermedad ya se ha manifestado, estamos en condiciones de detener su avance y revertir sus insidiosos efectos. Estoy convencido —y mi trabajo de los últimos veinte años así lo ha demostrado— de que todo esto es posible sin ninguna intervención mecánica costosa y con una dosis mínima de medicamentos. La clave está en la alimentación; concretamente, en abandonar la dieta tan sumamente tóxica a la que está habituada la población norteamericana —y gran parte de los habitantes del mundo occidental— y mantener los niveles de colesterol muy por debajo de los recomendados por los expertos en política sanitaria.

En esencia, el programa nutricional que recomiendo se basa en evitar todos y cada uno de los alimentos que causan o promueven el desarrollo de la enfermedad vascular. A mis pacientes suelo pedirles que comparen su cardiopatía coronaria con un incendio: si la que se está quemando es su propia casa, quiere decir que están consumiendo alimentos nocivos que les han provocado una enfermedad del corazón. Y por ese motivo, les explico, seguir tomando los mismos productos que han causado la dolencia es como echar gasolina al fuego.

Yo no quiero que mis pacientes echen ni una sola gota de gasolina al fuego, porque sé que frenar el vertido de combustible hará que se extinga el incendio. En otras palabras, he comprobado que modificar la forma de comer acaba con la enfermedad del corazón.

Estas son las reglas de mi programa en su versión más simplificada:

- no puedes comer nada que tenga madre o rostro (es decir, tienes que suprimir la carne, las aves y el pescado);
- no puedes tomar productos lácteos;
- no debes consumir aceite de ningún tipo, ni una gota (sí,

devotos de la dieta mediterránea: eso incluye al aceite de oliva, como explicaré en el capítulo 10);
• en términos generales, no puedes tomar frutos secos ni aguacates.

Pero sí puedes consumir una gran variedad de alimentos deliciosos y cargados de nutrientes:

• todos los de origen vegetal (menos el aguacate): verduras de hoja verde, tubérculos, hortalizas de color rojo, verde, púrpura, anaranjado y amarillo, y todo lo que encuentres entre medias;
• todo tipo de legumbres: judías, guisantes y lentejas en todas sus variedades;
• todos los cereales integrales y los productos derivados de ellos, como el pan y la pasta, siempre que no contengan grasas añadidas;
• todas las frutas.

Funciona. En los primeros veinte años de estudio continuado sobre los efectos de mi plan nutricional en pacientes gravemente enfermos —que describiré en este libro—, pude comprobar que quienes acataron el programa consiguieron frenar por completo la progresión clínica de la cardiopatía coronaria y alcanzaron una significativa reversión selectiva de la enfermedad. Y los pacientes absolutamente obedientes consiguieron erradicar la angina y revertir los resultados anormales de sus pruebas de estrés en cuestión de semanas.

El caso de Joe Crowe merece una mención especial. Las pruebas posteriores a su ataque cardíaco de 1996 demostraban que el tercio inferior de su arteria coronaria descendente anterior izquierda —el vaso que se dirige a la zona frontal del corazón y, por razones obvias, es conocido popularmente como «hacedor de viudas»— se encontraba sumamente dañado. La anatomía de su arteria coronaria excluía a Crowe como candidato a un bypass quirúrgico, una angioplastia o un stent, y debido a su temprana edad y al hecho de estar casado y tener tres hijos pequeños, este hombre se encontraba comprensiblemente desconsolado y deprimido. Además, como hacía ejercicio físico, no fumaba y tenía un nivel de colesterol relativamente bajo, de 156 miligramos por decilitro (mg/dl), parecía que no había nada en su estilo de vida que pudiera modificar o reformar para detener la enfermedad.

Joe conocía mi interés por la cardiopatía coronaria. Unas dos semanas después de su ataque cardíaco, él y su esposa, Mary Lind, vinieron a cenar a casa y tuve la oportunidad de contarle en detalle mi investigación. Tanto Joe como Mary Lind entendieron enseguida lo que supondría para él adoptar una dieta basada en el consumo de vegetales y de inmediato se sintieron motivados, en lugar de creerse sin opciones. En palabras de Mary Lind, «frente a nuestra desgracia personal, de repente surgió algo pequeño que podíamos hacer». Sin perder tiempo, Joe comenzó mi programa alimentario, aunque se negó a tomar medicamentos para bajar el colesterol. Y redefinió la palabra *compromiso*: en efecto, se ciñó al plan de forma rigurosa y gracias a su tesón consiguió reducir los valores totales de su colesterol a solo 89 mg/dl y recortar su LDL, o colesterol «malo», de 98 mg/dl a 38 mg/dl.

Unos dos años y medio después de que Joe adoptara una estricta dieta vegetariana, su vida profesional se había vuelto tan activa y se encontraba sometido a tanto estrés que empezó a notar la reaparición de un ligero malestar en el pecho. Sus cardiólogos, preocupados por la recurrencia de la angina, solicitaron más pruebas para saber qué estaba sucediéndole.

El día que le realizaron la angiografía de control, fui a la consulta del doctor Crowe después del trabajo. Cuando nos saludamos me pareció ver que tenía los ojos llorosos. «¿Va todo bien?», le pregunté.

«Tú me has salvado la vida. ¡Ha desaparecido! ¡Ya no está! ¡El riesgo de muerte ya no existe para mí! Los resultados de mi angiografía de control son normales», declaró.

Casi diez años más tarde, Mary Lind recordó que, aquella primera noche en nuestra casa, ella y su marido se habían preguntado: «¿Cómo lo habrán hecho los Esselstyn?», es decir, cómo habíamos conseguido cambiar por completo nuestra forma de comer. «Ahora este programa forma parte de nuestra familia —explica Mary Lind—. Llevamos mucho tiempo comiendo los mismos alimentos y ya funciono en modo piloto automático.»

Más tarde, cuando pregunté a Joe qué le había hecho tomar la decisión de cambiar, respondió de forma muy simple: «Creímos en ti. —Y añadió—: Como no tenía ninguna otra posibilidad, centré toda mi atención en la dieta. Si me hubiesen sometido a un bypass quirúrgico, mi forma de comer no habría ocupado un lugar tan preponderante. La dieta introdujo un cambio de dirección en nuestra vida y nos motivó a hacer algo que sabíamos que podíamos conseguir».

En la figura 1 aparecen las angiografías de Joe Crowe, tanto la original, realizada después del ataque cardíaco, como la de control, llevada a cabo dos años y medio más tarde. Es la más completa resolución de una cardiopatía coronaria que he visto jamás, prueba gráfica de que la alimentación basada en el consumo de productos vegetales permite que el organismo se cure por sí solo.

REVERSIÓN DE CARDIOPATÍA CORONARIA

27 de noviembre de 1996   22 de julio de 1999

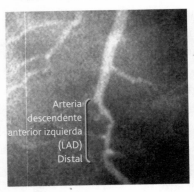 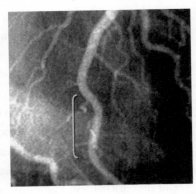

FIGURA 1. Las angiografías coronarias de la arteria descendente anterior izquierda antes (izquierda) y después (derecha) de 32 meses de dieta vegetariana sin medicación reductora del colesterol, donde se aprecia una notable mejoría.

Los cambios alimentarios que han ayudado a mis pacientes durante los últimos veinte años también pueden ayudarte a ti y hacerte inmune a los ataques cardíacos. Y existen pruebas suficientes que demuestran que sus beneficios van mucho más allá de la cardiopatía coronaria. Si comes para salvar tu corazón, lo haces también para salvarte de otras enfermedades relacionadas con la forma en que comes, como el ictus, la hipertensión, la obesidad, la osteoporosis, la diabetes del adulto y posiblemente también la demencia senil. Por no mencionar que te proteges de una gran cantidad de otras dolencias vinculadas con factores dietéticos, como la impotencia y los cánceres de mama, próstata, colon, recto, útero y ovarios. Y si comes para mantener una buena salud, encontrarás un efecto añadido que seguramente no esperabas: *que durante el resto de tu vida no tendrás que contar calorías ni preocuparte por tu peso nunca más.*

Cada vez son más los médicos que están tomando conciencia de que la dieta desempeña un papel crucial en la salud, y de que los cambios nutricionales como los que yo recomiendo pueden causar efectos radicales en el desarrollo y progresión de la enfermedad. Pero, por diversas razones, la medicina actual no insiste lo suficiente en la prevención primaria y secundaria. Para la mayoría de los médicos, la nutrición no reviste especial interés; no se trata de un pilar esencial de la educación médica. Y prueba de ello es que cada nueva generación de estudiantes de medicina recibe una gran cantidad de información sobre distintas clases de píldoras y procedimientos, pero casi ninguna instrucción sobre la prevención de las enfermedades. Porque, en la práctica, los médicos no consiguen ninguna recompensa por educar a sus pacientes respecto a las ventajas de una forma de vida realmente sana.

En los últimos cien años, el tratamiento mecánico de la enfermedad ha dominado cada vez más la profesión médica en Estados Unidos. La cirugía es el prototipo, y su fulgurante progreso —a años luz de las catarsis, sangrías y amputaciones que dominaban la medicina en los siglos anteriores— es verdaderamente impresionante. Pero también tiene grandes fallos. Es cara, dolorosa y da miedo; por lo general, incapacita y desfigura, y con mucha frecuencia no actúa más que como un recurso temporal sobre la enfermedad que pretende tratar. Se trata de un procedimiento mecánico para un problema biológico.

Ningún área de la medicina ilustra mejor el tratamiento mecánico de la enfermedad que la cardiología y la cirugía cardíaca. Piénsalo: en Estados Unidos vive solo el 5 por 100 de la población mundial, pero cada año los médicos de los hospitales norteamericanos realizan más del 50 por 100 de todas las angioplastias y procedimientos de bypass del mundo entero. Una de las razones que impulsan esta insólita situación es que la medicina mecánica está envuelta en un aura romántica y conmovedora que la convierte en un imán natural para los medios de comunicación. ¿Recuerdas el dramatismo que rodeó hace varios años la proliferación de implantes de corazones artificiales? La mayoría de los receptores murieron pocas semanas después de la cirugía, y todos vivieron sus últimos días conectados a respiradores artificiales que, lejos de mejorar su calidad de vida, la reducían drásticamente. Pero dio igual: las impresionantes intervenciones quirúrgicas «atraparon» la imaginación nacional durante meses.

Lo cierto es que nunca ha existido demasiado incentivo para que los médicos estudien formas alternativas de controlar la enfermedad. Y por ello la estrategia basada en los procedimientos mecánicos continúa dominando la profesión, aunque garantice muy poco a los millones de personas que, sin sospecharlo, se convertirán en los próximos enfermos. Los hospitales modernos no ofrecen prácticamente nada para mejorar la salud pública. Son catedrales de la enfermedad.

Debo decir, no obstante, que poco a poco comienzan a apreciarse algunos signos de cambio. Los médicos y los investigadores están cada vez más de acuerdo en que las modificaciones en el estilo de vida —como llevar el control de la presión sanguínea, dejar de fumar, reducir el colesterol, practicar ejercicio físico y modificar la dieta— resultan esenciales para la salud general. A estas alturas resulta difícil negar que las personas que se han pasado la vida siguiendo la típica dieta norteamericana corren un grave peligro; la evidencia crece año tras año. El doctor Lewis Kuller, de la Universidad de Pittsburgh, dio a conocer recientemente los resultados del Estudio sobre la Salud Cardiovascular, un proyecto del Instituto Nacional del Corazón, los Pulmones y la Sangre. Después de una década de investigación, su conclusión es alarmante: «Todos los hombres de más de 65 años de edad expuestos a una forma de vida occidental tradicional padecen alguna enfermedad cardiovascular y deberían ser tratados en consecuencia»[2].

Incluso los cardiólogos intervencionistas están comenzando a cuestionar la lógica de sus procedimientos. En 1999, el cardiólogo David Waters, de la Universidad de California, llevó a cabo un estudio que comparaba los resultados de la angioplastia —intervención en la que se inserta un balón en una arteria coronaria para ensanchar el vaso y mejorar el flujo sanguíneo— con el empleo de medicación para reducir de forma agresiva los valores del colesterol sérico. El resultado fue indiscutible: los pacientes tratados con medicamentos fueron hospitalizados en menos ocasiones por dolor en el pecho y sufrieron menos ataques cardíacos que aquellos sometidos a angioplastias y atención postoperatoria estándar[3].

La gran lección de ese estudio es que el tratamiento sistémico de la enfermedad a través de la reducción agresiva del colesterol es claramente superior a la intervención selectiva en un único punto en el que una arteria se ha obstruido y estrechado. Pero ha causado un considerable alboroto entre los cardiólogos. Como apunta el doctor Waters, «Existe una rama tradicional de la cardiología que no quiere ni oír hablar de este tema».

¿Por qué? ¡Por dinero! Durante muchos años me negué a aceptar esta conclusión, pero el peso de la evidencia es abrumador. Los cardiólogos intervencionistas ganan cientos de miles de dólares al año, y los que tienen una agenda particularmente cargada se embolsan millones. Además, los procedimientos cardiológicos generan inmensas ganancias para los hospitales, y las aseguradoras médicas apoyan la implementación de procedimientos mecánicos para el tratamiento de la enfermedad vascular. Resulta mucho más sencillo documentar y cuantificar dichos procedimientos por el reembolso que producen que documentar y cuantificar los cambios que los pacientes pudieran introducir en su forma de vida (lo cual, por cierto, evitaría la necesidad de dichos procedimientos).

Como médico, me avergüenza la falta de interés que demuestra mi profesión por incentivar el cambio hacia un estilo de vida más sano. Debemos modificar la forma en que abordamos la enfermedad crónica.

El trabajo que describiré en los próximos capítulos confirma que los cambios nutricionales permanentes, unidos (en caso de necesidad) a bajas dosis de medicación reductora del colesterol, ofrecen máxima protección frente a la enfermedad vascular. Cualquier persona que siga el programa al pie de la letra comprobará, casi con toda certeza, que su enfermedad deja de avanzar, y es muy probable que experimente la reversión selectiva de la dolencia. Y el corolario, que cuenta con el abrumador respaldo de múltiples estudios llevados a cabo en la población mundial, es que las personas no enfermas que adoptan los mismos cambios en su dieta nunca desarrollan enfermedades del corazón.

Los cardiólogos que han visto mis datos contrastados por especialistas de esa misma área aceptan que la cardiopatía coronaria puede ser detenida y revertida a través de cambios en la dieta y en la forma de vida, pero añaden que no creen que sus pacientes sean capaces de seguir cambios nutricionales tan «radicales».

Sin embargo, la realidad es que mi plan nutricional no tiene nada de radical. Es lo más convencional que puedas imaginarte, porque 4 de los 5.500 millones de seres humanos que poblamos la Tierra siguen el programa nutricional que recomiendo, y entre ellos la cardiopatía y muchas otras dolencias crónicas son casi desconocidas. La palabra *radical* es mucho más adecuada para describir la típica dieta estadounidense, puesto que garantiza la muerte de millones de personas tras provocar la devastación de sus sistemas vasculares. Según mi experiencia, los pacientes que reconocen contar con una alternativa clara —entre la cirugía invasiva, que no hará nada por curar su enfermedad subyacente, y los cambios nutricionales, que detendrán y revertirán la enfermedad, además de mejorar su calidad de vida— adoptan de buena gana los cambios en su dieta.

Uno de mis pacientes, Jerry Murphy, se presentó en mi consulta cuando tenía sesenta y siete años, después de que su cardiólogo le recomendara una operación a corazón abierto que él estaba decidido a evitar. «Ningún hombre de la familia Murphy ha vivido más de sesenta y siete años —anunció—. ¿Qué piensa hacer usted al respecto?». Y mi respuesta fue que en realidad la cuestión era qué iba a hacer él, con mi ayuda. Ahora que tiene alrededor de ochenta y cinco —y ha superado con creces la expectativa de vida de los hombres de la familia Murphy—, Jerry considera que mi programa nutricional representa una forma más natural de comer, un regreso a las costumbres saludables del pasado. «Me resultaba completamente lógico», afirma, aludiendo a sus ancestros irlandeses, que, aunque matasen un ternero al año, subsistían principalmente a base de una dieta vegetariana baja en grasas.

Todos tenemos amigos, familiares y conocidos que se han convertido en víctimas de la cardiopatía coronaria. Suele tratarse de personas vigorosas que se encuentran en la flor de la vida cuando les sorprende el ataque cardíaco y que, si sobreviven, rara vez vuelven a ser quienes eran, porque les atemoriza sufrir un nuevo episodio o experimentar el inicio de alguna complicación. Y sus seres queridos comparten preocupaciones similares. Sin embargo, esta enfermedad no tendría por qué manifestarse. Para la gran mayoría de la población de este planeta —es decir, más de los cuatro mil millones de personas que no siguen la forma de vida occidental—, simplemente no existe.

Mi objetivo es muy ambicioso: aniquilar la cardiopatía; abolirla de una vez por todas. Quiero que cuando tengas noventa años tus arterias funcionen con la misma eficacia que cuanto tenías nueve. Mi programa nutricional es estricto y no permite versiones simplificadas; en ese sentido soy inflexible y autoritario. Pero como digo siempre a mis pacientes, lo hago por su bien. Me gusta ver que la gente consigue lo que se propone, y sé que quienes comparten mi visión lo logran.

Si haces lo que te pido, tu enfermedad pasará a la historia. En lugar de crear una ruta alternativa alrededor de la arteria obstruida, apretarla con un globo o mantenerla abierta con un dispositivo metálico —todos ellos procedimientos temporales que alivian la angina—, mi programa puede evitar la aparición de la enfermedad, o pararla en seco. La totalidad de los procedimientos intervencionistas que existen en la actualidad encierran un considerable riesgo de morbidez, como nuevos ataques cardíacos, ictus, infecciones y, en algunos pacientes, una inevitable pérdida de conocimiento. Mi propuesta no tiene ninguno. Y, al contrario que los beneficios de la intervención, que van disminuyendo con los años hasta que al final tienes que someterte a otra angioplastia, otro bypass u otro stent, los beneficios de mi programa crecen con el tiempo: cuanto más lo sigas, más sano te encontrarás.

Hace unos años me encontraba en un crucero presentando mi programa nutricional y describiendo sus espectaculares resultados en pacientes con cardiopatías coronarias graves. Casi al final, un hombre que lucía sombrero de paja se me acercó y, a punto de echarse a llorar y con una evidente carga de furia en la voz, me contó: «He estado haciendo todo lo que mi médico decía y ahora tengo que someterme a un segundo bypass. ¡No puedo creer que nadie me haya explicado que existía otra opción!».

De eso precisamente trata este libro: de contar al mundo lo que he aprendido.

2

«Algún día tendremos que ser más listos»

CUANDO EN 1968 REGRESÉ DE VIETNAM, donde trabajé como cirujano del ejército, me ofrecieron un puesto en el Departamento de Cirugía General de la Clínica Cleveland, de Cleveland, Ohio. Mis principales especialidades eran la cirugía de tiroides, paratiroides, gastrointestinal y de mama, pero siempre me había interesado la medicina vascular, por lo que me prepararé más en ese campo.

La medicina forma parte de mi familia. Mi padre, Caldwell B. Esselstyn, fue un distinguido médico, un gran innovador en la práctica médica grupal, que ejercía en el norte del estado de Nueva York. Su idea era llevar al entorno rural lo mejor de la medicina —desde odontología y psiquiatría hasta obstetricia/ginecología y pediatría— recurriendo a un equipo rotativo de especialistas. Por su parte, mi suegro, el doctor George Crile hijo, ya fallecido, fue un pionero en el campo del cáncer de mama en la Clínica Cleveland, fundada por su padre. Cuando comenzó a practicar la medicina, las mastectomías radicales todavía se encontraban a la orden del día; y puesto que su idea era que la cirugía no siempre debía ser tan extensiva, dedicó gran parte de su vida profesional a concebir operaciones menos radicales.

Pero en la familia prevalecía también algo que no tenía que ver con la medicina. Tanto mi padre como mi suegro eran ejemplos vivos de los efectos de la tóxica dieta norteamericana. Entre los dos reunían un amplio abanico de enfermedades: diabetes, ictus, cáncer de próstata, colon y pulmón, y cardiopatía coronaria. Unos tres años antes de morir (a causa de una cardiopatía), en 1975, mi padre dijo algo que no he podido olvidar desde entonces: «Algún día tendremos que ser más listos y enseñar a la gente a vivir de manera más sana».

En mi experiencia profesional, todo remarcaba la importancia de dicha declaración. A pesar del trabajo pionero de mi suegro, por ejemplo, en la época en que llegué a la Clínica Cleveland, muchas mujeres continuaban perdiendo sus pechos o quedando desfiguradas tras la cirugía de cáncer de mama. Y si bien yo disfrutaba mucho de mi trabajo como cirujano —realmente me enorgullece la cirugía bien hecha, la que logra un resultado positivo y alivia el sufrimiento—, cada vez me desilusionaba más lo que *no* conseguía hacer: curar la enfermedad subyacente o ayudar a prevenir el mismo caso en la siguiente víctima. Me angustiaba la falta general de interés que reinaba entre los médicos, que, en lugar de prevenir el cáncer y la cardiopatía, se decantaban por intervenir mecánicamente una vez que la enfermedad se había manifestado.

Comencé entonces a leer mucha literatura médica, poniendo especial énfasis en la epidemiología. La evidencia que aportaba este campo rezumaba una deliciosa simplicidad: si observabas un mapa del mundo te dabas cuenta de que casi todas las enfermedades crónicas, como la cardiopatía coronaria, se concentraban en los países occidentales. Y luego estaban todos los demás países, en especial los de Asia y África, donde dichas enfermedades prácticamente no aparecían.

Por ejemplo, las mujeres estadounidenses eran veinte veces más proclives que las kenianas a sufrir cáncer de mama[1]. Y a comienzos de los años cincuenta, dicha enfermedad era prácticamente desconocida en Japón (si bien, más adelante los índices de incidencia comenzaron a subir, en cuanto las japonesas adoptaron formas de vida y hábitos alimenticios más similares a los de los prósperos occidentales). Una observación más exhaustiva de las culturas con bajos índices de cáncer de mama demostró la existencia de un obvio

Mucha gente piensa que lo que causa un ataque cardíaco, o infarto de miocardio, es el cierre final de un vaso que se encuentra completamente bloqueado por una gran placa de grasa antigua. Error. Ese proceso en realidad explica solo el 12 por 100 de las muertes derivadas de ataques cardíacos. Las pruebas científicas más recientes muestran que la mayor parte de los paros cardíacos están provocados por placas de grasa más jóvenes, demasiado pequeñas para causar los síntomas típicos que suelen dar lugar a intervenciones mecánicas como la angioplastia.

Lo que sucede es lo siguiente: el revestimiento que cubre esas placas se rompe y los depósitos grasos allí acumulados se dispersan en el torrente sanguíneo. El organismo responde entonces enviando a sus tropas coagulantes a reparar la lesión. Cuando el proceso de coagulación tiene éxito, es posible que toda la arteria quede obstruida y se cierre, privando así de suministro sanguíneo a un área del músculo cardíaco, que, por consiguiente, muere (véase figura 3).

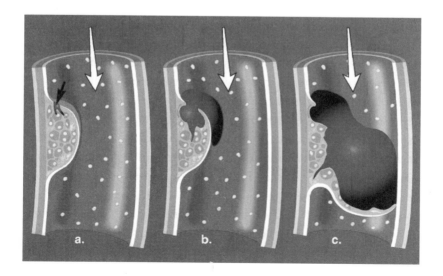

FIGURA 3. Abrupta ruptura de placa (a) con formación de coágulo (b) y obstrucción (c), responsable del 87,5 por 100 de los ataques cardíacos.

Si la persona sobrevive a un ataque de estas características, la porción muerta de músculo cardíaco cicatriza. La sucesión de varios ataques cardíacos y la formación de otras tantas cicatrices debilitan el corazón y en ocasiones provocan su mal funcionamiento, una condición médica conocida como insuficiencia cardíaca congestiva. Si el ataque cardíaco es extensivo, si afecta a la contracción rítmica o si la insuficiencia cardíaca congestiva es prolongada, la víctima puede morir.

Mi investigación demuestra que es posible prevenir todo este proceso, y que a través de un plan nutricional (más, en algunos casos, dosis bajas de medicamentos reductores del colesterol), es posible eliminar el riesgo de sufrir un paro o una insuficiencia cardíaca. Tanto los científicos como los médicos han tardado mucho en reconocer la conexión entre nutrición y cardiopatía coronaria. En parte se debe a que el desarrollo de la enfermedad no es como, digamos, una picadura de abeja, en la que la relación entre causa y efecto es por demás evidente. Por el contrario, el corazón puede sufrir lesiones durante décadas, causadas por una dieta de alto contenido graso, antes de que aparezcan los primeros síntomas clínicos.

A decir verdad, cuando los científicos indagan demasiado profundamente en los detalles más minúsculos de un problema, a veces se les escapa la solución más obvia. En ocasiones, la intuición y la lógica apuntan claramente a una respuesta que todavía no ha sido demostrada a través del método científico, y varios ejemplos clásicos de la historia médica dan prueba de ello. A mediados del siglo XIX, un médico inglés llamado John Snow consiguió clausurar el pozo de agua de Broad Street, en Londres, porque estaba convencido de que, de alguna manera, el agua que consumían los habitantes de la zona era la causa de una devastadora epidemia de cólera. Y tenía razón. Muchas décadas más tarde la ciencia identificó al organismo acuático que causa el cólera, pero el doctor Snow había intuido cuál era el problema y había salvado a la ciudad.

De forma similar, ni siquiera hoy sabemos con precisión cuál es el papel que desempeña la insulina al dirigir el azúcar de la sangre a las células del organismo para convertirla en energía. Pero aun así, los médicos llevan más de ochenta años utilizando insulina para salvar la vida de los diabéticos. Sabemos que la conexión es crucial, aunque no comprendemos exactamente cómo se realiza.

A finales de los años setenta, yo estaba seguro de que existía una sólida relación entre la alimentación y diversas enfermedades. Y en el caso de las enfermedades de corazón parecía todavía más obvia. Primero, llamaba la atención el hecho de que aquellas naciones en las que los niveles de colesterol en sangre eran habitualmente inferiores a 150 mg/dl mostraban una incidencia casi nula de cardiopatía coronaria, en tanto que las regiones en las que los niveles eran superiores mostraban una incidencia de enfermedad cardíaca también más alta. Además, los primeros estudios científicos —que han sido confirmados por otros más recientes— demostraban que una dieta con alto contenido de grasa y colesterol causa cardiopatía coronaria en animales y humanos.

Mi propia lógica e intuición me sugerían que también podía darse lo contrario: es decir, que al reducir la grasa en la dieta sería posible detener el avance de la cardiopatía coronaria, o incluso provocar su reversión parcial. De hecho, ya había quedado demostrado en monos. Los animales habían adquirido la enfermedad después de recibir una alimentación deliberadamente cargada de grasa, pero al reducir el contenido de esta sustancia, su dolencia se había revertido[5]. En mi mente no cabía duda de que merecía la pena, y mucho, investigar más profundamente aquella conexión entre alimentación y enfermedad.

Nuestros dietistas locales se mostraban escépticos frente a mi teoría, y varios cardiólogos renombrados de la Clínica Cleveland no creían que existiera una conexión entre la dieta y la cardiopatía coronaria. De todas formas, yo continué con mis estudios.

Entonces, en abril de 1984, experimenté una epifanía personal y me convertí en el primer sujeto de mi propio experimento. Me encontraba con mi esposa, Ann, en una reunión de la Sociedad Quirúrgica Oriental de New Haven (Connecticut). Diluviaba. Yo estaba mojado e incómodo, completamente a disgusto con la manera en que estaba transcurriendo el día. Y entonces una camarera me sirvió un plato con un enorme y sangriento chuletón. De repente, la carne —y todo lo demás— me resultó repelente. Y en ese momento lo dejé: decidí no volver a comer carne.

Ann sí se comió todo el plato que le habían servido en New Haven. Pero poco después ella también adoptó una dieta vegetariana. Su madre había muerto de cáncer de mama a los cincuenta y dos años. Y un día, en casa de una de sus tías, cuando estaban a punto de empezar a comer para festejar el 85° cumpleaños de la anfitriona, llamó la hermana de Ann para contarle que le acababan de diagnosticar cáncer de mama. Tenía cuarenta y ocho años. Ann se sentó a la mesa pero no probó ni un bocado de aquella comida. Y se unió a mí en mi experimento.

Entre abril y junio de 1984, mi nivel de colesterol descendió de 185 mg/dl a 155. Pero aun así no era aceptable. Entonces decidí omitir de mi dieta cualquier posible fuente de aceite y grasa láctea (leche, mantequilla, helado, queso). Al poco tiempo mi colesterol estaba en 119 mg/dl, sin tomar ninguna medicación. Eso me animó mucho, dado que mi padre, ya fallecido, había sufrido su primer ataque cardíaco a los cuarenta y tres años con un colesterol total de 300 mg/dl.

Estaba convencido de que me encontraba en condiciones de ayudar a otras personas a alcanzar resultados similares, y que los efectos que notarían en su salud serían impresionantes.

3
En busca de la cura

EN 1985, WILLIAM SHELDON, jefe del departamento de cardiología de la Clínica Cleveland, amablemente aceptó mi propuesta de asistir a una reunión del grupo. Allí pedí a los cardiólogos que me remitieran a sus pacientes con cardiopatía coronaria avanzada, a fin de incluirlos en mi estudio. Mi objetivo: recurrir a una alimentación a base de productos vegetales para reducir sus niveles de colesterol a menos de 150 mg/dl —el nivel que se observa en las culturas en las que dicha enfermedad es prácticamente inexistente— y ver qué efecto producía este cambio en su salud.

Mi propósito original era que un grupo de pacientes siguiera una dieta con muy bajo contenido graso y que otro recibiera asistencia médica cardíaca estándar, para luego comparar de qué manera habían reaccionado los dos grupos después de tres años. Pero por falta de fondos este método no pudo llevarse a la práctica. Aun así, yo estaba seguro de que llevar a cabo el experimento sin contar con un grupo de control de comparación podría dar lugar a importantes descubrimientos. Y puesto que yo no iba a utilizar ningún medicamento ni procedimiento nuevo, mi experimento —que representaba esencialmente un estudio de la práctica de la medicina— fue aprobado por la comisión de evaluación de la clínica. El elemento diferenciador de este experimento era que, para mis pacientes, la dieta cardíaca estándar resultaba inaceptable. Yo me ocuparía de que siguieran una dieta realmente vegetariana y de muy bajo contenido graso.

El primer paciente entró en el programa en octubre de 1985, y en 1988 los cardiólogos de la Clínica Cleveland ya me habían enviado veinticuatro pacientes más. Todos sufrían una cardiopatía coronaria avanzada, y la mayoría se encontraban debilitados por la angina y otros síntomas. Casi en su totalidad habían sido sometidos a uno o dos bypasses, o a una angioplastia, sin conseguir ningún resultado, y habían rechazado continuar con el tratamiento convencional o bien habían dejado de ser considerados candidatos idóneos para recibirlo. Ninguno de ellos fumaba ni era hipertenso.

El grupo incluía a veintitrés hombres y una mujer, y todos ellos accedieron a seguir una dieta a base de productos vegetales. (Entre el 9 y el 11 por 100 de las calorías que consumían en ese plan alimentario derivaba de la grasa.) Les pedí que dejaran de consumir productos lácteos casi por completo (al principio les permitía tomar leche y yogur desnatados, pero desde entonces he eliminado todos los productos lácteos debido a las potenciales propiedades cancerígenas de la caseína[1] y a la contribución de la proteína animal al proceso de la aterosclerosis), y que eliminaran de su dieta los aceites, el pescado, las aves de corral y la carne. Les animé a tomar cereales, legumbres, lentejas, verduras y fruta. Les pedí además que llevaran un diario sobre su alimentación cotidiana, en el que debían enumerar todo lo que consumían; les recomendé que tomaran un multivitamínico todos los días y sugerí que moderasen el consumo de alcohol y cafeína. Por último, prescribí a cada uno de los participantes un fármaco reductor del colesterol. Al principio solía ser la colestiramina; pero en 1987 la lovastatina —que fue la primera de las estatinas— se convirtió en el fármaco de elección[2].

La objeción más frecuente que había oído a mis ideas nutricionales —y es la misma que sigo oyendo hoy en día— era que mis pacientes jamás lograrían introducir semejantes cambios en su dieta. Así que me decidí a ofrecerles todo el apoyo que me fuera posible. Años antes había oído una frase del gran pionero de la medicina J. Englebert Dunphy, quien aseguraba que los pacientes de cáncer no tienen miedo a sufrir o morir, sino a ser abandonados.

Esa idea se convirtió en mi mantra frente a mi grupo de estudio: jamás les haría sentir abandonados.

Desde el principio me propuse involucrarme de manera absoluta en el tratamiento de cada participante. Por eso lo primero que hacía era organizar una entrevista inicial de entre cuarenta y cinco y sesenta minutos de duración con el paciente y su cónyuge, en la que analizábamos la historia médica, las variaciones culturales en la cardiopatía, los descubrimientos realizados en investigaciones sobre humanos y animales y las diversas opciones terapéuticas disponibles. Quería que todos entendieran qué les estaba recomendando exactamente y por qué.

Luego, cada dos semanas, me reunía con los pacientes de uno en uno en mi consulta para repasar cada bocado que hubiesen comido en la quincena anterior. Comprobaba su presión sanguínea y su peso y les hacía una analítica para verificar sus niveles de colesterol. Durante el primer año del estudio me dediqué a llamar por teléfono a todos los pacientes por la noche, después de hacerles la analítica, para informarles de los resultados e introducir los ajustes que me parecieran necesarios tanto en el aspecto nutricional como farmacológico.

Es sumamente inusual que un médico vea a un paciente cada dos semanas durante más de cinco años, pero yo consideraba fundamental ofrecerles todo el apoyo y la atención que me fuera posible. Mi intención era hacerles reconocer que, a pesar de que la angioplastia o el bypass no hubiesen dado resultado en su caso, podían controlar su propia enfermedad eliminando por completo de su dieta las grasas que les habían estado matando.

No pedí a los participantes del estudio que se comprometieran a seguir ninguna actividad adicional, como ejercicio físico o meditación, por varias razones. Por un lado, había observado que en aquellas culturas en las que la cardiopatía coronaria no existía, el factor que conseguía anular la enfermedad era la combinación de dieta y colesterol bajo, y no el ejercicio ni la tranquilidad personal. Y por otro, creo que cada individuo es capaz de llevar a cabo solamente un determinado número de modificaciones en su comportamiento —en otras palabras, que si pides a alguien que cambie demasiadas cosas, al final se resiste—, y yo ya estaba exigiéndoles mucho a mis pacientes. Era fundamental que centraran toda su capacidad de cambio en modificar su dieta y reducir sus niveles de colesterol, para de esa manera detener y controlar su enfermedad. Por eso, si bien se ha demostrado que la relajación, la meditación y el ejercicio físico regular producen efectos beneficiosos para la salud, en mi estudio eran completamente opcionales.

Casi desde el principio resultó evidente que seis de los pacientes no entendían qué estábamos intentando conseguir, y que no acatarían las exigencias del experimento. Así que, de mutuo acuerdo, los devolví a sus respectivos cardiólogos para que continuasen con el tratamiento estándar, aunque aclarándoles que periódicamente me ocuparía de comprobar cuál era su estado de salud. Pero el resto continuó en el programa. Sus edades oscilaban entre los cuarenta y tres y los sesenta y siete años, y representaban una amplia gama de la sociedad. Eran trabajadores de fábricas, docentes, empleados de oficina, ejecutivos.

Cada uno abordó el programa a su manera. Jerry Murphy, el que me había desafiado («Ningún hombre de los Murphy ha vivido más de sesenta y siete años»), dice que le resultó relativamente sencillo seguir las reglas, si bien su hija, Rita, describe la nueva dieta que su padre adoptó como «un acontecimiento que cambió la vida» del resto de la familia, cuyos miembros tuvieron que aprender a cocinar y a comer de una manera completamente distinta.

Otros sintieron que simplemente no tenían más opción que probar lo que yo les recomendaba. Don Felton, por ejemplo, tenía cincuenta y cuatro años cuando vino a verme, y había sufrido problemas cardíacos desde los veintisiete, cuando por primera vez experimentó un grave dolor en el pecho. «Los médicos no le dieron importancia», asegura, hasta el punto de que uno de ellos llegó a sugerirle que el problema «estaba en su cabeza», un comentario que, por supuesto, le enfureció.

Tres años más tarde, todavía aquejado de dolor crónico, Don se sometió a dos días de pruebas y a un cateterismo en el hospital de su zona. Cuando llegaron los resultados, las noticias no fueron nada buenas. «Las personas que sufren una enfermedad tan grave como la suya viven alrededor de un año», le informó el cardiólogo. Puesto que los médicos tenían miedo de operar, le recetaron medicamentos para el dolor y el dietista del hospital le recomendó que consumiera un trozo de margarina de aceite de maíz al día, una prescripción basada en un estudio (ahora tenemos mucha más información) que sugería que el aceite de maíz era bueno para el corazón y las arterias. Don no podía soportar la idea de comer un trozo de margarina, así que en lugar de eso se acostumbró a verter el aceite en un vaso y a bebérselo antes de irse a la cama cada noche durante muchos años.

A los cuarenta y cuatro años se encontraba peor que nunca. En varias ocasiones sufrió desvanecimientos mientras se hallaba de cacería. Su esposa, Mackie, recuerda que cada vez que pasaba una ambulancia cerca de la gasolinera en la que trabajaba su hijo, no muy lejos de casa de los Felton, el joven la llamaba para saber si el vehículo en cuestión estaba trasladando a su padre.

Al final Don tuvo que abandonar su puesto de gerente de una planta de Ohio especializada en la fabricación de unidades de potencia hidráulica para simuladores aéreos. Se le reconoció su discapacidad y, a los cuarenta y ocho años, se sometió a un bypass quirúrgico. Pero en cuestión de pocos años, las venas utilizadas para el bypass se cerraron. Tras un aterrador episodio de dolor de pecho durante un viaje de cacería cuando tenía cincuenta y cuatro años, el médico de Don le informó de que no podía hacer nada más por él. «Pero quería ofrecerme algo», explica Don, así que le contó que un médico de apellido Esselstyn estaba organizando un programa que tal vez le interesara. A esas alturas, cuenta Don, «estaba deseoso de hacer algo, cualquier cosa. ¿Qué podía perder?».

Algo similar le sucedió a Emil Huffgard, que vino a verme porque ya se había quedado sin opciones. A los treinta y nueve años había sufrido un ictus. Unos años más tarde lo habían sometido a un bypass quirúrgico y luego, en rápida sucesión, había sufrido tres ictus más. Se encontraba en pésima forma y dependía de la nitroglicerina para llevar a cabo una actividad terriblemente limitada. «A poco que caminaba aparecía la angina —cuenta Emil—. Podía ducharme, afeitarme, leer el periódico. Y se me daba fenomenal quedarme sentado.» La cirugía estaba completamente descartada porque muy probablemente resultaría letal en su caso, según el cardiólogo. Así que, después de años de agonía, el médico de Emil le habló del doctor Esselstyn y le sugirió que viniera a hablar conmigo.

Se encontraba entre la espada y la pared. No podía ser sometido a ninguna intervención mecánica. Se pasaba el día tomando nitroglicerina para mantener la angina a raya, y ni siquiera podía tumbarse completamente para dormir. Su esposa, Margie, tenía que cubrirle el tórax y el abdomen a diario con pasta de nitroglicerina, que luego cubría a su vez con un plástico para proteger la ropa, de tal manera que Emil pudiera realizar las tareas más básicas de aseo personal sin sufrir un dolor incapacitante. De hecho, había aconsejado a su hija que cambiara la fecha de su boda si deseaba que su padre la acompañara al altar, consejo que la muchacha aceptó. Cuando Emil se unió a mi programa, con un nivel de colesterol de 307, estaba desesperado.

Igual de desesperado que Anthony Yen, un hombre que había sido criado en China antes de que el comunismo se hiciera con el poder, y pertenecía a una de las familias más ricas de su país. Durante los años vividos allí había llevado una dieta relativamente sana, que contenía muy poca carne y aceite. Pero cuando llegó a Estados Unidos para estudiar en el Instituto de Tecnología de Massachusetts (MIT), las cosas cambiaron. No tardó mucho en acostumbrarse a los atracones de la dieta norteamericana, tan negativa para las arterias: «un montón de hamburguesas con y sin queso, muchos espaguetis y albóndigas». Para desayunar comía todos los días beicon y huevos, y llegó a adorar las frituras, en especial las patatas fritas.

Anthony se graduó en el MIT y, después de un período de aprendizaje en empresas norteamericanas, montó su propio negocio internacional con sede en Cleveland. A través de los numerosos contactos que su familia tenía en Corea, Japón, Taiwán y Hong Kong, inició operaciones comerciales en el sudeste asiático, especializándose en el trabajo del metal. Viajaba mucho, y ya estuviera en su hogar o fuera, continuaba siendo —en sus propias palabras— un «glotón». «Estaba ganando peso, pero dado que me compraba ropa a medida fabricada en Hong Kong, para cada viaje me hacía confeccionar un traje y en realidad no me percataba de que el antiguo ya no me entraba.»

En Nochevieja de 1987, cuando Anthony tenía cincuenta y ocho años, él y su esposa, Joseanne, hicieron una reserva de dos días en un hotel que incluía cena y baile. Si bien se trataba de un tipo de actividad que a él normalmente le encantaba, en aquella ocasión Anthony se encontraba fatal: cansado, agitado y débil. Y sentía presión en el pecho. A la mañana siguiente, explica, experimentó lo que lo describe como una «explosión» en el tórax, y su esposa insistió en que fuera a la Clínica Cleveland a hacerse un control.

Después de realizarle una prueba de esfuerzo —abortada rápidamente en cuanto comenzó a mostrar anomalías— y una angiografía, Anthony fue sometido a un quíntuple bypass. Volvió a su casa para recuperarse, pero se encontraba realmente aterrorizado, le daba miedo incluso moverse, y cayó en una profunda depresión. Su familia entonces le pidió cita con un psicólogo. «Me culpaba a mí mismo por lo que me había hecho —recuerda—. Quería saber cuál era la causa de mi enfermedad y cómo detenerla.» Después de escuchar su historia, el psicólogo le informó de que había en el edificio un médico llamado Esselstyn cuyo programa podría resultarle de interés.

Cuando Anthony informó a su cardiólogo de que tenían pensado venir a verme, el médico objetó su decisión. «Esselstyn no es cardiólogo —declaró—. Si va a su consulta, no vuelva a esta.» Anthony estaba furioso. «Yo quería llegar a la causa de mi dolencia y este médico respondió de forma absolutamente negativa. Así que dejé de verle y por mis propios medios me dirigí a la consulta del doctor Esselstyn.» Como explica Joseanne: «Ya se había quedado sin esperanzas. Estaba dispuesto a hacer cualquier cosa».

Pero no todo el mundo reaccionaba de forma tan abierta a mi mensaje. Hablemos de Evelyn Oswick, por ejemplo: la única mujer del grupo. Sus primeros signos de problemas cardíacos habían aparecido cuando tenía cincuenta y tres años, el día en que ella y su marido, Hank, habían acompañado a su hija a la universidad y, mientras subía una silla ligera por las escaleras hacia la segunda planta de la residencia de estudiantes, de repente se había quedado sin aire. «Sentí pánico, porque mi madre había sufrido del corazón y mi hermano había muerto de un ataque cardíaco con poco más de cincuenta años», explica. Así que se dirigió a la Clínica Cleveland para una revisión. Mientras pedaleaba en una bicicleta que se utiliza para las pruebas de esfuerzo, no sintió dolor. Pero de pronto el médico comenzó a gritar: «¡Está sufriendo un paro cardíaco! ¡Está sufriendo un paro cardíaco!». Y al día siguiente le practicaron un triple bypass.

Durante los cinco años siguientes, Evelyn, que enseñaba expresión y comunicación en la Universidad John Carroll de Cleveland, continuó comiendo todo lo que le apetecía. Pero llegó un momento en el que, tal como recuerda, se dio cuenta de que no se sentía bien. «No sentía un dolor terrorífico, pero sí una ligera molestia en el brazo izquierdo». El malestar continuó y finalmente Evelyn decidió ir al médico. Como Hank se encontraba fuera de la ciudad por motivos laborales, pidió a su hija que la acompañara. Y mientras se encontraba en la camilla, el médico comenzó a gritar: «¡Está sufriendo un paro cardíaco!» («¡Aquellas mismas palabras otra vez!», exclama Evelyn.) La trasladaron urgentemente a una sala de angiografías, y otra vez sintió que le faltaba el aire.

Los médicos entonces la informaron de que no podían hacer nada por ella, porque la cirugía quedaba completamente descartada. Sin embargo, su médico de atención primaria le habló de otro colega de la clínica que estaba realizando un estudio: fue entonces cuando me llamó para que fuese a verla y le expliqué mi programa nutricional.

Evelyn recuerda claramente su reacción: «*¡De ninguna manera!* Lo tenía clarísimo. Me encantaban los caramelos, los bizcochos y las tartas de chocolate, por no mencionar los postres de helado y plátano. Me gustaba todo lo malo. Todas las cosas que me volvían loca, él decía que ya no las podría tomar. Y *de ninguna manera* estaba dispuesta a aceptar semejantes condiciones».

Después de pasar unos días en el hospital, su médico le aconsejó: «Váyase a casa y cómprese una mecedora». Y ella recuerda lo que le respondió: «¿Me está diciendo que me compre una mecedora y me balancee hasta el día de mi muerte?». Con mucha amabilidad, el médico le informó: «Sí, a eso me refiero». Según Evelyn, el cardiólogo le había insinuado que se marchara a casa y esperara a morir.

Y eso fue lo que hizo. Durante varios días, ella y Hank analizaron la situación. Y cuanto más hablaban, más volvía a examinar ellas su propia actitud. «Yo tenía cincuenta y ocho años —recuerda—. Hank y yo estábamos en la plenitud de nuestra vida. No teníamos nada cuando empezamos, y ahora teníamos todo lo que habíamos deseado. De ninguna manera estaba dispuesta a morir para que él se casara con otra. ¿Morir y dejar todo ese dinero a otra mujer? ¡Ni hablar! Entonces Hank rió, y yo también, y añadí: "Creo que iremos a ver al doctor Esselstyn".»

Cuando Evelyn entró en mi consulta, le dije la verdad: después de nuestra entrevista en el hospital pensé que no volvería a verla, y estaba encantado de comprobar que me había equivocado.

Jim Trusso, el más joven del grupo, también fue una sorpresa. Al principio yo estaba completamente seguro de que no seguiría el programa. Este hombre había sufrido su primer paro cardíaco a los treinta y cuatro años, mientras lavaba su coche un domingo: de pronto se había quedado sin aliento, con sensación de congestión. Según su propio diagnóstico, se trataba de un ataque de bronquitis. Al día siguiente, durante una reunión en la escuela primaria de la que era director, había sentido una presión en el pecho y esa molestia le había impulsado a ir al hospital para que le dieran algún medicamento que combatiera su «bronquitis».

Antes de que nadie se lo dijera, Jim sospechó que algo iba realmente mal. «Por aquel entonces los electrocardiogramas se hacían sobre una tira de papel —recuerda—. Una enfermerita muy mona vio el resultado y salió de la sala de urgencias sin cortar la cinta, que iba desenrollándose tras ella.» Como se supo más tarde, el electrocardiograma no dejaba dudas de que Jim necesitaba un cateterismo.

Durante dicho procedimiento, los médicos descubrieron que había sufrido un ataque cardíaco masivo, y le informaron de que el músculo estaba demasiado dañado como para resistir una cirugía. Nadie le contó la historia completa en aquel momento, pero uno de los médicos sí explicó a la esposa de Jim, Sue, que a su marido no le quedaba mucho tiempo de vida, razón por la cual le sugirió que retomara su actividad docente para poder mantener a los hijos pequeños de la pareja.

Un mes más tarde, sin embargo, Jim se sentía considerablemente mejor. Fue sometido a un segundo cateterismo y en esa ocasión el médico le informó de que el daño del músculo cardíaco no era tan grande como habían temido al principio, y declaró que Jim era un excelente candidato a un bypass quirúrgico.

Después de la cirugía, a Jim le fue muy bien, hasta que un día —ocho años más tarde— el dolor en el pecho regresó de repente. Una valoración de su estado convenció a los médicos de que necesitaba una nueva intervención quirúrgica, un segundo bypass.

Sue recuerda que constantemente se preguntaba qué demonios estaban haciendo mal. Y fue por aquel entonces cuando Jim oyó hablar de mí a través de un antiguo paciente mío, que estaba pintando la urbanización en la que ellos vivían. Cuando Jim informó a su cardiólogo de que deseaba consultar al doctor Esselstyn, este le apostó una cena de chuletón a que no conseguiría bajar el nivel de colesterol que presentaba por aquel entonces: la horrible cifra de 305 mg/dl.

Al principio, yo pensé que Jim se pasaba de listo y que no se tomaba demasiado en serio la empresa en la que íbamos a embarcarnos. Siempre parecíamos enfrentados. Me desafiaba constantemente: ¿qué iba a hacer él sí tenía que comer en restaurantes? ¿Y durante sus viajes? ¿Cómo iba a tomar ese tipo de alimentos? Siempre había odiado la fruta y la verdura. «Los Big Mac, las patatas fritas y los batidos eran mis alimentos favoritos —admite sin vergüenza—. Lo que más me gustaba era el chocolate.»

Desde el primer día, Jim me dio a entender que lo que yo le estaba pidiendo era absurdo, un trastorno constante. Adoraba la comida que, paradójicamente, le había metido en tantos problemas. Pero era una persona inteligente, y lo que al final acabó por convencerle fue la lógica del programa. Estábamos intentando seguir el ejemplo nutricional de países en los que la enfermedad no existía. Y para un docente, un hombre dotado de una mente extremadamente lógica, aquello sí tenía sentido.

Y también tuvo sentido para Jack Robinson. El padre de este hombre había muerto a causa de una cardiopatía con poco más de cuarenta años, y los tres hermanos de Jack habían fallecido por la misma causa cuando tenían alrededor de cincuenta. Jack estaba llegando a esa edad en 1988, año en que le hicieron una angiografía en la Clínica Cleveland que mostró múltiples obstrucciones en sus arterias coronarias. «Entonces entraron a mi habitación unos ochenta médicos para insistir en que me sometiera a un bypass», cuenta Jack. Pero él se negó, aludiendo a las graves complicaciones que había sufrido uno de sus hermanos durante una de dichas cirugías. Incapaces de hacerle cambiar de opinión, asegura Jack, «los médicos sugirieron entonces que viera al doctor Esselstyn».

Durante la consulta, Jack escuchó atentamente y comprendió de inmediato lo que tenía que hacer. Tendría que seguir el programa a distancia, porque por aquel entonces trabajaba para General Tire en Akron. Informó entonces a su cardiólogo local —que era completamente consciente de la gravedad de la enfermedad que reflejaba la angiografía de la Clínica Cleveland— de los pasos que seguiría. Y ese médico, a pesar de tener serias dudas, acabó por aceptar el plan.

En octubre de 1985 comenzamos el experimento con este grupo de pacientes tan diversos. Cada tres o cuatro meses, todo el grupo se reunía —por lo general en mi casa— para compartir recetas, comparar cómo se encontraba cada uno y subrayar el hecho de que no estaban solos, además de reforzar su sensación de compromiso, tanto ante sí mismos como ante los demás. Como resultado, todos entablaron amistades duraderas y conexiones familiares. Su fuerte sensación de comunidad y propósito común les ayudó a no flaquear y a cumplir con las pautas establecidas.

Te contaré qué sucedió con estos pacientes y también con los demás. Pero primero tienes que comprender —tal como me aseguré de que mis pacientes comprendieran— las razones científicas que respaldan lo que intentábamos conseguir.

4

Información básica
sobre la enfermedad cardíaca

EL OBJETIVO DE MI ESTUDIO era recurrir a una combinación de alimentación y fármacos reductores del colesterol para conseguir que los niveles de todos y cada uno de mis pacientes fueran inferiores a 150 mg/dl, y luego comprobar los efectos que dicha reducción tendría sobre su cardiopatía coronaria.

Elegí ese umbral particular por varias razones. Por un lado, disponía del claro ejemplo de aquellas partes del mundo en las que la enfermedad cardiovascular es prácticamente inexistente; y en esas zonas, los niveles de colesterol siempre se encuentran por debajo de 150 mg/dl[1]. Colin Campbell, profesor emérito de la Universidad Cornell, experto en bioquímica y nutrición, dirigió un proyecto de veinte años de duración que contó con la participación de Cornell, la Universidad de Oxford y la Academia China de Medicina Preventiva, y que se convirtió en uno de los más exhaustivos estudios nutricionales jamás llevados a cabo[2]. Entre otras cosas, el proyecto descubrió que el rango normal de colesterol entre los residentes de la China rural, donde la cardiopatía coronaria es casi inexistente, oscila entre 90 y 150 mg/dl. (Comparando esos niveles con los del Reino Unido, donde las cifras se acercan mucho más a las de Estados Unidos, Sir Richard Peto, un epidemiólogo de Oxford que trabajaba con el doctor Campbell, no pudo evitar comentar que en lo que al colesterol se refiere, «el "inglés normal" no existe».)

Pero también existía una cantidad cada vez mayor de trabajos de médicos y científicos locales que respaldaban la evidencia proveniente de otros países. Quizá el más importante fue el Estudio de Framingham sobre el Corazón, un proyecto de cincuenta años de duración —llevado a cabo por el Instituto Nacional de Corazón, los Pulmones y la Sangre, la Universidad de Boston y otros colaboradores académicos— que se ocupó de reunir y analizar datos médicos de varias generaciones de residentes de Framingham, Massachusetts. El doctor William Castelli, antiguo director del estudio, expuso los datos con absoluta claridad: en todos esos años, ningún habitante de Framingham que hubiese mantenido un nivel de colesterol inferior a 150 mg/dl sufrió un ataque cardíaco [3].

Entonces, ¿por qué es tan importante el nivel de colesterol para la salud? Echemos un vistazo a la información básica.

El colesterol es una sustancia blanca y cerosa que no se encuentra en las plantas, sino únicamente en los animales. Es un componente esencial de la membrana que recubre nuestras células, y es el ingrediente básico de las hormonas sexuales. Nuestros cuerpos necesitan colesterol, y lo producen por sí mismos. No es necesario que lo ingiramos a través de la comida, pero lo hacemos cuando consumimos carne, ave, pescado y otros alimentos de origen animal, como lácteos y huevos. Esto nos lleva a registrar un exceso de esta sustancia. Pero, además, comer grasa también provoca que el organismo produzca cantidades excesivas de colesterol, lo que explica por qué los vegetarianos que toman aceite, mantequilla, queso, leche, helado, rosquillas glaseadas y bollería francesa desarrollan cardiopatía coronaria a pesar de evitar la carne.

La medicina subdivide el colesterol en dos tipos. La lipoproteína de alta densidad, o HDL, suele ser conocida como colesterol «bueno». Los expertos médicos no saben exactamente cómo, pero al parecer esta sustancia ofrece cierta protección frente a los ataques cardíacos, ya que recoge el colesterol excedente y lo retira de las arterias para conducirlo al hígado, órgano que es capaz de descomponerlo y eliminarlo. A medida que el colesterol en sangre aumenta, se necesita una cantidad superior de colesterol HDL para proteger el corazón.

La lipoproteína de baja densidad, o LDL, es el colesterol «malo». Cuando el torrente sanguíneo contiene una cantidad demasiado elevada de LDL, esta sustancia tiende a acumularse en las paredes arteriales, contribuyendo a la formación de placas que estrechan los vasos sanguíneos y que al final pueden llegar a obstruirlos por completo.

Las arterias coronarias son los vasos sanguíneos que llevan oxígeno y nutrientes al músculo cardíaco. Su nombre deriva de la palabra latina que significa «corona», porque encierran el corazón casi como una diadema real. Son relativamente pequeñas, pero de una importancia suprema: sin el «alimento» que transportan a la bomba increíblemente eficiente a la que irrigan, el corazón se lesiona, comienza a fallar y puede llegar a morir.

El revestimiento interior de todos los vasos sanguíneos y linfáticos, y también del corazón, recibe el nombre de endotelio. Lejos de ser una simple membrana, el endotelio es en realidad el órgano endocrino más grande del cuerpo. Si todas las células endoteliales del cuerpo fuesen colocadas en una superficie plana del espesor de una célula, cubrirían un área equivalente a dos canchas de tenis.

Las arterias sanas son fuertes y elásticas, y cuentan con revestimientos lisos que no presentan obstrucciones, gracias a lo cual permiten el paso de la sangre. Pero cuando los niveles de grasa en el torrente sanguíneo se elevan, todo empieza a cambiar. Poco a poco el endotelio, los glóbulos blancos y las plaquetas, que son las células sanguíneas que provocan la coagulación, se tornan pegajosos, hasta que al final un glóbulo blanco se adhiere al endotelio y consigue atravesarlo, y allí intenta ingerir el creciente número de moléculas de colesterol LDL que se están oxidando a causa de la dieta rica en grasa. Ese glóbulo blanco pide ayuda a otros, y cada vez más se acercan al lugar; allí se atiborran de colesterol malo y al final forman una burbuja de pus graso: un ateroma o «placa», que es la principal característica de la aterosclerosis.

Las placas antiguas contienen tejido cicatrizal y calcio. A medida que crecen, se estrechan gravemente y en ocasiones obstruyen las arterias (véase figura 4).

FIGURA 4. Arteria normal (arriba) y arteria gravemente enferma (abajo), plagada de calcio de cicatriz fibrótica, colesterol y grasa.

Una arteria significativamente estrecha no puede suministrar al corazón una cantidad normal de sangre, y el músculo cardíaco, debido a esta escasez, produce un dolor en el pecho conocido como angina. En algunos casos, las arterias coronarias llevan a cabo sus propios bypasses, puesto que desarrollan ramas adicionales —llamadas «colaterales»— que rodean los vasos reducidos.

Sin embargo, no son las grandes placas antiguas las que incrementan el riesgo de sufrir un ataque cardíaco. La evidencia científica más reciente indica que la mayor parte de los infartos tienen lugar cuando las placas de grasa más jóvenes y pequeñas rompen su revestimiento exterior y se infiltran en la arteria coronaria.

Cuando se forma la placa, se crea un tapón fibroso en su parte superior, que luego queda cubierto por una única capa de endotelio del espesor de una telaraña. Por un tiempo, así protegidas, las placas permanecen en su lugar, produciendo un daño casi imperceptible al propietario de la arteria. Pero, indefectiblemente, tendrá lugar un insidioso proceso: los glóbulos blancos que se lanzaron al rescate, ahora hinchados de colesterol LDL oxidado, reciben el nombre de «células espumosas», y comienzan a producir sustancias químicas que erosionan el tapón de la placa. Este tapón se debilita hasta adquirir el espesor de una telaraña y, al final, la fuerza de la sangre que fluye sobre el tapón debilitado acaba por romperlo.

Entonces surge la catástrofe. El contenido de la placa, o pus, se dispersa en el torrente sanguíneo y ello provoca un evento trombogénico: la naturaleza desea curar la ruptura y, por consiguiente, activa las plaquetas, que vigorosamente intentan detener la basura invasora obstruyendo la zona rota. Y así se inicia una cascada letal. La obstrucción se propaga y, en cuestión de minutos, toda la arteria puede llegar a quedar taponada.

Cuando ya no fluye más sangre por la arteria obstruida, el músculo cardíaco que recibía alimento a través de ella comienza a morir. Esa es la definición de infarto de miocardio o ataque cardíaco. Si la persona sobrevive a dicho ataque, la porción muerta de corazón cicatriza. Pero una sucesión de varios ataques cardíacos y cicatrizaciones debilitan el corazón, provocando en ocasiones su mal funcionamiento. Esa condición recibe el nombre de insuficiencia cardíaca congestiva. Si se produce un ataque cardíaco de gran alcance, si deriva en una contracción rítmica anormal o si la insuficiencia cardíaca congestiva se prolonga, la persona puede morir.

Si el mismo proceso de formación de placa ocurre en una arteria no coronaria, puede resultar igual de peligroso. Cualquiera que sea el tejido que la arteria alimente —ya sean los músculos de las piernas o el cerebro—, no recibirá la cantidad total de sangre que necesita. Lo peor es que un trozo de placa o un coágulo pueden desprenderse y acabar arrastrado por el torrente sanguíneo, provocando la obstrucción de una arteria muy lejos de su lugar de origen.

La cardiología tradicional ha abordado esta enfermedad recurriendo principalmente a intervenciones mecánicas. En la angioplastia, por ejemplo, los médicos insertan un tubo hueco en una arteria de la pierna o el brazo y lo guían, basándose en una radiografía, hacia el interior de la arteria coronaria obstruida. Luego se introduce en su interior un catéter más pequeño con un globo deshinchado en su extremo. Cuando este alcanza la zona obstruida, se procede a inflar el globo —por lo general varias veces— para presionar la placa contra la pared arterial y provocar así la fractura tanto de la placa como de la pared de la arteria, el ensanchamiento del vaso y la eliminación del delicado revestimiento endotelial.

En los últimos años el uso de stents se ha popularizado. Un stent es un tubo metálico que se inserta durante la angioplastia. Cuando se hincha el balón, el stent se expande y se sitúa dentro de la arteria, manteniéndola abierta una vez que el globo y el catéter se retiran.

En la cirugía de bypass, el médico utiliza un tramo breve de algún vaso sanguíneo de otra parte del cuerpo para permitir que la sangre «sortee» las obstrucciones de las arterias coronarias, actuando como los desvíos hacia los que se dirige el tráfico cuando un accidente o la construcción de una autovía provocan un atasco.

Pero, como ya he explicado, estas intervenciones tienen la finalidad de aliviar los síntomas de la cardiopatía coronaria, pero no de curar la enfermedad en sí. Y sus resultados pierden eficacia con el paso del tiempo. Por eso los pacientes son sometidos a un segundo o un tercer bypass. Las arterias ensanchadas con angioplastias tienden a obstruirse nuevamente y los stents suelen tener que ser reabiertos debido a que el tejido cicatrizal vuelve a obstruir la arteria. Los nuevos stents liberadores de fármacos (cargados con fármacos que reducen la respuesta curativa natural del organismo frente a la lesión causada por la inserción del stent) pueden también obstruirse de repente después de unos años, porque se forma un coágulo en la zona en que el endotelio fue lesionado, y el fármaco del stent que evita la inflamación también inhibe la capacidad de curación del endotelio.

Disponemos de una mejor solución. Podemos ir directamente al origen de la enfermedad. Podemos anular el suministro de sustancias grasas que se acumulan en las arterias con tan catastróficos efectos.

Podemos ir directamente a la conclusión, que es la siguiente: *si sigues un programa nutricional a base de productos vegetales para reducir tu nivel de colesterol total a menos de 150 mg/dl y tu nivel de LDL a menos de 80 mg/dl, no depositas grasa ni colesterol en tus arterias coronarias*. Punto.

Y si bien es posible que algunos pacientes necesiten fármacos reductores del colesterol para llegar a conseguir esos niveles bajos y seguros que buscamos, los fármacos por sí solos no son la respuesta. La alimentación es la verdadera clave para salvar la vida a largo plazo. En efecto, comer de forma correcta no solo te ayudará a reducir tus niveles de colesterol, sino que también conseguirá otras maravillas adicionales que seguramente no habías imaginado jamás.

5

La moderación mata

HACE MUCHOS AÑOS, cuando yo estaba empezando mi proyecto de investigación sobre la cardiopatía coronaria, un destacado médico que se mostraba en desacuerdo conmigo anunció que creía en la «moderación dietética» para sus pacientes cardiológicos. Traducción: no me importa si mis pacientes consumen algo de grasa. Y es una idea bastante extendida entre mis colegas médicos. ¿Pero en qué se sustenta?

En el campo científico, una revisión de varios estudios sobre un mismo tema se conoce como metaanálisis. En 1988 se llevó a cabo una revisión de este tipo sobre la cardiopatía coronaria, cuando investigadores de Wisconsin analizaron diez pruebas clínicas en las que habían participado 4.347 pacientes[1]. La mitad de ellos había recibido rehabilitación cardíaca, que por lo general consiste en la recomendación de perder peso, hacer ejercicio, controlar la presión sanguínea y la diabetes, dejar de fumar y consumir menos grasa. La otra mitad de los pacientes no habían recibido dicha asistencia. Los resultados: el grupo «rehabilitado» había sufrido una cantidad ligeramente inferior de ataques cardíacos fatales que el resto de las personas involucradas en el estudio. Pero los investigadores no encontraron «una diferencia significativa» entre los dos grupos en cuanto al número de ataques no fatales. De hecho, el grupo rehabilitado había sufrido ligeramente más ataques no fatales que aquellos pacientes que no habían introducido cambios en su forma de vida.

La razón es bastante simple. Quienes habían reducido moderadamente el consumo de grasa habían logrado ralentizar el índice de progresión de su enfermedad. Pero no la habían detenido por completo, y a medida que avanzaba —incluso a su nuevo ritmo, más lento— continuaba causando estragos.

A comienzos de 2006, un informe publicado en *The Journal of the American Medical Association* saltó a los titulares nacionales, sugiriendo que las dietas de bajo contenido graso no disminuyen los riesgos a los que está expuesta la salud. El artículo de la publicación antedicha se basaba en un estudio, que formó parte de la Iniciativa para la Salud de la Mujer de los Institutos Nacionales de la Salud (de Estados Unidos), que siguió a casi 49.000 mujeres durante ocho años, y notó que aquellas a las que se les había prescrito una dieta «baja en grasa» mostraban el mismo índice de ataques cardíacos, ictus y cánceres de mama y colon que aquellas que comían lo que les apetecía[2].

Casi enterrada entre las informaciones sobre este último estudio, el más importante y costoso jamás llevado a cabo, aparecía un dato increíblemente importante: *las mujeres que supuestamente seguían una dieta baja en grasa obtenían el 29 por 100 de sus calorías diarias a partir de la grasa*. Para la investigación nutricional de primera línea, eso no es «bajo en grasa» en absoluto. Se trata de tres veces el nivel —alrededor del 10 por 100 del consumo calórico diario— que investigadores como yo recomendamos a través de una alimentación de base vegetal.

El estudio de la Iniciativa para la Salud de la Mujer y las conclusiones que de él se extrajeron me hacen plantear una analogía. Supongamos que unos investigadores están estudiando si reducir la velocidad de los vehículos puede salvar vidas. En su indagación descubren que cuando un coche choca contra un muro de piedra a 144 km/h, todos sus ocupantes fallecen. Y observan ese mismo resultado cuando el coche se incrusta contra el muro a 128 km/h, e incluso a 112 km/h. Conclusión: reducir la velocidad no salva vidas. (Mientras tanto, todo el mundo ignora un pequeño estudio que demuestra que si se produce un choque a 16 km/h, todos los ocupantes sobreviven.)

Según explicaron los investigadores de la Iniciativa para la Salud de la Mujer, sus resultados «no justifican recomendar al público una dieta de bajo contenido graso para reducir las cardiopatías y el riesgo de cáncer». Es cierto, no justifican recomendar dietas con el 29 por 100 de grasa, el nivel actualmente estipulado en las Pautas Dietéticas de Estados Unidos. Pero aquellos que nos hemos dedicado a estudiar el tema ya lo sabemos. El estudio de la Iniciativa para la Salud de la Mujer simplemente confirma que las pautas están equivocadas: en realidad, lo que deberíamos estar recomendando son dietas de contenido graso mucho menor que el mencionado en esta investigación.

Con los años, el metaanálisis —como el llevado a cabo por investigadores de Wisconsin— ha demostrado permanentemente que los pacientes coronarios que reducen la ingesta de grasa se encuentran bastante mejor que quienes no lo hacen. Pero, casi siempre, el mejor resultado obtenido es una ralentización del índice de progresión de la enfermedad en pacientes que reciben tratamiento. La enfermedad no detiene por completo su evolución.

Y precisamente por eso, dichos resultados no pueden ser considerados suficientemente satisfactorios. Deberíamos apuntar mucho más alto: a detener la cardiopatía coronaria por completo, e incluso a revertir su curso. Y la clave para conseguirlo, como demuestra mi investigación, no consiste simplemente en reducir la cantidad de grasa y colesterol que se ingiere, sino en eliminar de la dieta el colesterol y cualquier tipo de grasa que no sea la que de forma natural contienen las plantas, que es muy sana. La clave, entonces, está en la alimentación a base de productos vegetales.

Repasemos lo que sabemos sobre la ciencia. La enfermedad cardíaca, como ya he subrayado, se desarrolla en aquellas personas susceptibles cuando sus niveles de colesterol superan los 150 mg/dl [3]. Lo contrario también es cierto: cuando una persona mantiene su colesterol en sangre por debajo de 150 mg/dl durante toda su vida, no desarrolla cardiopatía coronaria, aunque fume, tenga antecedentes familiares de dicha enfermedad, sufra hipertensión y sea obesa.

Analicemos un caso: el de los habitantes de las Tierras Altas Orientales de Papúa Nueva Guinea. Este pueblo es tradicionalmente fumador. Y puesto que fuman mucho, incluso los no fumadores respiran dosis letales de humo durante las reuniones comunales. Como no podía ser de otra manera, los habitantes de Papúa sufren muchos trastornos pulmonares por culpa del hábito del tabaquismo. Pero estudios realizados sobre las personas que viven sesenta años o más han demostrado que, a pesar del riesgo para la salud cardíaca que esta adicción representa —ya perfectamente probada a estas alturas—, los individuos que componen este grupo no sufren cardiopatía coronaria[4]. Lo que los protege es su dieta, compuesta casi en su totalidad por diecinueve variedades distintas de boniatos.

La nutrición afecta a la salud cardiovascular de varias maneras, y todas cruciales. La más obvia, por supuesto, es que una dieta con elevado contenido de grasa y colesterol provoca que los niveles de lípidos en sangre aumenten, iniciándose el proceso de formación de placas.

¿Pero la «moderación dietética» no basta para detener dicho proceso? Si redujeras considerablemente tu consumo de grasa y colesterol, ¿no deberías estar bien, como sugiere mi colega? Vamos, un poquito no hace mal a nadie...

¡Error! Eso es lo que tienes que recordar cada vez que te encuentres frente a una tentadora exquisitez cubierta de queso *cheddar* fundido y trocitos de beicon. La moderación mata. Y, para comprender por qué, tienes que entender un poco sobre metabolismo y bioquímica.

Cada segmento de nuestro cuerpo está compuesto por células, y cada célula individual se encuentra protegida por una capa exterior. Esta membrana celular es de una delicadeza casi inimaginable, puesto que su espesor es de una cienmilésima parte de milímetro. Pero resulta esencial para la integridad y funcionamiento sano de la célula, y es extremadamente vulnerable a las lesiones.

Cada ingesta de aceites y productos animales, incluidos los lácteos, supone una agresión a estas membranas y, por consiguiente, a las células que están protegiendo. Estos alimentos provocan una enorme cantidad de radicales libres en nuestro organismo, en especial las perjudiciales sustancias químicas que inducen las lesiones metabólicas, de las que solo existe una recuperación parcial. Año tras año, los efectos se acumulan. Y al final, la lesión celular acumulativa se vuelve lo bastante grande como para resultar obvia y expresarse de la manera que los médicos definen como enfermedad. Las plantas y los cereales no provocan ese mortal torrente de radicales libres letales. De hecho, en realidad transportan un antídoto, lo cual es aún mejor. A diferencia de los aceites y los productos animales, contienen antioxidantes, que ayudan a neutralizar los radicales libres y también, como sugiere la más reciente investigación, pueden proporcionar una considerable protección frente al cáncer.

Entre las partes del cuerpo que dañamos cada vez que tomamos una comida típicamente cargada de grasa, figura el endotelio —el revestimiento de los vasos sanguíneos y el corazón—, que desempeña un destacado papel en el mantenimiento de una irrigación sanguínea sana. Las células endoteliales producen óxido nítrico, que resulta fundamental para preservar el tono y la salud de los vasos sanguíneos. El óxido nítrico es un vasodilatador: es decir, causa que los vasos se dilaten, se agranden. Cuando el torrente sanguíneo contiene abundante óxido nítrico, este mantiene el fluido de la sangre como si las superficies de los vasos estuviesen recubiertas del Teflón más resbaladizo, lo que elimina la consistencia pegajosa de los vasos y las células sanguíneas, causada por los elevados niveles de lípidos, que, a su vez, conducen a la formación de placa.

Existe una enorme cantidad de datos que confirman la importancia del endotelio. Investigadores alemanes estudiaron recientemente a más de 500 pacientes diagnosticados de cardiopatía coronaria. Les realizaron angiografías y también analíticas de sangre para cuantificar la cantidad de células progenitoras endoteliales

—las que restablecen y reemplazan el endotelio— en el torrente sanguíneo de cada sujeto. En los doce meses siguientes, los investigadores descubrieron que los pacientes con la menor cantidad de células progenitoras endoteliales mostraban peores resultados. Y que los que presentaban el mayor número de estas células mostraban resultados mucho mejores que todos los demás[5].

El doctor Robert Vogel, de la Facultad de Medicina de la Universidad de Maryland, en Baltimore, ha dirigido algunos sorprendentes estudios que demuestran, entre otras cosas, el efecto tóxico que una sola comida puede provocar sobre el endotelio[6]. El doctor Vogel recurrió al ultrasonido para medir los diámetros de las arterias braquiales de un grupo de estudiantes. Luego infló el manguito del tensiómetro alrededor de los brazos de los alumnos para detener el flujo de sangre hacia los antebrazos durante cinco minutos, y tras desinflar los manguitos volvió a hacer ecografías para comprobar a qué velocidad recuperaban las arterias su estado normal.

Una parte de los estudiantes tomó entonces un desayuno de comida rápida que contenía 900 calorías y 50 gramos de grasa, y la otra mitad del grupo tomó un desayuno de 900 calorías que no contenía nada de grasa. Después de que hubieran finalizado, el doctor Vogel volvió a apretar sus arterias braquiales durante cinco minutos y observó los resultados. Fue notable. Entre quienes no habían consumido grasa, sencillamente no se notó ningún problema: sus arterias recuperaban la normalidad, tal como habían hecho en la prueba anterior al desayuno. Pero las arterias de quienes habían tomado la comida rápida cargada de grasa, los vasos necesitaban mucho más tiempo para responder.

¿Por qué? La respuesta está en el efecto que produce la grasa sobre la capacidad del endotelio para producir óxido nítrico. El doctor Vogel controló detenidamente el funcionamiento endotelial de los sujetos y descubrió que dos horas después de tomar un plato de alto contenido graso se apreciaba una significativa caída. De hecho, confirmó que el funcionamiento endotelial necesitaba casi seis horas para recuperar la normalidad.

Si una sola comida puede causar semejante impacto sobre la salud vascular, imagina el daño causado por tres comidas diarias, siete días a la semana, 365 días al año... durante décadas.

¿Pero no basta simplemente con reducir los niveles de colesterol? ¿Por qué insistir en un cambio radical en la dieta, si existen otras formas de alcanzar los objetivos propuestos en lo que al colesterol se refiere?

Hace poco tiempo, el *New England Journal of Medicine* informó acerca de un estudio en el que se utilizaban grandes dosis de fármacos reductores del colesterol para alcanzar una cifra bastante por debajo de 150 mg/dl. Tres de cada cuatro pacientes cardiológicos que participaron parecían encontrarse bien siguiendo dicho régimen. Pero no fue un éxito absoluto. Incluso con una reducción satisfactoria de sus niveles de colesterol, uno de cada cuatro pacientes del estudio continuó sufriendo algún nuevo evento cardiovascular o murió en el plazo de dos años y medio después de comenzar dicho tratamiento[7].

A mí me llamó mucho la atención que apareciesen tantos problemas, incluso a pesar de haber reducido los niveles totales de colesterol y LDL en los pacientes, alcanzando cifras similares a la que yo sugería o incluso inferiores. Así que llamé al autor del estudio y descubrí una variable absolutamente importante: no se había controlado en ningún momento el componente nutricional. Cuando pregunté qué habían comido los participantes en el estudio, respondió: «Se trataba de probar un fármaco». Es decir, los sujetos habían continuado comiendo tal como lo hacían antes de comenzar el estudio. Y eso explica el elevado número de fracasos.

¿Recuerdas que yo pido a mis pacientes que comparen su enfermedad con una casa en llamas a la que han estado echando gasolina, y que insisto en que para extinguir el fuego deben dejar de rociar las llamas con combustible? Ese era el problema del estudio. A pesar de la profunda reducción del colesterol conseguida con el fármaco, la inflamación de la placa arterial (el fuego) y la progresión de la enfermedad eran inevitables, porque los pacientes continuaban siguiendo una dieta tóxica cargada de grasa (la gasolina).

Los pacientes de dicho estudio que murieron o cuya enfermedad continuó avanzando fueron sometidos a una prueba de detección de proteína C reactiva de alta sensibilidad (as-PCR), que consiste en medir los niveles de una proteína específica de la sangre que aumenta con la inflamación de las arterias coronarias, y que en opinión de muchos cardiólogos resulta incluso mejor que una medición estándar del colesterol para detectar los riesgos de ataque cardíaco. Todos los pacientes que fracasaron en el estudio presentaron elevados niveles de as-PCR.

Aquí se aprecia un dato fundamental en relación con la abrumadora importancia de la nutrición. Según mi experiencia, los pacientes que cumplen a rajatabla las pautas que les propongo alcanzan niveles normales de as-PCR en un plazo de tres a cuatro semanas tras adoptar mi programa de alimentación a base de productos vegetales. Los resultados son rápidos, seguros y duraderos.

Hace veinte años, cuando comencé mi investigación, nuestro mayor objetivo era reducir los niveles totales de colesterol a menos de 150 mg/dl, y los niveles de LDL a 80 mg/dl o menos. Pero en la actualidad tengo claro que al alcanzar dichos objetivos a través de una alimentación de tipo vegetal también alcanzamos resultados positivos a nivel coronario: recuperamos la poderosa capacidad del organismo para resistir y revertir la enfermedad vascular. Como he comprobado, la nutrición basada en el consumo de alimentos de origen vegetal produce un efecto tremendamente beneficioso para las células endoteliales, esas dínamos metabólicas y bioquímicas que producen óxido nítrico (véase figura 5). Y el óxido nítrico, según he observado, resulta absolutamente esencial para la salud vascular, un descubrimiento que se llevó el Premio Nobel de Medicina en 1998[8].

1. Relaja los vasos sanguíneos, impulsando selectivamente el flujo de la sangre hacia los órganos que la necesitan.
2. Evita que los glóbulos blancos y las plaquetas adquieran una consistencia pegajosa y, por consiguiente, se inicie la acumulación de placa vascular.

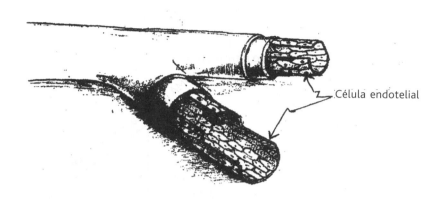

Célula endotelial

FIGURA 5. Con una alimentación a base de vegetales, la célula endotelial es una dínamo metabólica que asegura la salud vascular.

3. Evita que las delicadas células musculares de las arterias se conviertan en placas.
4. Puede incluso ayudar a disminuir las placas vasculares una vez que han aparecido.

Para comprender de qué manera una nutrición de carácter vegetal facilita la producción de óxido nítrico tienes que entender algo del aspecto bioquímico que entra en juego. El elemento esencial para la producción de óxido nítrico es una sustancia llamada L-arginina, un aminoácido abundante en una gran cantidad de alimentos vegetales, en especial las legumbres, las judías, la soja y los frutos secos. La figura 6 muestra, de manera esquemática, el papel que desempeña la L-arginina en la acción enzimática de la óxido nítrico sintasa, que luego produce óxido nítrico a partir de la arginina y el oxígeno.

Sin embargo, como puedes apreciar también en la figura 6, la óxido nítrico sintasa tiene un competidor: la dimetilarginina asimétrica o ADMA, que se produce en nuestro organismo durante el curso del metabolismo proteínico normal. Cuando tenemos demasiada ADMA, a la L-arginina se le arrebata la posibilidad de

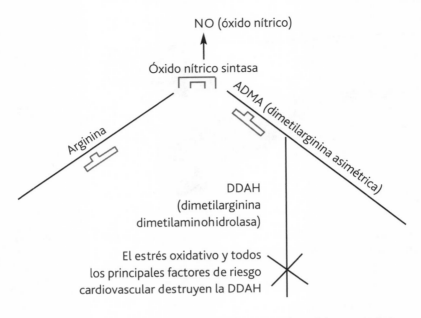

Figura 6. La secuencia de producción del óxido nítrico —la arginina se convierte en óxido nítrico a través de la óxido nítrico sintasa— puede quedar obstruida a causa de un exceso de ADMA.

participar en la óxido nítrico sintasa, y por consiguiente la producción de óxido nítrico fracasa. Existe, además, otra delicada enzima, con un nombre tremendo —dimetilarginina dimetilaminohidrolasa o DDAH—, que destruye la ADMA con el fin de favorecer la producción de óxido nítrico. Pero los factores de riesgo cardiovascular habituales (niveles elevados de colesterol, triglicéridos y homocisteína, resistencia a la insulina, hipertensión y tabaquismo) impiden que esa delicada enzima pueda destruir la ADMA.

La bioquímica explica cuál es quizá el mecanismo clave que protegió a mis pacientes frente a los ataques cardíacos durante más de veinte años. Su dieta a base de productos de origen vegetal redujo o eliminó por completo todos los riesgos cardiovasculares antes mencionados. Y cuanto más obediente ha sido la persona, más ha conseguido reducir su exposición a dichos riesgos.

En todo este tiempo mis pacientes han reducido, además, síntomas como la angina de pecho —dolor pectoral—, posiblemente la más incapacitante y aterradora de las manifestaciones de la cardiopatía. Normalmente, el esfuerzo físico o una emoción fuerte causan que el endotelio entre en acción produciendo óxido nítrico, dilatando los vasos sanguíneos y por consiguiente impulsando el flujo de la sangre hacia el músculo cardíaco. Pero en un paciente con cardiopatía coronaria, la capacidad del endotelio queda considerablemente reducida. Sus arterias coronarias estrechas no se dilatan, y en consecuencia su músculo cardíaco no recibe el flujo sanguíneo que necesita. El resultado: un dolor que puede oscilar entre suave e insoportable. Muchos pacientes se convierten entonces en «incapacitados cardíacos» a quienes aterroriza hacer ejercicio físico, mantener relaciones sexuales o expresar o experimentar emociones fuertes. Para ofrecer a dichos pacientes un alivio duradero, resulta esencial llevar más sangre al músculo cardíaco, a pesar del hecho de que esta debe fluir a través de las arterias coronarias que se encuentran parcialmente obstruidas. ¿Cómo? *Restableciendo la capacidad del endotelio para producir óxido nítrico.*

Los efectos de un cambio radical en la nutrición son impresionantes: drásticos y rápidos. En 1996 recurrí a la alimentación a base de vegetales para reducir agresivamente los factores de riesgo en una paciente que demostraba una evidente deficiencia circulatoria hacia una porción del músculo cardíaco. Un PET cardiológico (tomografía por emisión de positrones) reveló el problema justo antes de mi intervención. A los diez días de comenzar una dieta a base de vegetales y una dosis baja de un fármaco reductor del colesterol, el nivel de colesterol de la paciente bajó de 248 mg/dl a 137. Después de tres semanas de terapia, la repetición de la prueba demostró que la circulación se había restablecido en la zona de músculo cardíaco antes afectada (véase figura 7).

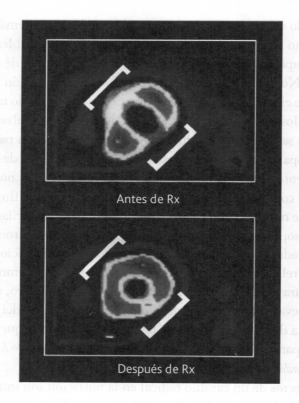

FIGURA 7. (Arriba) El área que aparece entre corchetes es un PET cardiológico (tomografía por emisión de positrones) que muestra una falta de irrigación sanguínea. (Abajo) Después de solo tres semanas de una intensa alimentación a base de productos vegetales, se aprecia un profundo restablecimiento de la circulación.

No quedaba duda de lo sucedido: un profundo cambio en la forma de vida, como adoptar una dieta de tipo vegetariano, produjo un rápido restablecimiento de la capacidad de las células endoteliales para producir óxido nítrico, y eso, a su vez, restableció la circulación.

Dicho éxito derivó en un estudio piloto similar llevado a cabo con el doctor Richard Brunken y Ray Go, del Departamento de Radiología Nuclear de la Clínica Cleveland, y con la doctora Kandice

Marchant, del Departamento de Patología de la clínica. Los resultados, que aparecen en las figuras 8, 9, 10 y 11, confirman que una dieta a base de productos vegetales, combinada con medicación reductora del colesterol, provoca la reperfusión (el restablecimiento del flujo sanguíneo) hacia el músculo cardíaco previamente des-

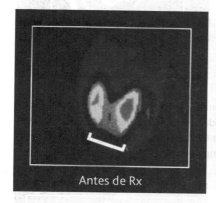
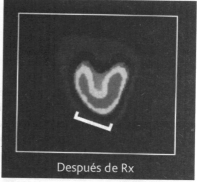

Antes de Rx   Después de Rx

FIGURA 8. (Izquierda) El área que aparece entre corchetes muestra una zona con muy mala perfusión. (Derecha) Después de solo tres semanas de una intensa reducción del colesterol con una alimentación a base de productos vegetales, se aprecia un total restablecimiento del flujo sanguíneo.

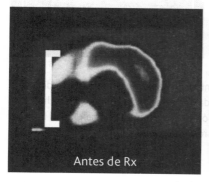
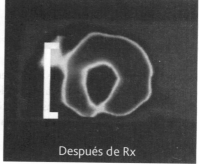

Antes de Rx   Después de Rx

FIGURA 9. (Izquierda) El área que aparece entre corchetes muestra un PET cardiológico en el que se aprecia una significativa pérdida de perfusión sanguínea. (Derecha) Después de seis semanas de intensa reducción del colesterol con una dieta a base de productos vegetales, se ha producido una recuperación casi total del flujo sanguíneo.

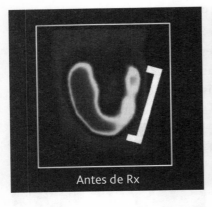
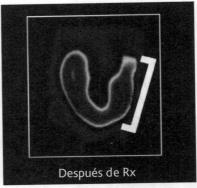

FIGURA 10. (Izquierda) El área que aparece entre corchetes muestra un PET cardiológico en el que se aprecia una significativa pérdida de perfusión sanguínea. (Derecha) Después de doce semanas de intensa dieta a base de productos vegetales, se observa una significativa recuperación del flujo sanguíneo.

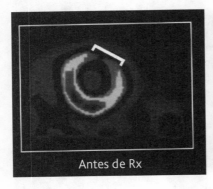
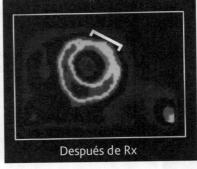

FIGURA 11. (Izquierda) El área que aparece entre corchetes muestra un PET cardiológico en el que se aprecia una significativa pérdida de perfusión sanguínea. (Derecha) Después de doce semanas de intensa reducción del colesterol con una dieta a base de productos vegetales, se ha producido una recuperación del flujo sanguíneo.

provisto de una circulación adecuada. Recalco que en este caso no hablamos de desarrollo de bypasses colaterales naturales, que tardan meses o años en aparecer. La cardiopatía en estos pacientes era de larga data, y el estudio de referencia no mostraba reperfusión por colaterales; la reperfusión se observó entre tres a doce semanas después de que los pacientes introdujeran los cambios antes descritos en su forma de vida.

Los estudiantes de física reconocerán este fenómeno como Ley de Poiseuille, que describe el flujo de líquido a través de tubos huecos. Piensa en una manguera contra incendios que reemplaza una manguera de jardín: una dilatación modestamente restablecida en los vasos sanguíneos proporciona un enorme incremento en el flujo sanguíneo —claramente visible en los escáneres— y provoca que la angina desaparezca en cuestión de semanas tras comenzar la terapia.

El sistema endotelial que se encarga de incrementar y proteger nuestro sistema vascular es brillante. Podemos evitar que se estropee, y podemos también restablecer su buena salud incluso después de que un peligroso estilo de vida lo haya dañado. En caso de que no estés convencido aún, echaremos un vistazo a lo que sucedió con los pacientes de mi estudio original.

6
Una prueba vivita y coleando

L A ESPOSA DE DON FELTON, Mackie, se levantaba por las mañanas y freía beicon; luego preparaba una salsa espesa con la grasa y se la servía a Don con las tostadas o el pan casero. «Me encantaba —cuenta él—. Comí de esa manera durante años.» Pero no era solo en el desayuno. «Recuerdo la carne de cerdo cocida con judías. Era pura grasa, un trozo de grasa de 5 cm de espesor que suele provenir de la parte lateral del cerdo. Este tipo de carne se cura en sal, se deja en remojo toda la noche, se reboza con harina de maíz y se dora en una sartén con una salsa preparada con la grasa.» Don Felton no tiene reparos en admitirlo: esa salsa espesa le *encantaba*. Y también le gustaban muchos otros alimentos de alto contenido graso.

Llegó a mi consulta el 15 de enero de 1986. Tenía cincuenta y cuatro años, y su cardiólogo le había informado de que —después de veintisiete años de problemas cardíacos crónicos y tratamiento, incluido un doble bypass que había comenzado a fallar— no había nada más que la medicina convencional pudiese hacer por él. Mientras cruzaba la pasarela que conectaba mi despacho con el resto de la Clínica Cleveland, tuvo que detenerse tres o cuatro veces debido a un dolor agudo en la pierna. Una angiografía que le realizaron reveló que la arteria principal de dicha extremidad estaba completamente obstruida.

Don y Mackie hablaron conmigo durante dos horas sobre el programa en el que el hombre iba a embarcarse. Cuando se marcharon, entraron en un pequeño restaurante italiano de la zona y se tomaron un cuenco de sopa. «Creo que será la última sopa buena que tomaremos», dijo Don a su esposa. Pero lo cierto es que él ya había llegado, como asegura, «al límite». No quería más cirugías. Se había comprometido a seguir mi programa nutricional y comenzó ese mismo día.

Después de tres o cuatro meses, el dolor de pecho de Don Felton remitió. Ya no tenía que dormir con muchas almohadas para suavizar la angina, que era mucho más aguda cuando se tumbaba. Y unos siete meses después de comenzar el programa, me contó que había estado tan concentrado en su corazón que se había olvidado de contarme las novedades de su pierna: ahora ya era capaz de cruzar la pasarela hacia mi consulta sin detenerse y sin sufrir el más mínimo dolor. De inmediato lo envié al laboratorio vascular para que le hicieran otro registro de volumen del pulso, y la prueba demostró que el flujo de sangre en la arteria que había estado obstruida había vuelto a la normalidad (véase figura 12).

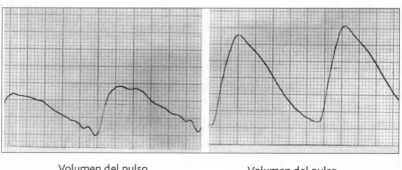

Volumen del pulso
Tobillo
3/86

Volumen del pulso
Tobillo
1/87

FIGURA 12. El volumen del pulso se encuentra gravemente disminuido (izquierda) antes de la intensa terapia a base de productos vegetales. Después de la terapia (derecha) se aprecia la recuperación del volumen completo del pulso y la resolución de los síntomas en menos de nueve meses.

Para mí, Don es un ejemplo del poder de las células endoteliales y de su forma de responder frente a la drástica reducción de los niveles de colesterol y los cambios de vida que minimizan todos los factores de riesgo. Y lo mismo sucedió con el resto de las personas que participaron en mi estudio. Sin embargo, la evidencia anecdótica de la mejoría de la salud no es suficiente para evaluar los resultados de este tipo de investigación. Me hacía falta información científica seria sobre lo que estaba sucediendo a los participantes del estudio tras seguir mi programa durante meses y años.

Para evaluar los resultados de esta clase de investigaciones se necesitan tres mediciones distintas:

1. El análisis de los niveles de colesterol durante el curso del estudio.
2. El análisis de las angiografías llevadas a cabo antes, durante y después del tratamiento.
3. El análisis de los resultados clínicos del estudio.

Ten en cuenta los antecedentes de los dieciocho pacientes que permanecieron en el programa. Todos ellos sufrían una grave cardiopatía coronaria progresiva. Y en los ocho años previos al inicio de mi estudio, todos habían recibido asistencia cardíaca de máximo nivel en la Clínica Cleveland. En conjunto, habían experimentado cuarenta y nueve eventos cardiovasculares, tales como:

- quince casos de angina en aumento,
- trece casos de progresión cuantificable de la enfermedad,
- siete casos de cirugía de bypass (sin contar a otras dos personas del grupo que habían sido sometidas a una cirugía de bypass más de ocho años antes del inicio del estudio),
- cuatro ataques cardíacos,
- tres ictus,
- dos angioplastias,
- dos empeoramientos en las pruebas de estrés.

Estos fueron los resultados de mi estudio:

Colesterol. Durante los primeros cinco años de estudio, se controlaba el nivel de colesterol en sangre de los pacientes dos veces al mes o más; durante los cinco años siguientes, solo una vez al mes, y a partir de entonces, incluso cada tres meses. El grupo comenzó el estudio con un nivel promedio de colesterol en sangre de 246 mg/dl, una cifra que todos los expertos consideran muy elevada. Al seguir el programa nutricional y utilizar fármacos reductores del colesterol, fueron capaces de disminuir ese promedio grupal a 137 mg/dl, lo que supone una reducción de sus niveles de colesterol casi a la mitad. Se trata de la caída más importante en los niveles de colesterol que he podido encontrar en la literatura médica en relación con un estudio como el mío, exceptuando una serie de estudios recientes que utilizan megadosis de estatina.

Doce años después de unirse al programa, cada uno de los participantes consiguió que su nivel de colesterol total fuera inferior a 150 mg/dl, que era el objetivo del estudio. Su LDL —colesterol malo— promediaba los 82 mg/dl, entre los más bajos jamás descritos en este tipo de investigación. Su colesterol bueno o HDL promediaba los 36.3 mg/dl, una cifra más baja que el parámetro generalmente considerado normal. Pero era suficiente para mantener los resultados beneficiosos. Nuestra investigación sugiere, de hecho, que los niveles de HDL por debajo de lo «normal» no son preocupantes en tanto que el colesterol total se encuentre en valores seguros —150 mg/dl—, un descubrimiento que también ha sido analizado por otros investigadores[1].

Angiografías. Una angiografía coronaria es una radiografía especializada de las arterias coronarias. Se inserta un catéter flexible en una arteria, ya sea en el codo o la ingle, y se lo dirige hacia el corazón. En la entrada del ventrículo izquierdo, que es la principal cámara de bombeo de este órgano, el catéter puede ser insertado alternativamente en cada una de las arterias coronarias. Luego se inyecta tinta a través del catéter en cada arteria coronaria mientras una película (cineangiografía) captura una imagen precisa del vaso en cuestión y sus principales ramas.

Cuando se analizan las imágenes de las angiografías a lo largo del tiempo es posible compararlas y, por consiguiente, cuantificar en qué estado se encuentran las porciones enfermas de las arterias. ¿Están iguales? ¿Se aprecia un empeoramiento, es decir, se estrechan a medida que aumenta su obstrucción? ¿O están mejorando, es decir, ensanchándose y en consecuencia permitiendo que más oxígeno y nutrientes lleguen al músculo cardíaco? Estos análisis de las imágenes deben ser escrupulosamente precisos y objetivos. Para mi estudio, todos fueron realizados tres veces. Además, para evitar la posibilidad de parcialidad, los técnicos que realizaban los análisis de las angiografías fueron «cegados», es decir, ignoraban si la película que estaban analizando era la inicial, la que se había tomado antes de que el paciente se uniera al estudio, o la de seguimiento tomada al final del mismo.

Al cumplirse el plazo de cinco años, siete de los dieciocho participantes no pudieron ser sometidos a una angiografía de seguimiento. Los resultados que publico aquí son los de los once participantes que sí se hicieron las angiografías de seguimiento después de cinco años. Los análisis resultaron sorprendentes. Al mantener sus índices de colesterol por debajo de los 150 mg/dl, estos pacientes eliminaron la progresión clínica de la enfermedad. Cada uno de ellos detuvo el avance de la cardiopatía, y ocho participantes la revirtieron selectivamente. Algunas de las reversiones fueron impactantes, como se aprecia en las fotografías de las páginas siguientes que acompañan este texto.

La figura 13 muestra una reversión del 10 por 100 de la enfermedad después de cinco años en la arteria coronaria descendente anterior izquierda, en un pediatra de sesenta y siete años de edad. La figura 14 muestra una mejoría de un 20 por 100 en la arteria coronaria circunfleja de un trabajador de una fábrica, de cincuenta y ocho años de edad. La figura 15 evidencia una mejoría del 30 por 100 en la arteria coronaria derecha de un guardia de seguridad de

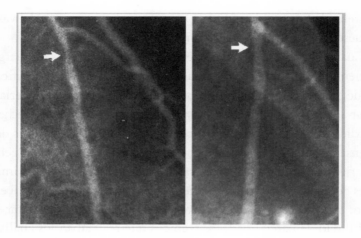

Figura 13. Angiografías coronarias de la arteria descendente anterior proximal izquierda antes (flecha izquierda), y con una mejoría del 10 por 100 (flecha derecha) después de aproximadamente 60 meses de tratamiento con dieta vegetariana y medicación reductora del colesterol.

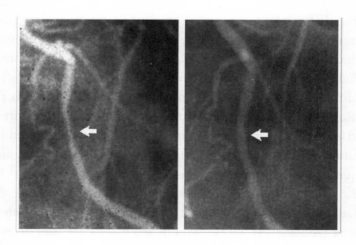

Figura 14. Angiografías coronarias de la arteria circunfleja antes (flecha izquierda) y luego con una mejoría del 20 por 100 (flecha derecha) después de aproximadamente 60 meses de tratamiento con dieta a base de productos vegetales y medicación reductora del colesterol.

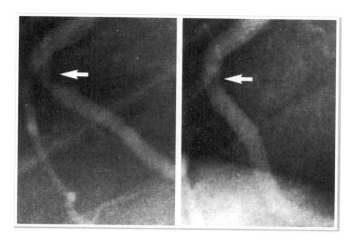

FIGURA 15. Angiografías coronarias de la arteria coronaria derecha antes (flecha izquierda), y con una mejoría del 30 por 100 (flecha derecha) después de aproximadamente 60 meses de tratamiento con dieta a base de productos vegetales y medicación reductora del colesterol.

cincuenta y cuatro años. Y te ruego que observes una vez más la angiografía del doctor Joe Crowe, que revela la reversión total de la enfermedad después de treinta y dos meses (figura 1).

Contar con una prueba angiográfica de la reversión de la enfermedad fue una ocasión de tremenda alegría para los participantes en el estudio, y causa de reuniones familiares y brindis con champán. También resultó enormemente gratificante para mí. Porque demostró, sin lugar a discusiones, que la hipótesis y la base de mi investigación eran sólidas. Ahora disponíamos de una prueba científica irrefutable de que la cardiopatía podía ser detenida y revertida. Y si es posible revertirla, también es posible prevenirla.

Resultados clínicos. Antes de estudiar los resultados clínicos, es importante que analicemos la única muerte que se produjo durante el estudio. El paciente era un hombre de más de sesenta años afectado de una cardiopatía coronaria grave. Había sido admitido en el estudio dos semanas después de sufrir un ataque cardíaco masivo durante una angioplastia fallida. Su estado inestable persistió y siete meses más tarde fue sometido a un bypass quirúrgico. Su cavidad cardíaca izquierda se encontraba tan gravemente dañada y cicatrizada que solo era capaz de bombear sangre a menos del 20 por 100 de su capacidad normal.

Estos pacientes tienen muy mal pronóstico. De todas formas, este hombre sobrevivió. Y después de haber pasado cinco años en el programa, una angiografía de control comparó cuatro de las áreas donde sus arterias se habían estrechado: dos permanecían iguales, y las otras dos habían mejorado.

Diez meses más tarde falleció a causa de una arritmia cardíaca. El estudio post mórtem demostró que no se habían producido nuevas obstrucciones ni ataques cardíacos. A pesar de que el flujo sanguíneo de la arteria coronaria estaba mejorando y de que la angina había disminuido, su corazón, que se encontraba muy cicatrizado, se había electrocutado, literalmente.

En cuanto al resto del grupo, todos mejoraron. Nueve de los pacientes habían llegado al estudio con angina, es decir, con dolor en el músculo cardíaco causado por una inadecuada irrigación sanguínea. Dicho síntoma fue completamente eliminado en dos de las personas y mejoró muchísimo en las siete restantes, incluido el paciente que murió. La capacidad para realizar ejercicio físico también mejoró, y se apreció un claro incremento de la actividad sexual. De hecho, un paciente contó que la impotencia que llevaba mucho tiempo molestándolo se había curado en el curso del estudio.

Los resultados se han mantenido con los años. Don Felton, que apenas podía caminar hasta mi despacho la primera vez que vino a verme, ahora tiene más de setenta años, se encuentra en buen estado físico y es un hombre activo. «Cuando empecé, estaba deprimido —explica—. Ahora llevo tanto tiempo comiendo de esta forma que ya ni pienso en el tema.» Mackie sigue preparándole su salsa de carne, pero ahora la hace con caldo sin grasa y él la vierte sobre un puré de patatas. Y Don todavía sale de cacería una vez al año. Pero hay algunas diferencias: en primer lugar, se lleva copos de avena a sus viajes para no perderse ni uno de sus desayunos sanos. Y segundo, ya no come carne de venado.

Emil Huffgard, al principio un verdadero esclavo de la nitroglicerina, incapaz hasta de dormir a menos que estuviese sentado, mejoró rápidamente en cuanto comenzó a comer bien y a reducir su colesterol. Había trabajado para una empresa telefónica como ingeniero, pero lo habían obligado a jubilarse prematuramente a causa de su enfermedad. Alrededor de seis meses después de unirse al estudio, se presentó en mi despacho, con lágrimas en los ojos, y me dijo: «¡Si sigo mejorando a este ritmo, tendré que volver a trabajar!». Y a pesar del temor de su esposa de que no pudiera estar presente en la boda de su hija, al final pudo acompañarla al altar. Once años después de que Emil se uniera al programa, una angiografía confirmó que había alcanzado una reversión parcial de la enfermedad.

(Don y Emil, que habían sido sometidos a un bypass quirúrgico antes de unirse al estudio, nos ofrecen una importante lección sobre el aspecto negativo de dicho procedimiento: los vasos utilizados para realizar la derivación de las arterias obstruidas simplemente no pueden durar para siempre. Al final, las cicatrices los cierran. En el caso de Don, se había utilizado una vena para derivar su arteria coronaria obstruida. Y duró veinte años —casi el doble de lo que dura la mayoría de los bypasses vasculares—, pero al final hubo que reemplazarla. En el caso de Emil, se había utilizado una arteria para la derivación, que duró treinta años. Pero al final de ese período se obstruyó de repente y le causó un ligero ataque cardíaco que requirió un bypass correctivo. En ambos hombres, la reversión de la enfermedad en sus arterias coronarias nativas, debido a su tenacidad y obediencia durante el curso del estudio, les permitió tolerar la cirugía requerida sin sufrir riesgos. En la actualidad ambos se encuentran bien, libres de angina y de cualquier restricción de su actividad.)

Jerry Murphy, el ejecutivo cuyos familiares varones habían muerto jóvenes, tiene, en la fecha en que estoy escribiendo este libro, casi ochenta y cinco años. Durante catorce años de los que duró nuestro programa mantuvo un nivel de colesterol total inferior a 120 mg/dl. Ese paciente a quien un cardiólogo una vez había llamado «ataque cardíaco inminente» salió a correr todos los días hasta que cumplió setenta y ocho años. Hoy está empezando a experimentar un poco de artritis, algo que ningún otro miembro de su familia ha tenido nunca..., ¡porque ninguno vivió tanto!

Evelyn Oswick, cuyo médico le había aconsejado que se marchara a su casa, comprara una mecedora y esperara morir, tiene ahora casi ochenta años. A pesar de su escepticismo inicial, una vez que aceptó mi programa nutricional nunca se volvió atrás. Y, como resultado, su cardiopatía se encuentra completamente bajo control. De hecho, en la actualidad, cuando Evelyn consulta a un médico nuevo, le dice que ya no sufre ninguna enfermedad cardíaca. Con su característica seguridad en sí misma, declara que quien en estos días sufre un ataque cardíaco es tonto, porque ya existe información consistente sobre cómo detener la enfermedad.

Jim Trusso, que había tenido tantos problemas con el programa cuando se unió al grupo, no lo dejó. Su esposa, Sue, asegura que incluso hoy en día él no es «una persona que solo toma fruta y verdura». Pero fue consciente de que cambiar sus hábitos alimentarios era lo único que podía salvarlo, así que poco a poco aprendió a vivir con la dieta y a sazonar alimentos sanos para poder disfrutarlos. Poco después de redactar el informe de seguimiento del duodécimo año de mis pacientes, Jim participó en un evento de caridad que consistía en montar en bicicleta desde Cleveland hasta Toledo y volver, un viaje de aproximadamente 360 km. Sin lugar a dudas se estaba excediendo, y durante tan intenso ejercicio sufrió un paro cardíaco. (No se trató de un ataque cardíaco, sino de una acumulación de epinefrina debida al ejercicio, seguida de una detención repentina; como sus músculos ya no consumían la epinefrina, se produjo una arritmia y el corazón de Jim dejó de latir.) Lo resucitaron, y una angiografía sugirió que necesitaba un tercer bypass para protegerlo más completamente en su activa forma de vida. Su fuerte constitución física soportó la cirugía.

Ahora, con más de sesenta años, Jim se ha jubilado del sistema educativo —en estos últimos años se había convertido en inspector escolar—, pero no se queda quieto ni un instante. Monta en bicicleta por la playa todos los días y recorre entre 12 y 16 km. Practica kayak, da conferencias en el arboreto de su zona y viaja por el mundo con Sue. Y a día de hoy mantiene su nivel de colesterol en 121 mg/dl. El médico que le apostó una cena con chuletón a que no conseguiría bajar su nivel de colesterol por debajo de los 305 mg/dl perdió la apuesta. Pero Jim nunca quiso cobrársela... ¡por razones obvias!

Jack Robinson también hizo una apuesta con su cardiólogo. Dos años después de negarse a someterse a un bypass cardíaco y de comenzar mi plan nutricional, su médico de Akron continuaba muy preocupado por la decisión que había tomado su paciente. Y entonces le sugirió que se sometiera a otra angiografía, y que si mostraba un avance de la enfermedad se sometiera al bypass. La angiografía no mostró un avance de la enfermedad: por el contrario, demostró que Jack estaba *revirtiendo* los efectos de su dolencia.

Al final Jack se mudó a Piqua, Ohio, donde comenzó a visitar a un nuevo cardiólogo. Al igual que el médico anterior de Jack, este también se mostraba muy escéptico sobre el método nutricional de su paciente, y en 1998 Jack aceptó a duras penas someterse a otra angiografía. Esta reveló una mejoría incluso mayor; tanto, de hecho, que para consternación de Jack, el cardiólogo comenzó a jactarse de que era su régimen farmacológico lo que había marcado la diferencia.

Lo que ha ocurrido con todas estas personas es muy básico: la irrigación sanguínea desde sus arterias coronarias al músculo cardíaco ha mejorado. En la mayoría de los pacientes, las arterias se han ensanchado considerablemente. La profunda reducción del colesterol ha incrementado la capacidad del endotelio —el revestimiento interior de las arterias— para producir óxido nítrico, y ello a las arterias, incluso aquellas enfermas. Pero esa no es la única mejoría. Investigaciones recientes sugieren que reducir los niveles de colesterol en sangre disminuye el espesor de la membrana que rodea los glóbulos rojos, mejorando así su permeabilidad. Esto permite que los glóbulos rojos absorban oxígeno con mayor facilidad mientras atraviesan los pulmones, y les ayuda a liberar dicho oxígeno con más eficacia mientras circulan por el músculo cardíaco. Por último, la dieta a base de productos vegetales que siguen los pacientes, que se centra en la eliminación de aquellos alimentos que dañan los tejidos vasculares, ha restablecido la fuerza y la integridad al endotelio. Las placas que presentaban todas estas personas acabaron «taponadas» con fines protectores, gracias a lo cual no pudieron romperse ni iniciar el torrente de obstrucciones que define al ataque cardíaco (véase figura 16).

Estos pacientes están ahora exentos de sufrir ataques cardíacos.

Tres de los miembros originales del estudio han muerto desde su finalización. Uno falleció a causa de una fibrosis pulmonar. El

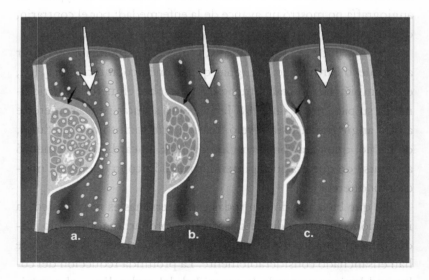

Figura 16. Gradual engrosamiento del tapón de la placa (flecha negra) y reducción de la placa, conseguida gracias a una dieta a base de productos vegetales.

segundo comenzó a vomitar violentamente, se desmayó y murió tras una copiosa hemorragia unos trece años después de entrar en el programa. No se le practicó ninguna autopsia, pero debido a los vómitos y la hemorragia, sospecho que murió a causa del síndrome de Mallory-Weiss, en el que una arteria gástrica se erosiona a causa del ácido y el esfuerzo por vomitar. El tercero fue un conductor de camiones jubilado, que cayó en una terrible depresión. En el momento de su muerte estaba viviendo en un lugar en el que no podía alimentarse bien y, poco a poco, su salud acabó deteriorándose.

En 1998 repasé el estado de los seis pacientes que dejaron el estudio en los primeros doce a quince meses para regresar a sus respectivos cardiólogos y a la dieta que habían seguido previamente. En todos ellos la cardiopatía había empeorado. Tras haber dejado el estudio, habían sufrido concretamente:

- cuatro casos de angina aumentada,
- dos episodios de taquicardia ventricular (una arritmia potencialmente letal, o interrupción del ritmo cardíaco, que provoca la aceleración del corazón),
- cuatro operaciones de bypass,
- una angioplastia,
- un caso de insuficiencia cardíaca congestiva,
- una muerte derivada de las complicaciones de la arritmia.

¡Menudo contraste! Como ya he explicado, los pacientes que siguieron el programa habían sufrido colectivamente no menos de cuarenta y nueve eventos cardíacos en los años previos al estudio. Un hombre, tras seis años en el programa, regresó a sus antiguos hábitos alimenticios durante un período de dieciocho meses de frenética actividad comercial, y su angina, que había desaparecido, regresó y el paciente tuvo que ser sometido a un bypass quirúrgico. Ese fue el único caso de un nuevo evento cardíaco entre los participantes del estudio durante los primeros doce años. Se produjo otro caso de bypass quirúrgico, del que me enteré mientras escribía este libro, pero no lo cuento como un auténtico evento coronario: el paciente en cuestión abandonó Cleveland dos años después de incorporarse al estudio, y perdí contacto con él. Siguió el programa de nutrición —y lo sigue en la actualidad, veinte años después—, pero me dijo que fue él quien insistió en someterse a la cirugía de bypass para aliviar más rápidamente los síntomas que le impedían mejorar en el tenis.

Entre los pacientes que cumplieron el programa a rajatabla, durante el estudio de doce años, no se produjo ningún otro episodio clínico de empeoramiento de la cardiopatía coronaria a partir del momento en que se comprometieron a mantener el colesterol en niveles seguros.

Todos estos pacientes han continuado, por su cuenta, el programa nutricional y la medicación para reducir el colesterol que les recomendé, si bien el estudio ha finalizado. Cuando piensan en las casi dos décadas que han vivido libres de enfermedad cardíaca, lo que más estimula a estas personas es saber que han asumido el control de su propia salud y que son ellas quienes dirigen el tratamiento de la dolencia que estaba destruyendo sus vidas.

Anthony Yen, cuyo fin de semana de la Nochevieja de 1987 estuvo a punto de terminar en una debacle mortal, lo explica a la perfección. Uno de sus cinco bypasses había fallado justo antes de que él se uniera al estudio, por lo que estaba decidido a impedir que la enfermedad empeorara. Recuerda lo mucho que le costó seguir el programa al principio, cuando tenía que llevar un diario detallado de lo que consumía y hacerse análisis de sangre cada dos semanas.

Pero de repente, un día, tras llevar más o menos un mes en el programa, Anthony se dio cuenta de que se sentía notablemente mejor. «Caminaba de cara al viento y no tenía angina», cuenta. Entonces se giró hacia su mujer, Joseanne, y pronunció las triunfantes palabras que todos los participantes del estudio respaldarían: «¡Hemos ganado la batalla!».

7

¿Por qué no me lo dijo nadie?

UNO DE LOS ANTIGUOS SEGUIDORES de mi plan nutricional es un hombre llamado Abraham Brickner, ahora jubilado, que era el director de servicios sanitarios, investigación y desarrollo de programas de la Clínica Cleveland. La madre de Abe murió a causa de una cardiopatía cuando tenía sesenta y dos años. Su hermano fue sometido a una cirugía de bypass a los cincuenta y cinco y falleció a causa de su enfermedad de corazón una década más tarde. Uno de los sobrinos de Abe sufrió un ataque cardíaco a los cuarenta y cinco; otro sobrino murió por esta misma causa a los cuarenta y dos. Abe fue sometido a su primer bypass quirúrgico a los cincuenta y cinco años, y al segundo a los sesenta y cinco.

Si bien él comenzó a modificar sus hábitos alimenticios un poco después de su primera cirugía, durante casi toda su vida había seguido una dieta rica en grasas: filetes de la tienda de su padre fritos en mantequilla; 225 g de carne curada sobre una rebanada de pan; hígado picado con *schmaltz* —que es grasa pura de pollo—, una vez a la semana; un gran plato de gofres después de ver una película los sábados por la noche. Abe, planificador de asistencia sanitaria de profesión y defensor del consumidor, había prestado considerable atención a las cuestiones relacionadas con la salud durante muchos años. Y como explica: «Cuando era normal tener 250 de colesterol, yo respetaba ese parámetro».

Cuando era normal tener 250 de colesterol. Resulta difícil de creer, pero durante décadas los niveles de colesterol en sangre de hasta

300 mg/dl fueron considerados perfectamente normales. Con el paso de los años, el consejo de los «expertos» ha variado, y las personas que cuidaban su salud se han sentido, comprensiblemente, confundidas sobre qué nivel de colesterol tenían que plantearse conseguir. El problema era que la cifra variaba sin cesar. Recientemente, las organizaciones norteamericanas de salud —la Asociación Norteamericana del Corazón, el Programa Nacional de Educación sobre el Colesterol y el Consejo Nacional de Investigación— han decretado que el colesterol sérico debe ser inferior a 200 mg/dl[1]. Estas mismas entidades sugieren limitar el consumo de grasas para que no representen más del 30 por 100 de las calorías consumidas a diario.

Pero nunca se ha demostrado que el nivel de consumo de grasas detenga o revierta la cardiopatía coronaria. Por el contrario, varias investigaciones han demostrado que mientras reducir el consumo de grasa a ese nivel desde cifras superiores puede ayudar a ralentizar la progresión de la enfermedad, esta, de todas formas, avanza.

Lo cierto es que la profesión médica sabe de lo que habla. Hemos sabido durante mucho tiempo que una de cada cuatro personas que han sufrido ataques cardíacos presenta un nivel de colesterol en sangre de entre 180 y 210 mg/dl[2], y sabemos que más de un tercio de los participantes en el Estudio de Framingham sobre el Corazón que sufrían una enfermedad cardíaca mostraban niveles de colesterol de entre 150 y 200 mg/dl[3]. Eso significa que millones de norteamericanos que están esforzándose por adaptarse a los parámetros establecidos por las entidades que regulan la salud nacional están enfermando, a pesar de sus esfuerzos.

Existe una explicación clara y sencilla sobre lo que el Gobierno norteamericano y las entidades de control de la salud han hecho: han escogido un nivel de colesterol «seguro» que virtualmente garantiza —si todos en realidad alcanzaran el objetivo que ellos proponen— que cada año más de 1,2 millones de norteamericanos sufran ataques cardíacos y que millones más presencien la inevitable progresión de su cardiopatía coronaria.

¿Pero que está pasando? Si resulta tan evidente que el objetivo es conseguir que los niveles de colesterol se establezcan en menos de 150 mg/dl, ¿por qué los expertos nacionales y los diseñadores de políticas nos cuentan esto otro? Cuando solicitamos a los representantes del Gobierno que establezcan niveles seguros de bacterias en el agua que bebemos, no eligen un nivel que cause que una sustancial proporción de la población contraiga cólera y disentería; por el contrario, establecen un nivel que garantiza que nadie se infecte. Lo mismo sucede con los parámetros oficiales de otros contaminantes. No elegimos un nivel en el que el 20 por 100 de los niños desarrollen una enfermedad cerebral inducida por el plomo en el agua: indicamos un nivel que cubre la seguridad de todos. Entonces, ¿por qué cambia tanto la política en lo relativo a los niveles de colesterol en sangre?

Hallaremos la respuesta en la compleja mezcla de cultura, hábito, gusto, política y otros factores, incluida, francamente, una actitud un tanto condescendiente entre los expertos médicos hacia el público profano. Analicemos los hechos.

Para empezar, es cierto que la gente tiene debilidad por el aceite, los productos lácteos y la grasa animal, y eso incluye a los científicos médicos que estudian el problema. Estamos inmersos en un ambiente de alimentos tóxicos que resultan atractivos, sabrosos y de precio razonable, además de muy publicitados. Y existen poderosos intereses comerciales que no quieren que se introduzca ningún cambio en la dieta norteamericana. A lo largo de los años, en diversas ocasiones se ha intentado que las recomendaciones nutricionales resulten más acordes con lo que demuestra la ciencia. Pero en todos los casos, una intensa presión por parte de la industria —los productores y proveedores de lácteos, carne y aves— ha provocado que quienes marcan los parámetros tengan que comportarse de una forma no del todo honesta.

En términos simples, la zorra está guardando el gallinero. Y en ningún otro sitio resulta tan evidente como en el Departamento de Agricultura de Estados Unidos (USDA), que desde finales de los años setenta ha estado publicando las pautas oficiales del Gobierno sobre lo que los norteamericanos deberían comer. En un reciente editorial de *Nutrition Action Health Letter,* una publicación del Centro para la Ciencia en el Interés Público, Michael Jacobsen nombró a los más importantes funcionarios del USDA y describió a lo que se había dedicado cada uno de ellos para ganarse la vida antes de entrar a trabajar para el Departamento de Agricultura[4]. Todos habían sido empleados de la industria de los lácteos, la carne y las aves. Y en una fecha más reciente, en concreto en octubre de 2000, el Comité Médico para una Medicina Responsable ganó el litigio que le permitió descubrir exactamente quién estaba compensando económicamente a los miembros del Comité de Pautas Dietarias del USDA. Resultó que seis de los once miembros del comité, incluido el presidente, tenían vínculos financieros con la industria de la alimentación.

En mi opinión, el Departamento de Agricultura, que por definición se supone que debe proteger y promover los intereses agrícolas de la nación, debería rechazar la responsabilidad de establecer los parámetros nutricionales. Esa tarea correspondería a los Centros de Control y Prevención de la Enfermedad. Pero de momento, el USDA todavía tiene el poder de aconsejar a los norteamericanos qué deberían comer, y cada cinco años, cuando actualiza sus pautas, tales indicaciones acaban confundiendo al público y traicionando a la ciencia. Hace muchos años, en 1991, por ejemplo, los cambios propuestos en la pirámide alimentaria tenían que haber relegado la carne y los productos lácteos a la categoría menos importante. Pero cuando terminó la deliberación, el USDA aceptó un confuso compromiso con nuevas propuestas que valoraban todavía más el consumo de proteína animal.

Las cosas no han cambiado demasiado desde entonces. Aquí tienes algunos ejemplos, extraídos de una crítica escrita que entregué al Comité de Pautas Alimentarias de 2005:

1. Recomendación del USDA: «Consumir ocho o más gramos de productos integrales al día, y el resto de los cereales re-

comendados que provengan de productos integrales. En general, al menos la mitad de los cereales deberían provenir de productos integrales».

En otras palabras, la otra mitad de los cereales consumidos pueden provenir de cereales refinados, que han perdido gran parte de sus nutrientes naturales y contenido de fibra, y que causan elevados niveles de triglicéridos en el torrente sanguíneo, un reconocido riesgo de cardiopatía coronaria.

2. Recomendación del USDA: «Consumir tres tazas al día de leche desnatada o semidesnatada, o el equivalente en productos lácteos».

Incluso la leche desnatada contiene significativas cantidades de grasa saturada, que obstruye las arterias. Además, 50 millones de norteamericanos presentan intolerancia a la lactosa. Para ellos, la ingestión de leche es la causa de diversas molestias gastrointestinales. Pero el consumo de leche también ha estado vinculado al desarrollo de cáncer de próstata. Según estudios realizados en animales, la caseína, que es la principal proteína de la leche, promueve notablemente el crecimiento del cáncer[5].

3. Recomendación del USDA: «Conseguir que menos del 10 por 100 de las calorías provengan de la grasa saturada y consumir menos de 300 mg/día de colesterol, además de mantener en el nivel más bajo posible el consumo de ácidos grasos *trans*».

Se trata de un consejo extraño y poco práctico. No conozco a ningún científico alimentario, nutricionista, médico o cualquier otro experto que, día tras día, se tome el enorme trabajo de calcular cuántas calorías de grasa saturada está consumiendo, y que tenga más que una noción general de cuántos miligramos de colesterol y grasa trans ingiere. Es absurdo pedir al público que siga reglas que no cumplen ni siquiera los científicos que las inventan. Sería mucho más simple, y claro, aconsejar a la gente que evitara los productos de origen animal (fuente de todo el colesterol y de la mayor parte de la grasa saturada) y también aquellos productos en los que aparezca la palabra «hidrogenado» o «parcialmente hidrogenado», ya que son los que contienen las grasas trans más perjudiciales.

4. Recomendación del USDA: «Mantener la ingesta total de grasa entre el 20 y el 35 por 100 de las calorías, procurando que la mayor parte de las grasas provengan de fuentes poliinsaturadas y monoinsaturadas, como el pescado, los frutos secos y los aceites vegetales».

Esta recomendación es muy preocupante. En efecto, el Gobierno está sugiriendo un nivel de consumo de grasa que no solo es incapaz de detener la enfermedad vascular, sino que, muy por el contrario, ha demostrado ser su causante. En el capítulo 10 explicaré los perjudiciales efectos de los aceites monoinsaturados, que están más que demostrados. Pero el consumo de pescado encierra una serie de peligros propios. Cargado de toxinas como PCB y mercurio, este alimento representa un peligro tan conocido que a las mujeres embarazadas se les recomienda que lo consuman con moderación. Y el desarrollo de la piscicultura, necesaria por el constante empobrecimiento de los océanos de la Tierra, encierra otros peligros nuevos. Las granjas piscícolas son tan poco saludables que sus productos tienen que ser tratados con antibióticos, por lo que muchas autoridades sanitarias aconsejan no consumir pescado de piscifactoría. No existe ninguna duda de que los ácidos grasos omega-3 presentes en el pescado son valiosos, pero existen otras fuentes más seguras de esta sustancia, que explicaré en el capítulo 8.

5. Recomendación del USDA: «Al elegir y preparar carne, ave, legumbres secas y leche o productos derivados, decantarse

por productos magros, de bajo contenido graso o sin grasa».

Esta recomendación es sumamente confusa y engañosa para la mayoría de las personas, que no están familiarizadas con la ciencia. La carne sin grasa no existe. Alguna carne simplemente tiene menos grasa que otra, y por eso resulta ligeramente menos tóxica. Pero ese es solo el principio del problema. La carne de ave de producción masiva está tan contaminada por bacterias que los inspectores de aves, que conocen perfectamente esta situación, rara vez la consumen. De hecho, los expertos en salud aconsejan regularmente no permitir que esta carne infecte los alimentos de la nevera o de la encimera. En cuanto a la leche y sus productos derivados, han estado claramente implicados en el desarrollo de cardiopatías, ictus, hipertensión, diabetes, osteoporosis y cáncer de próstata. Y sus etiquetas también pueden resultar confusas. ¿Tienes la impresión de que la leche en la que aparece la cifra «2%» debe solo el 2 por 100 de sus calorías a la grasa (en comparación con la leche entera, que debe el 55 por 100 de sus calorías a la grasa)? Pues te equivocas. De hecho, el 35 por 100 de las calorías de la leche con el «2%» derivan de la grasa. De forma similar, el 21 por 100 de las calorías de la leche con el «1%» derivan de la grasa.

¿Cómo es posible que un departamento del Gobierno de Estados Unidos diseñe y promueva pautas dietéticas que, si se siguen al pie de la letra, garantizan que millones de norteamericanos mueran de forma prematura? Es una vergüenza internacional y un desastre de la salud pública. Lo cierto es que conceder al Departamento de Agricultura de Estados Unidos, tal como está constituido en la actualidad, la responsabilidad de publicar dichas pautas es como invitar a Al Capone a preparar tu declaración de la renta.

Pero las organizaciones médicas también son muy cambiantes a este respecto. Si bien han estado advirtiendo a los norteamericanos durante más de una década que los productos lácteos, el aceite y la grasa animal son dañinos, y si bien ha quedado cada vez más claro con los años que la enfermedad vascular, el cáncer y otras dolencias son el resultado directo de la tóxica dieta occidental, estas organizaciones no tienen el valor de cambiar radicalmente las recomendaciones nutricionales. En lugar de eso, los expertos siguen sugiriendo que reduzcamos el consumo de grasas animales y lácteas, que comamos carne roja solo una o dos veces a la semana, por ejemplo, y que retiremos la piel del pollo, un consejo que resulta impreciso y vago, y no reduce significativamente el consumo de grasa.

Casi todos los expertos coinciden en que la cardiopatía coronaria es rara en individuos cuyos niveles de colesterol se mantienen estables por debajo de los 150 mg/dl. Casi todos también coincidirían en que reducir el consumo de grasa a menos del 10 por 100 de las calorías consumidas ayuda a alcanzar niveles bajos de colesterol. Y admitirían que es imposible seguir una dieta a base de carne, aves, productos lácteos y aceite, y aun así conseguir que menos del 10 por 100 de las calorías provenga de la grasa.

Pero en lugar de exponer estos hechos a la gente de manera clara, en lugar de establecer un nivel de colesterol en sangre realmente seguro y aconsejar a los norteamericanos cómo alcanzarlo, los expertos se resisten, por lo general argumentando que el público podría experimentar una abrumadora sensación de frustración al no ser capaz de adoptar los cambios nutricionales necesarios.

Creo que es un error. Deberíamos informar a la gente de lo que es más sano para ella. Las personas decidirán por sí mismas si desean incorporar esas pautas a su vida o no. Nosotros, como científicos, al menos debemos hacerles saber qué es lo óptimo.

En 1991 congregué a profesores de primera categoría, reconocidos y respetados en todo el país por su experiencia en cardiología, nutrición, patología, pediatría, epidemiología y salud pública, para la Primera Conferencia Nacional sobre el papel de los lípidos en la eliminación y prevención de la cardiopatía coronaria. Durante dos días de presentaciones en Tucson, Arizona, estos científicos tuvieron la misión de desarrollar lo que, a su parecer, era la dieta óptima para la salud, la que menos probabilidades tuviera de desencadenar cardiopatía coronaria. Y les pedí que respondieran la siguiente pregunta: «¿Qué le dice usted al paciente que asegura "Haré lo que sea, pero no quiero enfermar del corazón nunca" o "He sufrido un ataque cardíaco y no quiero pasar por ningún otro"?».

Un panelista respondió: «Hacerle comer judías, judías y más judías». Otro, el profesor T. Colin Campbell de Cornell, uno de los más respetados nutricionistas a nivel mundial y coautor de *The China Study*, fue quien expresó con más claridad y contundencia lo que los demás miembros del grupo pensaban: «Si estamos razonablemente seguros de lo que los datos de estos estudios nos están diciendo, ¿por qué debemos ser reticentes a recomendar una dieta que sabemos que es sana y segura? Los científicos ya no deben asumir la actitud de que el público no puede beneficiarse de una información para la que no están preparados. Debemos ser lo suficientemente íntegros como para contarles la verdad y dejarles decidir lo que quieren hacer con ella. No podemos obligarles a seguir las pautas que recomendamos, pero sí podemos ofrecérselas y dejarles decidir. Personalmente, tengo mucha fe en el público. Debemos informarles de que una dieta compuesta por raíces, brotes, semillas, flores, frutas y hojas es la más sana, y la única que podemos promover, respaldar y recomendar [6].»

Después de la conferencia, preparé un resumen que finalmente fue aprobado por diez de los trece participantes. Los siguientes cuatro párrafos revelan la fuerte postura de estos reconocidos expertos, y podría servir como modelo de un asesoramiento nutricional más útil que el que actualmente proporcionan el Gobierno norteamericano y las organizaciones sanitarias:

Las pautas actuales del Gobierno y las organizaciones sanitarias norteamericanas no ofrecen una oportunidad real para detener o prevenir la cardiopatía coronaria. Diversos estudios demuestran que las personas que siguen las pautas actuales muestran índices superiores de progresión de la enfermedad comparadas con quienes alcanzan niveles más bajos de lípidos séricos a través de la dieta y/o los fármacos reductores de lípidos.

Una dieta capaz de alcanzar resultados superiores en la reducción de la aterosclerosis sería aquella que contuviera entre el 10 y el 15 por 100 de grasa, proveniente en su mayor parte de cereales, legumbres, verduras y frutas. Esta dieta ofrece protección contra los neoplasmas comunes de mama, próstata, colon y ovarios. También disminuye la probabilidad de desarrollar obesidad, hipertensión, ictus y diabetes del adulto. No se conocen efectos adversos en semejante dieta cuando los contenidos de minerales y vitaminas son adecuados.

Los niños y los adolescentes requieren una mayor atención para desarrollar hábitos nutricionales óptimos a temprana edad. Las escuelas deberían asumir un papel significativamente importante en la consecución de este objetivo.

La especulación sobre el grado de cumplimiento no debe influir sobre la precisión de las recomendaciones[7].»

Indiscutiblemente, al recomendar que los norteamericanos adopten una alimentación a base de productos vegetales, estaríamos pidiéndoles que llevasen a cabo profundas transiciones en cuanto a sus gustos. Pero contamos con algunos potenciales aliados en la causa: los chefs profesionales de todo el mundo, aquellos que trabajan en hoteles, restaurantes, empresas, clubes y otras instituciones de primera línea que ofrecen alimentos de sabor, textura, variedad y presentación exquisitos. Estos cocineros son expertos en preparar platos deliciosos con cualquier ingrediente básico.

Hace unos años me invitaron a una comida formal para dar una charla sobre cómo detener y revertir la enfermedad del corazón; tendría lugar durante un almuerzo de los directores de organización de mantenimiento sanitario del hotel Broadmoor, de Colorado Springs. Y acepté con una condición: que me permitieran ocuparme del menú. Los organizadores de la convención estuvieron de acuerdo.

Después de mi presentación, un dubitativo miembro de audiencia declaró que nadie consumiría una dieta que contuviera el 10 por 100 de grasa o menos.

—¿Ha disfrutado de su almuerzo? —pregunté.

—Sí, estaba delicioso —respondió.

—Perfecto —dije—. Debería usted saber que contenía el 10 por 100 de grasa, que fue lo que exigí al chef para venir a hablar aquí en el día de hoy.

Había conseguido mi objetivo con la ayuda de un maestro de cocina. Por desgracia, es posible que este hombre haya sido la excepción. Hace una década me pidieron hacer una presentación para un instituto culinario de gran renombre. Cuando llegué, el director había decidido que no deseaba que los aprendices de cocineros escucharan lo que yo iba a decir, dado que claramente chocaba con lo que se les estaba enseñando; así que acabé presentando un bosquejo de mi información original a una audiencia mucho menor: el director y su asistente. Unos años más tarde, me pidieron que diera una charla en otra reunión, la convención anual de chefs norteamericanos que tiene lugar en Nashville, Tennessee. Presidí una sesión especial con aproximadamente veinte cocineros, todos los cuales sufrían cardiopatía coronaria. Su propia cocina les había hecho enfermar.

La buena noticia es que esta información se está extendiendo. La gente es cada vez más consciente de su salud. Desde que comencé mi investigación, hace veinte años, se ha producido un marcado incremento en el número de expertos que creen que la nutrición desempeña un papel crítico en el mantenimiento del colesterol en niveles seguros y en la protección frente a enfermedades mortales comunes, en especial la cardiopatía coronaria.

Y muchos profanos llegan a comprenderlo por sí solos. Unos años después de su primer bypass quirúrgico, Abe Brickner se unió a un estudio de personas que habían sido sometidas a dicha intervención. «A partir de lo que leía, comencé a entender que algo estaba sucediendo —explica—. Si el 50 por 100 de las personas tienen que someterse a un segundo bypass, yo deseaba saber qué me esperaba a mí.» A través del estudio, Abe fue sometido a otra angiografía, que le condujo al segundo bypass quirúrgico cuando tenía sesenta y cinco años. Pero como él mismo explica en la actualidad: «Si por aquel entonces hubiese sabido lo que sé ahora, ni siquiera habría tenido que pasar por el primer bypass». Esa segunda cirugía le aportó «el destello final de perspicacia y conciencia de mí mismo, y me hizo comenzar a actuar de manera preventiva. Cuando apareció el doctor Esselstyn en mi vida, yo ya estaba preparado».

Tuve que estar muy pendiente de Abe para ayudarle a superar sus ganas de regresar a su dieta cargada de grasa, la misma que había disfrutado durante tantos años. Pero él se comprometió con mi plan nutricional, y lo ha seguido a rajatabla desde entonces. Su colesterol descendió de 235 mg/dl a 123, donde se mantiene a día de hoy. Y ahora que tiene más de ochenta años, Abe Brickner está convencido de que vivirá hasta los cien. Lo mejor de todo es que asegura: «El centro de control *soy yo*. No es el médico quien se encarga de mi salud: la responsabilidad es mía».

8

Una serie de pasos simples

Tú TAMBIÉN PUEDES CONTROLAR tu enfermedad cardíaca. Este capítulo, quizá el más importante del libro para aquellos que sufren alguna enfermedad del corazón o para quienes simplemente no quieren desarrollarla, te indicará exactamente cómo proceder.

Como ya sabes, mi forma de abordar esta enfermedad potencialmente letal es intensa y continuada. La técnica que recomiendo se basa por completo en mi investigación y cuenta con el respaldo de doce años de estudio formal y veinte años de trabajo continuado con un grupo de pacientes diversos. Y su éxito depende en gran medida de una gran atención a los detalles. En palabras de Rupert Turnbull, antiguo cirujano de la Clínica Cleveland: «¡La aplicación inapropiada del método no es una excusa para abandonarlo!».

Este es, una vez más, el mensaje básico de mi investigación: ninguna persona que alcance y mantenga un colesterol total en sangre de 150 mg/dl y niveles de LDL inferiores a 80 mg/dl —recurriendo a un plan de nutricional a base de productos vegetales y, en caso necesario, a bajas dosis de fármacos reductores del colesterol— experimenta una progresión de la enfermedad cardíaca. Y muchas se muestran encantadas con la clara evidencia médica de que en realidad han *revertido* los efectos de la enfermedad.

Recuerda que las tres cuartas partes de la población de este planeta no conocen las enfermedades cardíacas. El metabolismo de tu colesterol y su resistencia a la insidiosa progresión de la cardiopatía pueden llegar a asemejarse al de los habitantes de la China rural, los residentes de Okinawa, los indios tarahumara del norte de México, los habitantes de Papúa Nueva Guinea y muchos africanos. Entre estos pueblos, debido a la dieta de tipo vegetal que siempre han seguido, la cardiopatía es prácticamente desconocida. Estoy convencido, a partir de mi investigación y tras haber asesorado a cientos de pacientes con enfermedad cardíaca, de que tú, al igual que ellos, puedes volverte inmune a los ataques cardíacos.

En mis entrevistas iniciales con todos los posibles pacientes hago hincapié en la necesidad de un compromiso absoluto. Lo primero que pido tanto a los afectados como a sus familiares es que eliminen de su vocabulario, de su pensamiento, de su sistema de creencias más básico, la frase: «Este poquito no puede hacerme daño». Si has aprendido una sola cosa de las explicaciones científicas que respaldan este programa, espero que sea la siguiente: que solo un poquito de un alimento prohibido —grasas, productos lácteos, aceites, proteínas animales— *sí* puede hacerte daño, y lo hará. Piénsalo de esta forma: si adoptas una dieta sana completa, pero te permites consumir grasas dos o tres veces a la semana, eso significa que estas perjudicándote y abusando de tu salud unos 150 días al año. Esta tasa de «moderación» te privará de los máximos beneficios para la salud que ofrece la alimentación de tipo vegetariano. Ese «poquito» basta para exponerte al riesgo de sufrir una enfermedad cardíaca.

Si entiendes y aceptas esta premisa, vas de camino de un 95 por 100 de éxito en el objetivo de detener tu enfermedad. Las excepciones ocasionales, por modestas que sean, socavan los resultados. (Debo confesar que todas las Nocheviejas consumo entre ocho y diez tartaletas rellenas de mantequilla de cacahuete con chocolate.)

Recuerdo un desayuno de hace muchos años, cuando me invitaron a participar en una conferencia sobre cáncer de mama. Sentado a la mesa se encontraba un distinguido cirujano de la costa este que también participaba en la conferencia. Dieciocho meses antes, este hombre había sufrido un ataque cardíaco. Aun así, estaba tomando tortitas chorreantes de mantequilla y, además, una ración extra de beicon. Viendo mi estupor, el cirujano me explicó que por lo general cuidaba mucho su alimentación, pero que se permitía salir de su dieta solo los fines de semana, cuando se encontraba fuera de la ciudad o en ocasiones especiales.

Desde entonces ha sufrido un ictus masivo que le impide hablar con normalidad. Porque la misma enfermedad vascular que estrecha las arterias coronarias que alimentan el corazón estrecha las arterias que llegan al cerebro.

Partiendo de la premisa de que realmente entiendes que lo que se busca aquí es un compromiso total, pasemos a las reglas de mi plan de nutrición.

Primero hablemos de los alimentos que se deben evitar.

1. **Cualquier alimento con rostro o con madre.** Ello incluye carne, aves, pescado y huevos. Seguramente sabes que la arginina y los ácidos grasos omega-3, esenciales para mantener la salud endotelial y otras funciones corporales, son muy abundantes en el pescado. Pero existen otras fuentes más sanas de estas sustancias, que mencionaré cuando recomiende los suplementos dietéticos para las personas que siguen mi programa.

2. **Productos lácteos.** Eso significa mantequilla, queso, crema, helado, yogur y leche, incluso la leche desnatada.

3. **Aceites.** *Todos* los aceites, incluido el de oliva virgen y el de canola. (Encontrarás más información sobre este tema en el capítulo 10.)

4. **Cereales refinados.** Estos, a diferencia de los cereales integrales, han sido despojados de gran parte de su fibra y nutrientes. Deberías evitar el arroz blanco y los productos con harina «enriquecida», presente en muchos tipos de pasta, pan, rosquillas y productos horneados.

5. **Frutos secos.** Las personas que sufren alguna cardiopatía deben evitar todos los frutos secos. Quienes no tienen pro-

blemas cardíacos pueden consumir nueces con moderación, ya que pueden proporcionar una cantidad considerable de ácidos grasos omega-3, que resultan importantes para muchas funciones corporales esenciales. Pero yo soy extremadamente cauteloso en lo que a los frutos secos se refiere. Si bien algunos estudios a corto plazo llevados a cabo con fondos de empresas dedicadas a la producción de estos alimentos demuestran que pueden afectar positivamente al colesterol bueno y malo, no conozco ningún estudio a largo plazo que indique que sean capaces de detener y revertir la enfermedad cardíaca, y lo que sucede entonces es que los pacientes los consumen en cantidades excesivas, elevando así sus niveles de colesterol.

Ahora hablemos de los alimentos que sí se pueden consumir; aquellos que, de hecho, recomiendo. Esta lista, si bien no incluye muchos de los productos que solías comer, te permite llenar tu plato con una variedad deliciosa y colorida de alimentos cargados de fibra, nutrientes y antioxidantes, todos esenciales para la salud del corazón y el bienestar general.

1. **Verduras**. Desde luego que esta no es una lista completa, pero permite que te hagas una idea de la enorme variedad de verduras que puedes consumir. Boniato, ñame, patata (pero nunca patatas fritas ni preparadas de ninguna manera que implique añadirles grasas). Brócoli, col rizada y espinaca. Espárragos, alcachofas, berenjenas, rabanitos, apio, cebollas, zanahorias. Coles de Bruselas, maíz, repollo, lechuga, pimientos. Col china, acelga y hojas de remolacha. Nabo y chirivía. Calabaza, tomate (si bien, estrictamente hablando, el tomate es una fruta), pepino. Casi todas las verduras que puedas imaginar están aceptadas en este plan, con una única excepción para los pacientes cardíacos: el aguacate, que tiene

un alto contenido graso, inusual en las verduras. Las personas que no estén enfermas del corazón pueden consumir aguacates siempre que sus niveles de lípidos en sangre no sean elevados.

2. **Legumbres**. Judías, guisantes y lentejas de todo tipo. Esta es una familia de plantas muy variada, y casi con certeza descubrirás deliciosas variedades que posiblemente nunca habrías conocido si no pensaras embarcarte en este plan nutricional.

3. **Cereales integrales**. Trigo integral, centeno integral, trigo sarraceno, avena integral, cebada, alforfón (gachas o molido grueso), maíz integral, harina de maíz, arroz salvaje, arroz integral, palomitas de maíz y cereales integrales menos conocidos, como cuscús, kamut (de la familia del trigo candeal), quinoa, amaranto, mijo, teff, tritical, gano y farro. Existe una maravillosa variedad de especies, tanto familiares para nosotros como completamente nuevas. También puedes consumir cereales que no contengan azúcares ni aceites añadidos: avena a la antigua usanza, por ejemplo (no la variedad de cocción rápida), o copos de trigo. Los panes también deberían ser integrales y no contener aceites añadidos. La pasta integral está permitida si está preparada con trigo integral, arroz integral, espelta y quinoa. (Ten cuidado con la pasta que se ofrece en los restaurantes. Suele estar preparada con huevo y harina blanca, y es posible que la salsa marinara incluya aceite.)

4. **Fruta**. Está permitido consumir todo tipo de fruta. Sin embargo, te hago una pequeña advertencia: es preferible limitar su consumo a tres piezas al día (o, en el caso de las bayas y las uvas, a tres raciones, cada una de ellas del tamaño de un puñado modesto). También es conveniente evitar beber zumos de fruta pura. La fruta —y especialmente el zumo— tiene un gran contenido de azúcar, y consumir una gran cantidad rápidamente eleva el nivel de azúcar en sangre. Enton-

ces el organismo compensa la subida de azúcar con una emisión de insulina desde el páncreas; y la insulina, a su vez, estimula la producción de más colesterol en el hígado[1]. También podría elevar los niveles de triglicéridos. Ten cuidado también con los postres azucarados, que pueden provocar el mismo efecto.

5. **Bebidas**. Agua, agua con gas (prueba añadir una pequeña cantidad de zumo de fruta para darle sabor), leche multicereales, leche de avena, leche de soja sin grasa, café y té. Y también puedes beber alcohol, aunque con moderación. (Es algo que mi colega y paciente Joe Crowe aprecia. Todos los años se celebra una fiesta en honor del poeta Robert Burns y otras cuestiones escocesas, y su plato fuerte es un banquete que incluye, entre otras cosas, morcilla escocesa, que está preparada con pulmones, corazón y otras vísceras de oveja o ternero. De ese menú, las personas que siguen mi plan pueden consumir una sola cosa: ¡whisky escocés!)

La mayor parte de los alimentos que tienes que comprar para seguir este plan nutricional —casi todos frescos— no llevan etiqueta. Pero en aquellos productos que sí, procura estudiar con mucho detenimiento sus ingredientes.

Y te explico por qué. En los últimos años, la Administración de Alimentos y Medicamentos de Estados Unidos (FDA) ha obligado a la industria alimentaria a etiquetar el contenido de grasa de los alimentos con mucha más precisión que en el pasado. Sin embargo, en las reglas de etiquetado existe al menos una fisura importante. La FDA autoriza a los fabricantes a decir que un producto contiene 0 por 100 de grasa por ración, entendiendo que cada una de ellas contiene ½ gramo de grasa o menos. Así que imagina una caja de donuts, cada uno de los cuales contiene 1 g de grasa. Según el nuevo sistema, los fabricantes simplemente explican en la caja que los seis donuts de su interior representan 12 raciones; es decir, que una ración equivale a medio donut. Puesto que media rosquilla contendría solo medio gramo de grasa, pueden declarar legalmente que dicho producto contiene 0 por 100 de grasa por ración.

Tal proceder, por supuesto, no tiene sentido. Estos productos «sin grasa» pueden contener menos grasa general que sus equivalentes de alto octanaje; pero escondida en aliños para ensalada, quesos, bollería para el desayuno y productos para untar «sin grasa» aparece la misma grasa láctea, animal y proveniente del aceite que destruye tu salud. Ten cuidado con frases como «contiene cantidades insignificantes de grasa». Estudia bien las listas de ingredientes y busca cualquier referencia a aceite, monoglicéridos y diglicéridos, aceites hidrogenados o parcialmente hidrogenados o glicerina. Recuerda que un cerdo con pintalabios y pendientes sigue siendo un cerdo. Un año consumiendo estos productos con «0 por 100 de grasa» añadirá muchos gramos de grasa letal a tu dieta.

Jim Trusso, uno de los pacientes de mi estudio, aprendió por las malas. Durante seis cuidadosos años en el programa, jamás tocó la carne, los productos lácteos ni los aceites. Pero de repente, su colesterol se disparó a más de 200 mg/dl. No nos llevó demasiado tiempo darnos cuenta de cuál era el problema. Antes de unirse al estudio, Jim no había sido demasiado fanático de la fruta y la verdura, y en aquellos primeros años de programa siempre estaba buscando formas de evitarlos. Cuando en los supermercados comenzaron a aparecer los primeros productos sin grasa estaba encantado, y los añadió enseguida a su dieta. Se reformó rápidamente después del susto del colesterol, y ha vuelto a controlado desde entonces, manteniendo un colesterol total de 120 mg/dl.

Los productos *realmente* exentos de contenido graso están cada vez más al alcance de todo el mundo, incluidos algunos aliños para ensalada, galletas saladas, patatas fritas, pretzels y galletas dulces. De todos modos, analiza la información con cuidado; estudia bien las etiquetas y presta atención a la lista de ingredientes. Cuando tengas dudas, que no te dé vergüenza llamar a los fabricantes. Una conversación con el jefe de dietistas o el médico de la empresa te dará una respuesta directa sobre el contenido graso del producto.

Así que ahora te has comprometido a comer solo los alimentos legales que figuran en la lista y a evitar todas las categorías que no permito. ¿Hay algo que necesites consumir para asegurarte de que vas por buen camino hacia una salud cardiaca óptima?

Para quienes sufren una enfermedad cardíaca, recomiendo cuatro suplementos dietéticos. Algunos estudios indican que en los próximos años seguramente aparecerán nuevos suplementos recomendables, como la arginina, por ejemplo, ese aminoácido que resulta fundamental para la producción de óxido nítrico, encargado de expandir las arterias. Sin embargo, mi experiencia sugiere que nuestros pacientes ya disponen de una cantidad abundante de arginina a través de los alimentos de origen vegetal que consumen, en especial las legumbres y la soja fresca o edamame. Así que, de momento, para los pacientes cardíacos recomiendo los cuatro suplementos que aparecen a continuación. Los primeros tres son muy convenientes aunque no sufras problemas de corazón y solo pretendas evitar su aparición. Y dependiendo de tu nivel de colesterol cuando comiences el plan nutricional, el cuarto también puede resultar beneficioso.

1. **Complejo multivitamínico**. Sugiero uno al día para tener la certeza de que estás cubriendo las necesidades de ácido fólico y vitaminas B_6 y B_{12}.

2. **Calcio y vitamina D**. Las personas mayores de cincuenta años deberían consumir 1.000 mg al día de calcio más 400 UI (unidades internacionales) de vitamina D. Las personas de más de sesenta años deberían consumir 1.200 mg de calcio diarios y 1.000 UI de vitamina D.

3. **Ácidos grasos omega-3**. Puedes completar tu requerimiento diario consumiendo una cucharada de semillas de lino al día; por ejemplo, espolvoreándolas sobre algún cereal. No olvides mantener las semillas de lino molidas en la nevera.

4. **Fármacos reductores del colesterol**. Debes tomarlos siempre bajo la supervisión de un médico. Yo prefiero las estati-

nas, y sugiero que empieces a tomarlas cuando inicias el programa nutricional. En términos generales, la combinación del fármaco y tu nueva forma de comer conseguirán disminuir tu nivel de colesterol total a menos de 150 mg/dl en solo 14 días. Y con la ayuda de tu médico, deberías controlar tu progreso en el primer bimestre. Sugiero tres o cuatro mediciones del colesterol en ese período de dos meses: la primera y la tercera deberían ser perfiles de colesterol completos —es decir, colesterol total, HDL, LDL y triglicéridos—, en tanto que la segunda y la cuarta podrían centrarse únicamente en el colesterol total. Después de dos meses, bastará con que controles tu colesterol cada dos o tres meses. ¿Por que con tanta frecuencia? Porque esta es tu tabla de salvación, que ofrece información inmediata sobre tu estado de salud. Si reduces tu colesterol total a una cifra bastante inferior a 150 mg/dl, podrías reducir, con la supervisión de tu médico, la dosis del fármaco; y en algunos casos, eliminarlo por completo.

¿Por qué no seguir la dieta solo durante unos cuantos meses y añadir el fármaco reductor del colesterol únicamente si es necesario para conseguir una cifra inferior al umbral de 150 mg/dl? Con una cardiopatía coronaria grave, no siempre podemos darnos el lujo de disponer de mucho tiempo. Resulta fundamental comenzar a curar el endotelio, ese vulnerable revestimiento interior de las arterias coronarias, lo más rápida y completamente posible. Así que, utilizados como complemento del plan nutricional, estos notables fármacos de estatinas ayudan a conseguir ese objetivo.

Y existe otro beneficio más, en este caso, de orden psicológico. Cuando te embarcas en este plan nutricional, eres tú quien tiene el control, tal como han descubierto Joe Crowe y Abe Brickner. Y los estimulantes efectos que produce ver una mejoría notable en muy poco tiempo, en cuestión de semanas, resultan imposibles de exagerar, porque dispones de evidencia numérica que refleja unos niveles de colesterol radicalmente inferiores, prueba de que estás venciendo a la enfermedad que estaba destruyéndote.

Pero recuerda: los fármacos por sí solos no son suficientes. En el capítulo 5 cité un estudio, recientemente mencionado en el *New England Journal of Medicine*, en el que se consiguió reducir los niveles de colesterol de los pacientes muy por debajo de los 150 mg/dl mediante el uso de elevadas dosis de estatinas. *Pero incluso en ese caso, como su dieta nunca fue modificada, uno de cada cuatro sujetos experimentó un nuevo evento cardiovascular o murió en un plazo de treinta meses.*

A diferencia de lo que sucede con los fármacos, la alimentación a base de productos de origen vegetal produce efectos beneficiosos que superan ampliamente la reducción de los niveles de colesterol. En efecto, ejerce también un importante impacto sobre muchos otros factores de riesgo, como los niveles elevados de obesidad, hipertensión, triglicéridos y homocisteína. Asimismo permite que el endotelio se cure y renueve, y que las arterias antes obstruidas se dilaten e irriguen el músculo cardíaco, al que alimentan. Y por si esto fuera poco, te hace inmune a los ataques cardíacos.

¡Mejor, imposible!

9

Preguntas frecuentes

S I HAS LEÍDO HASTA AQUÍ, ya sabes lo que tienes que hacer. Pero si eres como la mayoría de mis pacientes, seguro que tienes algunas preguntas importantes. En este capítulo abordaremos algunas de las preocupaciones más habituales.

¿Puedo cambiar?

Muchos pacientes me han contado lo difícil que les resulta cambiar. Hablan de lo complicado que les parece mantener este plan nutricional cuando comen con amigos y familiares, durante las horas de trabajo o mientras viajan, tanto dentro del país como fuera. Pero puedes hacerlo. Muchas otras personas lo han hecho. La clave está en recordar que las recompensas son mayores que la frustración.

Yo también he experimentado este fenómeno y lo he observado en cada uno de los pacientes con los que he trabajado: después de doce semanas de no comer ningún alimento de origen animal, productos lácteos ni aceites añadidos, dejas de añorar la grasa[1]. A partir de entonces comienzas a apreciar más que nunca el sabor natural de los cereales, las verduras, las legumbres y la fruta. Creas una serie de menús que disfrutas particularmente, y tus amigos, que empiezan a demostrar interés por lo que estás haciendo, te invitan a su casa a comer platos sin grasa. También descubres restaurantes que ofrecen platos a la medida de tus necesidades.

Puedes cambiar. Si bien pasarse a una dieta estricta a base de vegetales puede parecer difícil al comienzo, lo único que tienes que hacer es no abandonar. La satisfacción de los nuevos sabores y, sobre todo, las recompensas para la salud son indiscutibles.

¿Consumiré suficiente cantidad de grasa y proteínas?

La respuesta es rotundamente sí.

En las personas que comen una gran variedad de alimentos de origen vegetal no se han identificado deficiencias de grasa. En términos generales, una dieta compuesta por los alimentos que aparecen en la lista «idónea» del capítulo 8 contiene aproximadamente el 10 por 100 de grasa. Ese nivel se aleja significativamente del 37 por 100 de contenido graso de la típica dieta occidental, pero es ideal para una buena salud. Te proporciona toda la grasa que necesitas sin caer en esa dosis adicional que causa estragos en la salud de tu corazón.

Y esta dieta tampoco provoca una deficiencia proteínica. Lo habitual es que la dieta occidental contenga un exceso de proteína, en especial de origen animal; pero el plan nutricional que yo recomiendo aporta una gran variedad de proteínas vegetales saludables, aproximadamente entre 50 y 70 g al día, lo cual representa una cifra completamente adecuada para una forma de vida sana.

¿Un nivel de colesterol bajo podría resultar peligroso para mi salud?

Hace unos años, algunos informes explicaban que los bajos niveles de colesterol en sangre podrían estar asociados al cáncer de pulmón, hígado o colon, y que también podrían contribuir a las muertes accidentales e incluso al suicidio. Por ejemplo, una prueba llevada a cabo en Helsinki, Finlandia, pareció haber identificado más muertes traumáticas en pacientes que tomaban fármacos reductores de colesterol[2].

Pero análisis subsiguientes al estudio de Helsinki y todas las demás pruebas sobre los efectos de la reducción de los niveles de colesterol, con o sin fármacos, han demostrado que no existe una mayor incidencia de suicidio, accidentes o cáncer. La última investigación deja bien claro que los individuos sanos que alcanzan bajos niveles de colesterol en sangre a través de una alimentación adecuada de bajo contenido graso mejoran su salud en lugar de perjudicarla. El *West Coast Family Heart Study* descubrió una reducción tanto en la depresión como en la hostilidad agresiva entre las personas que siguen un programa de bajo contenido graso para reducir el colesterol, en comparación con el grupo de control que seguía la dieta estándar de gran contenido graso[3]. Y en un importante estudio llevado a cabo en Escandinavia se eligieron al azar varios pacientes con cardiopatía coronaria para que recibieran un fármaco reductor del colesterol o bien un placebo, que es una píldora inofensiva que no contiene ninguna medicación. Los miembros del grupo que tomaron el fármaco disminuyeron su colesterol en un promedio del 35 por 100. Y después de cinco años y medio de evaluación de control, experimentaron un número significativamente menor de muertes, ataques cardíacos y angioplastias y cirugías de bypass que quienes tomaron el placebo, demostrando además que no se producía en ningún caso un incremento en el número de muertes derivadas de accidente, suicidio o cáncer[4].

¿Tendré suficiente fuerza y energía?

Si creyeras en todos los anuncios publicitarios que nos bombardean en la prensa escrita y en la televisión, pensarías que la gente que no consume productos lácteos ni de origen animal es incapaz de conseguir los nutrientes que necesita para mantener su fuerza y energía.

Tonterías. La verdad es que el excesivo consumo de proteínas animales debilita considerablemente nuestro organismo. Entre otras cosas, acelera la pérdida de calcio a través de los riñones, provocando que los huesos se vuelvan porosos y quebradizos y desarrollen una enfermedad llamada osteoporosis. Analicemos ahora los ejemplos que ofrece la naturaleza. El elefante cuenta con huesos enormes y fuertes que soportan su peso. ¿Alguien ha visto alguna vez a un elefante adulto tomando leche entera para obtener calcio? Los músculos de un toro Aberdeen Angus son impresionantes. Pero es muy improbable, por no decir imposible, que cualquiera de esos animales haya comido alguna vez un filete.

Contamos con muchos ejemplos de atletas humanos que alcanzaron los máximos puestos en su especialidad mientras seguían dietas a base de productos vegetales. Art Still, un esbelto y musculoso jugador de fútbol americano —ala defensiva— de 122 kilos de peso se convenció plenamente de los beneficios de la alimentación vegetariana durante los días en que participaba de la liga nacional de fútbol americano. Y Carl Lewis, el famoso velocista, se pasó a una dieta vegana a finales de los años ochenta. Durante la competición de atletismo del Campeonato Mundial que tuvo lugar en Japón en 1991, a la edad de treinta años, se convirtió en el único hombre en la historia que saltó más de 8,83 m tres veces en una tarde. Y en la misma competición marcó un récord mundial en la carrera de 100 m lisos, y consiguió un oro con el equipo que marcó el récord en 4 x 100 m de relevos.

O hablemos ahora de la familia Esselstyn. En 1984 todo el grupo se unió a Ann y a mí en la empresa de eliminar los productos lácteos, la carne y los aceites de nuestra dieta. Nuestro hijo mayor, Rip, se convirtió en nadador de la Universidad de Tejas (y en la actualidad es bombero en Austin, donde todo su equipo del Cuartel de Bomberos n.º 2 ha adoptado un régimen nutricional a base de productos vegetales). Nuestro segundo hijo, Ted, marcó un récord de 200 yardas en estilo espalda en la Universidad de Yale, y nuestra hija, Jane, ganó el campeonato Big Ten de 200 yardas en estilo espalda mientras estudiaba en la Universidad de Michigan. Nuestro hijo menor, Zeb, cuando estudiaba en un colegio de secundaria, fue campeón estatal de estilo mariposa. Y Ann, que ahora tiene más de setenta años, corre entre cuarenta y setenta minutos casi a diario.

Como ves, con mi programa nutricional no tienes que preocuparte por tus fuerzas ni por tu energía.

¿Y si mi colesterol no baja de 150 mg/dl?

Una ínfima minoría de la población, no más del 5 por 100 de todos los norteamericanos, sufre algún trastorno hereditario de colesterol que le impide reducir su nivel de colesterol total por debajo de 400 o 500 mg/dl, incluso cuidando extremadamente su alimentación. Estos pacientes tienen que ser supervisados por especialistas en colesterol sumamente cualificados, y en raros casos pueden requerir trasplantes de hígado para recuperar su capacidad reductora del colesterol.

Pero para la gran mayoría de las personas, ese problema no existe. Así que lo primero que hago cuando alguien me dice que no puede reducir su colesterol a 150 mg/dl o menos es presionarle para que me explique exactamente qué come los viernes o los sábados por la noche, o qué ha consumido en esa reunión aparentemente eterna entre semana en la que «no había nada más que comer». Con frecuencia, después de mis preguntas, sale a la luz que se han desviado del programa nutricional con fallos tan pequeños que ni siquiera los han tenido en cuenta. Un ejemplo: si presionas la boquilla de un aceite en aerosol durante el tiempo suficiente para cubrir un wok o una sartén, habrás acumulado aproximadamente una cucharada de aceite. Esas transgresiones pueden bastar para impedir que el endotelio produzca óxido nítrico, lo cual, en casos extremos, puede significar la diferencia entre éxito y fracaso. Lo que hace que mi programa funcione es esa atención a los mínimos detalles.

Es cierto que algunas personas que no sufren ninguna afección cardíaca siguen estrictamente una dieta vegetariana —sin cometer ningún lapsus— y aun así no consiguen reducir su colesterol por debajo de 165-170 mg/dl. (Algunos investigadores han sugerido que el consumo durante años de grasa y colesterol puede comprometer la capacidad natural del organismo para reducir los niveles de dicha sustancia.) En estas personas, una dosis modesta de una medicación reductora del colesterol, bajo supervisión médica, debería bastar para controlar el problema. De todas maneras, hay que señalar que cualquier individuo que consiga un nivel de colesterol de 165-170 mg/dl siguiendo estrictamente una dieta a base de productos vegetales sin grasa ya está haciendo maravillas por su propia salud, aunque no alcance el nivel óptimo. Esa persona, por definición, está consumiendo grandes cantidades de antioxidantes naturales, que evitan que el organismo oxide el colesterol LDL hasta convertirlo en su forma más peligrosa, que es la que obstruye las arterias.

¿No predeterminan mis genes si sufriré alguna enfermedad cardíaca o no?

Con frecuencia oigo planteamientos similares al siguiente: «Mi abuelo, que tiene ochenta y siete años, no come más que huevos, beicon, queso y cerdo, y parece estar bien. Como yo tengo sus genes, ¿para qué cambiar?».

Se me ocurre una analogía: depender estrictamente de los genes para mantenerse a salvo si se consume mucha grasa de forma habitual es como cruzar una intersección de cuatro calles sin señales de stop ni semáforos: algunas personas podrán salir ilesas, pero muchas más resultarán heridas, o incluso morirán. El abuelo que vive consumiendo grasa obviamente es una persona que cuenta con un buen mecanismo de eliminación del colesterol y fuertes revestimientos arteriales que resisten las obstrucciones y los depósitos de placa grasa. Pero es importante recordar que quien formula la pregunta (su nieto) no comparte exactamente el mismo perfil genético del anciano, puesto que su abuela y sus dos padres han aportado su propia mezcla de genes. En otras palabras, el nieto no tiene garantizada la protección frente a la cardiopatía coronaria que su abuelo, aparentemente, sí tiene.

También oigo lo contrario a esa pregunta, que es bastante más concreta: «Tanto mi padre como su hermano murieron después de sufrir ataques cardíacos a los cincuenta y ocho años, y el padre de ambos tuvo idéntico destino a los sesenta y tres. ¿Hay algo que de verdad pueda hacer yo para evitar seguir ese mismo camino? ¿Mis genes me condenan a sufrir una cardiopatía?».

En este caso, la respuesta es un rotundo NO. Si mantienes tu nivel de colesterol por debajo de los 150 mg/dl, o tu LDL por debajo de los 80 mg/dl, tú —y todos tus parientes que heredaron dichos genes— estaréis exentos de sufrir una enfermedad cardíaca. Recuerda, una vez más, la analogía que pido a mis pacientes que tengan en cuenta, la de la casa que se está incendiando. Si no le echas gasolina al fuego, las llamas no se avivan.

Parafraseando a William Shakespeare, la culpa no es de nuestros genes, sino de nosotros mismos y nuestra forma de comer. Y eso me recuerda una pregunta que me formulan con mucha frecuencia y que requiere un capítulo entero.

10

¿Por qué no puedo consumir aceites «sanos para el corazón»?

E N LA DÉCADA DE LOS AÑOS NOVENTA los periódicos se llenaron de titulares que divulgaban las maravillas de la «dieta mediterránea», ampliamente reconocida como una forma de comer mucho más sana para el corazón que la dieta típicamente norteamericana, sobre todo a partir de una investigación llevada a cabo por un grupo de científicos franceses dirigidos por el doctor Michel de Lorgeril, de la Universidad Joseph Fourier de Grenoble[1]. Bajo el nombre de Estudio de Lyon sobre Dieta y Corazón, esta investigación engendró gran cantidad de artículos en revistas y periódicos, además de libros de cocina al estilo mediterráneo.

Para este estudio, los investigadores franceses reunieron a 605 sujetos —todos los cuales habían sobrevivido a su primer ataque cardíaco— y los dividieron en dos grupos. Los perfiles de los dos eran muy similares en lo relativo a los factores de riesgo de cardiopatía coronaria, incluidos los niveles de colesterol y otros lípidos en sangre, la tensión arterial y el tabaquismo.

A casi la mitad de los sujetos —302— se les pidió que siguieran una dieta al estilo mediterráneo, que la Asociación Norteamericana del Corazón define de la siguiente manera:

- Alto contenido de fruta, verduras, pan y otros cereales, patatas, judías, frutos secos y semillas.
- Consumo de aceite de oliva como una importante fuente de grasa monoinsaturada.

- Productos lácteos, pescado y aves en cantidades bajas a moderadas, y poca carne roja.
- Consumo de huevos, de 0 a 4 veces a la semana.
- Consumo de vino en cantidades bajas a moderadas.

Los participantes de este grupo accedieron a seguir una dieta que suponía que, en promedio, el 30 por 100 de las calorías diarias provenía de la grasa —8 por 100 de grasa saturada, 13 por 100 de grasa monoinsaturada, 5 por 100 de grasa poliinsaturada—, y que contenía solo 203 mg al día de colesterol.

Los otros participantes del estudio, 303 personas en total, actuaban como grupo de control y no se les dio ningún consejo o dietético en particular, más allá de que sus médicos les pidieron que comieran con prudencia. En promedio, ellos consumieron una dieta que la Asociación Norteamericana del Corazón describe como «comparable a lo que se consume habitualmente en Estados Unidos». En ella, alrededor del 34 por 100 de sus calorías provenía de la grasa —12 por 100 de grasa saturada, 11 por 100 de grasa monoinsaturada y 6 por 100 de grasa poliinsaturada— e incluía alrededor de 312 mg al día de colesterol.

Después de poco más de un año, los investigadores notaron que quienes seguían la dieta mediterránea se encontraban mucho mejor que el grupo de control. Los resultados, informaron, eran «sorprendentes». Y después de casi cuatro años, los resultados parecían más claros que nunca: las personas que seguían la dieta experimental tenían entre un 50 y un 70 por 100 menos de probabilidades de sufrir las dolencias cardíacas registradas por los investigadores, desde eventos menores que requerían hospitalización a grandes emergencias, como anginas, ictus o insuficiencias cardíacas, ataques cardíacos o incluso la muerte.

Resultados impresionantes. No es de extrañar que recibieran tanta atención y que la dieta mediterránea atrajera a tanta gente. Y tampoco es de extrañar que a muchos de mis pacientes al principio les desconcierte que mi plan no permita los aceites monoinsaturados, como el de oliva o el de canola, en este programa dirigido a detener y revertir la cardiopatía coronaria. Debido al Estudio de Lyon sobre Dieta y Corazón, los medios han comenzado a referirse a estos aceites como «sanos para el corazón».

Pero nada más lejos de la realidad. No son sanos para el corazón. Entre el 14 y el 17 por 100 del aceite de oliva es grasa saturada, de esa que obstruye las arterias; e incluso una cantidad reducida resulta tan agresiva a la hora de promover la cardiopatía como la grasa saturada de un chuletón. Así que, si bien una dieta al estilo mediterráneo, que permite esos aceites, puede ralentizar la tasa de progresión de la cardiopatía coronaria en comparación con las dietas con un contenido incluso superior de grasa saturada, no detiene la enfermedad ni revierte sus efectos.

El doctor Walter Willet, profesor de salud pública de Harvard, ha escrito un libro en el que pregona los beneficios del aceite monoinsaturado. Recientemente, durante una conferencia suya en Cleveland, le pregunté si había encontrado alguna prueba de que una dieta rica en aceites monoinsaturados hubiera detenido y revertido la cardiopatía coronaria. «No», respondió, pero añadió que en el Estudio de Lyon sobre Dieta y Corazón existía evidencia indirecta de detención y reversión.

Pero echemos otro vistazo a este estudio. Sin lugar a dudas, al grupo que consumía la dieta de estilo mediterráneo no le fue tan mal como al grupo de control. Pero existe otra manera de analizar los resultados del Estudio de Lyon sobre Dieta y Corazón. *Al final del estudio, casi cuatro años después de su comienzo, el 25 por 100 de los sujetos que seguían la dieta mediterránea —uno de cada cuatro— había muerto o experimentado algún nuevo evento cardiovascular.*

A mí entender, estos resultados son muy precarios para una enfermedad no maligna. Podemos conseguir resultados mucho mejores. Durante un debate que tuvo lugar en la 2.ª Cumbre Nacional sobre Colesterol y Cardiopatía Coronaria, en 1997, se pidió a Colin Campbell —autor del aclamado libro sobre el estudio llevado a cabo en China— que expresara su opinión sobre los resultados del

Estudio de Lyon sobre Dieta y Corazón, y los comparara con los que él encontró al estudiar la salud y la alimentación en la China rural, donde la cardiopatía coronaria es prácticamente inexistente. Colin no dudó ni un instante. Las dietas mediterráneas y de la China rural son prácticamente la misma, respondió. «Diría que la ausencia de aceite en la dieta de la China rural es el factor que determina la superioridad de su éxito.»

De hecho, la literatura médica está repleta de evidencia sobre los efectos perjudiciales del aceite monoinsaturado. El ya fallecido doctor David H. Blankerhorn, de la facultad de medicina de la Universidad del Sur de California, comparó las angiografías de referencia con aquellas pruebas de control realizadas después de un año en las personas que sufrían cardiopatía coronaria. Y descubrió que la enfermedad había progresado en la misma medida tanto entre quienes consumían grasas monoinsaturadas como entre los consumidores de grasas saturadas[2].

Del mismo modo, Lawrence Rude, del Centro Medico Bautista de la Universidad Wake Forest, experimentó con la dieta del mono verde africano, que metaboliza las grasas de manera muy similar al ser humano. Y al final de cinco años de trabajo descubrió que aquellos monos que habían consumido grasa monoinsaturada mostraban niveles superiores de colesterol HDL (bueno) y niveles inferiores de colesterol LDL (malo), aunque las autopsias que se les realizaron mostraron que habían desarrollado idéntica proporción de cardiopatía coronaria que los animales alimentados con grasa saturada[3]. Rudel repitió posteriormente el experimento con roedores y obtuvo los mismos resultados.

Robert Vogel, investigador de la Facultad de Medicina de la Universidad de Maryland, cuyos experimentos mencioné en el capítulo 5, descubrió que comer pan mojado en aceite de oliva reducía la dilatación de la arteria braquial (antebrazo), que normalmente se aprecia en la prueba del torniquete de la arteria braquial[4]. Esto sugería una lesión temporal en las células endoteliales, que comprometía su capacidad para producir óxido nítrico. E investigadores japoneses han demostrado que la grasa monoinsaturada eleva los niveles de azúcar en sangre y triglicéridos en roedores con tendencia diabética[5].

Y una vez más, invoco mi propia experiencia. En el verano de 2004 recibí una llamada del reverendo William Valentine, de Carolina del Norte. En 1990 había sido sometido a un quíntuple bypass coronario, y desde la cirugía estaba siguiendo minuciosamente un programa nutricional a base de productos vegetales. Su peso había caído de 95 kg a 70 kg, y lo había mantenido durante años. Pero a mediados de 2004 había experimentado una recurrencia de angina, en especial cuando practicaba ejercicio físico, pero a veces incluso en reposo.

Había leído sobre mi programa en una publicación sobre el cuidado de la salud y quería mi consejo. La idea de ser sometido a otro bypass quirúrgico o cualquier otra intervención le provocaba mucha ansiedad, y deseaba evitar dicha situación a toda costa. Pero no se le ocurría qué más podía hacer él para frenar la angina. Dado que solo comía cereales integrales, legumbres, verduras y fruta, al principio su cuadro me confundió bastante.

Así que, como no se me ocurría ninguna otra sugerencia, pedí al reverendo Valentine que me repitiera, una vez más, todo lo que comía y no se olvidara absolutamente de nada. Esta vez su lista fue más completa. Había olvidado mencionar que consumía aceite de oliva «sano para el corazón» tanto en la comida como en la cena y en todas sus ensaladas.

Fue lo que llaman un momento «eureka». De inmediato le aconsejé que dejara el aceite de oliva. Así lo hizo, y en cuestión de siete semanas su angina había desaparecido por completo.

11

Almas gemelas

T COLIN CAMPBELL, profesor de la Universidad Cornell que dirigió y coescribió *The China Study*, observó que hay «dos mundos» en la medicina, dos visiones radicalmente diferentes sobre la mejor manera de abordar las cuestiones de salud. «Un grupo está a favor de los fármacos como herramienta para alcanzar la curación, y el otro a favor de la alimentación», explica; la medicina occidental, casi en su totalidad, ha optado por los fármacos. Y, en su opinión, nos hemos equivocado.

Estoy de acuerdo. Sin embargo, en los últimos veinte años se ha percibido en Occidente un tibio reconocimiento a la importancia de la alimentación en la salud. Y debemos alegrarnos. Yo admiro mucho a todos los pioneros que se han atrevido a enfrentarse a las normas establecidas. Su trabajo ha alimentado el mío, y si bien podemos estar en desacuerdo sobre algunas cuestiones, en términos generales representamos diferentes caminos hacia la misma montaña.

Colin Campbell es uno de esos pioneros. Fue a Cornell con la idea de estudiar cómo producir más y mejor leche y proteína cárnica, pero una vez allí descubrió —a través de su propia investigación y la de otras personas— que dichos productos resultaban desastrosos para la salud humana. Y con esa especial honestidad intelectual que tan rara vez encontramos en esta época, rápidamente cambió la dirección de sus estudios para seguir el camino de la ciencia. *The New York Times* describe el estudio de China como el «grand prix» de la investigación sobre nutrición epidemiológica.

Campbell es un hombre absolutamente intrépido que analiza con franqueza los acuerdos y políticas secretas de una paranoica industria alimentaria que no se detendrá ante nada por mantener el dominio de sus productos de origen animal en la dieta occidental, y concretamente en la norteamericana. Y ha desempeñado lo que, con toda certeza, es un papel crítico en el futuro de nuestra forma de comer. Durante años ha dictado el curso líder de nutrición de la Universidad, y gracias a ello sus alumnos desarrollarán la base de la nutrición norteamericana del siglo XXI.

Nathan Pritikin es otro ejemplo de que existen personas con la valentía suficiente como para oponerse al sistema nutricional. Yo nunca lo conocí, pero sí que leí sus libros, y durante años he trabajado con algunas personas formadas por él. Pritikin era un ingeniero al que durante toda su vida le habían interesado la medicina y la nutrición. Durante el curso de sus estudios conoció las costumbres de los indios tarahumara del norte de México, que no sufrían prácticamente ninguna enfermedad cardiológica ni cáncer por seguir una dieta compuesta casi en su totalidad por carbohidratos complejos. Y puesto que Pritikin estaba convencido de que estos indios marcaban el ejemplo que los norteamericanos debían seguir, dedicó gran parte de su vida a divulgar ese mensaje. La dieta que él promovía hacía hincapié en el consumo de verduras, frutas, cereales integrales y pequeñas cantidades de carne, aves y pescado; en resumen, una dieta de alto contenido en fibra y bajo contenido graso, suplementada con dosis saludables de ejercicio aeróbico.

Sin embargo, debido a que Pritikin no tenía ningún título acreditativo en el campo de la medicina, su investigación nunca fue aceptada por completo en la comunidad médica. Aun así, nunca retrocedió y defendió hábilmente su punto de vista frente a las críticas. La prueba de que estaba en lo cierto surgió después de su muerte, en 1985, a los sesenta y nueve años, a causa de complicaciones en el tratamiento experimental para la leucemia. El *New England Journal of Medicine* publicó los resultados de su autopsia, destacando una «absolutamente notable» ausencia de calcificación y depósitos grasos en las arterias coronarias de Pritikin. Dichos vasos sanguíneos, según el médico encargado de examinarlos, eran como los de un adolescente[1].

Hans Diehl, que estudió con Nathan Pritikin, también ha convertido el estilo de vida saludable en su causa personal. Su Programa para la Mejoría de la Salud Coronaria —CHIP, por sus siglas en inglés— enseña a comunidades enteras a cambiar sus malos hábitos nutricionales. He sido uno de los ponentes invitados en CHIP en varias ocasiones y he experimentado de primera mano la mágica influencia que puede ejercer su fundador a la hora de movilizar a grandes grupos de personas hacia el control de su propia salud[2].

Otro pionero en este campo es un físico llamado John McDougall, quien durante más de treinta años ha estado dictando clases sobre la máxima importancia de la dieta en la salud. Yo leí su libro *The McDougall Plan* en 1983, y esa lectura me ayudó a convencerme de que iba por buen camino en mi idea de una alimentación a base de productos vegetales. El doctor McDougall mostró interés por el tema cuando vivía en Hawai, en una plantación de azúcar. Tal como él cuenta la historia, «Conocí a filipinos, japoneses, chinos y coreanos de primera, segunda, tercera y cuarta generación». Y notó que todos sus pacientes de la primera generación de inmigrantes, que seguían la «peor dieta» según los principios nutricionales tradicionales —prácticamente nada de productos lácteos ni carne— parecían esbeltos y siempre en forma. «En líneas generales, estaban exentos de cardiopatías, diabetes, cáncer de mama y de próstata y artritis, y continuaban trabajando y funcionando a la perfección pasados los ochenta años y a veces los noventa, gracias a una dieta compuesta principalmente por arroz y verduras». Pero cuando las generaciones subsiguientes se volvieron más occidentales y aprendieron a comer lo que los expertos consideraban una «dieta equilibrada», cogieron más peso y su salud empeoró. «Esto hizo que me replanteara todo lo que me habían enseñado sobre la "buena alimentación"», explica el doctor McDougall. Desde entonces lleva escribiendo sobre el tema y enseñando los beneficios de una dieta principalmente vegetariana «a base de almidón».

De todos los programas nutricionales de bajo contenido graso que he conocido en los últimos veinte años, quizás el más similar al mío es el de Dean Ornish. Conozco al doctor Ornish desde hace dos décadas y siento el mayor de los respetos por su trabajo. Invitado por mí, ha dado charlas en la Clínica Cleveland y en conferencias nacionales sobre cardiología preventiva. Entre la gran variedad de programas que promueven la salud cardiovascular, el suyo y el mío son los únicos —hasta donde yo sé— basados en una investigación contrastada por colegas del sector que demuestra que es posible detener y revertir la cardiopatía.

Como has leído en estas páginas, mi propio estudio de doce años de duración comenzó en 1985. Y mi propuesta tenía un objetivo claro: que mis pacientes alcanzaran un nivel de colesterol total inferior a 150 ml/dl siguiendo una dieta a base de productos vegetales y medicación reductora del colesterol. Era fundamental para mí conseguir que los pacientes siguiesen a rajatabla mi programa nutricional, una meta que yo reforzaba mediante entrevistas a cada uno de ellos y el análisis de sus diarios de alimentación cada dos semanas durante los primeros cinco años, cada cuatro semanas durante los segundos cinco años y cada doce semanas en los últimos dos años del estudio. Todos los participantes de mi investigación se encontraban gravemente enfermos, con afectación de tres arterias coronarias. La mayoría de ellos habían sido sometidos a un bypass quirúrgico o a una angioplastia que al final habían fracasado. En varios casos, estos procedimientos habían dado malos resultados en dos ocasiones consecutivas. Y a muchas de estas personas sus cardiólogos les habían informado de que ya no se podía hacer nada más, que debían prepararse para la inevitable progresión de su enfermedad.

El doctor Ornish comenzó su estudio en 1986 y, coincidiendo con mi propia investigación, su intención era revertir la cardiopatía coronaria a través de una alimentación a base de productos vegetales. Sin embargo, él no especificó ningún objetivo de colesterol para sus pacientes ni tampoco recurrió a una medicación reductora de dicha sustancia. Al igual que los miembros de mi estudio, los del doctor Ornish sufrían cardiopatía coronaria con afectación de tres vasos. Pero él insistió en que, además de adoptar una dieta de tipo vegetariano, los pacientes practicaran técnicas de relajación y meditación, y participaran en un programa de ejercicios estructurados. Por último, el doctor Ornish contó con un grupo de control de pacientes afectados de una enfermedad de gravedad similar, pero en su caso siguió un programa tradicional de asistencia cardíaca.

Mi propia investigación me había convencido de que, en ciertas culturas, lo que evitaba que las personas desarrollasen una cardiopatía coronaria era la alimentación a base de productos vegetales, más que la meditación o el ejercicio, así que preferí no pedir a mis pacientes más que un compromiso absoluto de comer según lo estipulado en mi plan. Yo quería que se centraran exclusivamente en una nutrición adecuada, y me preocupaba que pedirles demasiados cambios en su estilo de vida interfiriera con ese objetivo. Si bien los beneficios para la salud derivados de la relajación y el ejercicio están claramente documentados, todos los pacientes tenían la libertad, por supuesto, de meditar si así lo deseaban (aunque ninguno quiso hacerlo), y también los animé a practicar ejercicio (la mayoría eligió caminar, aunque hubo algún corredor y un nadador). Merece la pena destacar que dos de mis pacientes, que habían sufrido ictus moderadamente incapacitantes antes de comenzar el estudio, no realizaron ninguna actividad física; y que, sin embargo, al igual que los demás, obtuvieron excelentes resultados que han durado más de veinte años desde el inicio del estudio. Con esto quiero decir que los pacientes con cardiopatía coronaria que no se encuentren en condiciones de practicar ejercicio físico no deben desesperar. El cumplimiento estricto del programa nutricional los protegerá de la progresión de la enfermedad.

A un año de haber comenzado su estudio, el doctor Ornish publicó sus descubrimientos hasta esa fecha. Durante aquellos primeros doce meses, sus pacientes experimentales habían sufrido ataques de angina menos severos y menos frecuentes que los miembros del grupo de control. Y las angiografías de seguimiento habían demostrado, además, la reversión de la cardiopatía coronaria entre el grupo experimental, un beneficio que continuó vigente en el estudio de cinco años de duración que se llevó a cabo sobre todos ellos a modo de seguimiento. Cumplidos esos cinco años, una serie de tomografías adicionales de sus pacientes experimentales confirmaron que el 99 por 100 de ellos había conseguido detener o revertir la enfermedad. Existía una correlación directa entre el cumplimiento del programa después de un año y después de cinco años.

El doctor Ornish declaró veinticinco nuevos eventos coronarios entre sus pacientes experimentales en un plazo de cinco años, una cifra 2,5 veces inferior a la identificada entre los miembros del grupo de control que recibía asistencia cardíaca tradicional. Yo he conocido en persona a algunos de los pacientes originales del doctor Ornish, y doy fe de que, al igual que los míos, se encontraban muy bien diecinueve años más tarde. El programa Ornish se ha dado a conocer en gran número de ciudades de Estados Unidos.

Yo esperé cinco años antes de publicar el primer informe sobre nuestros resultados. La angina había disminuido en todos los pacientes, y había desaparecido por completo en varios más. Las angiografías de control habían mostrado algunas sorprendentes reversiones de la enfermedad. El promedio de colesterol total era de 137 mg/dl, y el promedio de LDL era 77 mg/dl. Después de doce años, finalizado ya el estudio formal, declaré que 17 de los 18 pacientes originales *no* habían experimentado ningún evento coronario subsiguiente desde el comienzo de la investigación. (Solo un paciente que no había cumplido con las pautas del programa había requerido un bypass quirúrgico.) Y más de veinte años más tarde, como he explicado en el capítulo 6, estos pacientes continúan gozando de una muy buena salud.

Hasta donde yo sé, el informe sobre mis pacientes tras doce años de seguimiento representa el estudio de control más prolongado con el que cuenta la literatura médica sobre la detención y la reversión de la cardiopatía coronaria. La clave, tal como muestran tanto la investigación de Dean Ornish como la mía, está en conseguir que los pacientes entiendan el mensaje y se comprometan completamente con el programa. Nuestros enfoques difieren en algunos puntos significativos, pero el objetivo es el mismo: detener en seco la enfermedad cardíaca e incluso erradicar sus efectos.

¿Y qué sucede con las generaciones futuras? También en ese frente se ha producido un notable progreso.

Comenzó con la publicación, en 1995, de *Dr. Attwood's Low-Fat Prescription for Kids: A Pediatrician's Program of Preventive Nutrition* [3]. En este libro asombrosamente exhaustivo se señalaba que a la edad de doce años, el 70 por 100 de los niños norteamericanos presentaban depósitos de grasa en sus arterias, que son los precursores de la cardiopatía. En su obra, el doctor Charles Attwood, que murió en 1998, aniquiló muchos de los mitos más comunes sobre los efectos perjudiciales de la alimentación de tipo vegetariano en niños y adolescentes. Entre ellos, las ideas de que un niño que sigue una dieta a base de productos vegetales no crecerá por completo ni tendrá suficiente energía; que no consumirá suficiente calcio, proteína y hierro; que para controlar la obesidad y el colesterol se puede esperar a que el niño sea mayor. Ninguna de estas premisas es cierta.

El doctor Attwood, que ejerció como pediatra durante muchos años en una consulta extremadamente populosa, se sintió en la obligación de eliminar las barreras que impiden que los niños coman de forma saludable, con un bajo contenido de grasas. Lo más notable es que dio un paso muy valiente al recomendar erradicar de la dieta pediátrica los productos lácteos, la carne, el pescado, las aves de corral y el aceite, recomendaciones aceptadas y cumplidas por el ya fallecido Benjamin Spock, quien escribió el prólogo del libro de Attwood. Desde la publicación del libro, han proliferado una serie de consejos similares, tanto en las librerías como en Internet, y en la actualidad no parece tan revolucionario sugerir que proporcionar a los niños una alimentación de tipo vegetariano los protegerá de los estragos de la enfermedad cardíaca y de los cánceres más comunes en sus años adultos.

¿Pero les gustará a los niños comer sano?

Antonia Demas responde esa pregunta con un rotundo sí. Durante la década de los años noventa, mientras hacía su doctorado en nutrición en Cornell, Demas llevó a cabo un experimento controlado en Trumansburg, Nueva York. Sus sujetos eran niños (que oscilaban entre los más pequeños de guardería y los de 4.º de primaria) que preparaban, cocinaban y consumían una dieta de tipo vegetariano. Ella consiguió demostrar que si a los niños se los iniciaba en el tema de la alimentación mediante un proceso de aprendizaje práctico, no solo adoptaban dietas sanas de bajo contenido graso, sino que lo hacían con enorme entusiasmo. Su tesis doctoral basada en esa investigación, *Food Education in the Elementary Classroom*, ganó numerosos premios y mereció la atención internacional.

En la actualidad Demas dirige el Instituto para el Estudio Alimentario, una organización sin ánimo de lucro con sede en Trumansburg, donde se dedica a la salud y la educación infantil a largo plazo. En 2001 publicó *Food is Elementary*, un currículo de escuela primaria que recurre a un enfoque multidisciplinar para dar a conocer a los niños temas tan importantes como la alimentación, la nutrición, la cultura y el arte. Además, el Instituto de Demas trabaja con escuelas de todo Estados Unidos para incorporar platos de bajo contenido graso y alto contenido en fibra a los programas de los comedores escolares, e involucrar a los padres en lo que sus hijos están aprendiendo sobre nutrición.

Todos estos proyectos me provocan un enorme placer. Y sin embargo, a pesar de tanta investigación que demuestra la sabiduría que encierra la alimentación a base de productos vegetales y los beneficios que aporta, el número cada vez mayor de adeptos a esta forma de comer todavía debe hacer frente a un gran despliegue de adversarios, desde los titanes de la industria alimentaria animal a la profesión médica misma. Mi colega Dean Ornish resume sucintamente el dilema que afrontamos los que creemos en esta forma sana de alimentarnos: «No entiendo por qué pedir a la gente que siga una dieta vegetariana equilibrada se considera radical y, sin embargo, abrir con un bisturí resulta médicamente conservador».

Bien dicho.

12

Un mundo feliz

L A ATENCIÓN SANITARIA, por decirlo amablemente, es una industria fuera de control. Si no introducimos cambios importantes, los pronósticos indican que para el año 2014 el gasto en salud representará casi una quinta parte del producto interior bruto de Estados Unidos[1]. A mediados de este siglo, se estima que solamente el gasto de Medicare representará el 40 por 100 del presupuesto norteamericano, una situación insostenible cuyos efectos ya están haciéndose notar de dolorosas maneras.

Incluso en el momento en que estoy escribiendo estas líneas, General Motors —en otro tiempo la mayor y más poderosa empresa del mundo entero— está anunciando rigurosos cierres de plantas y recortes en mano de obra que eliminarán más de treinta mil puestos de trabajo en Norteamérica durante los próximos años. El principal motivo es el coste de la atención sanitaria para los trabajadores actuales y jubilados de GM, que en la actualidad es tan elevado que añade 1.500 dólares al precio de cada vehículo que la empresa fabrica. Y el caso de General Motors no es el único. Starbucks, una de las empresas de mayor éxito en las últimas dos décadas, ha anunciado recientemente que el dinero que invierte en la atención sanitaria de sus empleados supera el que destina al café.

El espectro económico norteamericano refleja en la actualidad que los empleadores están intentando desesperadamente controlar los gastos de salud, razón por la cual piden a sus empleados que se hagan cargo de su propia atención sanitaria o, en muchos casos, optan por dejar de ofrecerles un seguro médico. Los sindicatos, por su parte, están descubriendo que no consiguen negociar contratos que aseguren la actualización de los sueldos según la inflación, porque el coste de la atención sanitaria está disminuyendo gravemente los márgenes de ganancias. Muchas empresas están cerrando fábricas y acabando con puestos de trabajo para trasladar sus instalaciones a otros países, donde los sueldos y los costes sanitarios son mucho más bajos. Y mientras tanto, un número cada vez mayor de trabajadores norteamericanos está engrosando las listas de personas desprovistas de seguro médico.

¿Qué podemos hacer? Yo tengo una respuesta bastante radical para esa pregunta: *deberíamos intentar eliminar las enfermedades crónicas*. Y no es un objetivo inalcanzable.

La mayor parte del dinero de los norteamericanos se invierte en tratar las últimas etapas de la cardiopatía, los ictus, la hipertensión, la diabetes y los cánceres más comunes en Occidente, que son los de mama, próstata y colon. Al igual que la cardiopatía, todos estos cuadros forman parte de la amarga cosecha de dolencias derivadas de la tóxica dieta que sigue la mayoría de la población. Y sus tratamientos no son de carácter preventivo, tal como sucede con los procedimientos tradicionales frente a la cardiopatía. Amputar una mama por cáncer, extirpar radicalmente la glándula prostática maligna o practicar la resección del colon canceroso resulta doloroso, caro y además desfigura al paciente; pero lo peor de todo es que con demasiada frecuencia tales intervenciones no resuelven el problema subyacente.

Mi propia investigación se ha centrado en demostrar que una alimentación a base de productos vegetales puede prevenir y también detener e incluso revertir la cardiopatía coronaria. Pero cada año que pasa surgen más pruebas de que una dieta de tipo vegetariano ejerce efectos saludables similares sobre otras enfermedades crónicas.

Pensemos en el ictus, por ejemplo, que es la tercera causa de muerte en Estados Unidos. La evidencia es abrumadora: si comes para salvarte de la enfermedad cardíaca, comes para salvarte de los ictus.

Existen dos tipos de ictus. En el ictus hemorrágico, el menos común de los dos, un vaso sanguíneo del cerebro se rompe debido a la hipertensión o a un aneurisma, que es una debilidad genética en la pared del vaso en cuestión. Una dieta a base de vegetales no puede hacer nada por curar un aneurisma genético, pero sin lugar a dudas ayuda a reducir la hipertensión, un importante paso en la dirección correcta.

En lo relativo a la variedad más frecuente de ictus —llamado isquémico o embólico—, las noticias son mejores, porque estos eventos tienen el mismo origen que la cardiopatía coronaria. En efecto, el ictus isquémico se produce cuando la grasa y el colesterol obstruyen los vasos sanguíneos que transportan oxígeno y nutrientes al cerebro, de la misma manera en que estrechan las arterias coronarias que alimentan el corazón. El ictus embólico priva al cerebro de nutrientes, aunque de un modo ligeramente distinto. Cuando una arteria se deshace de parte de su revestimiento interior enfermo, ese residuo —llamado émbolo— entra en el torrente sanguíneo y se desplaza por el cuerpo hasta que queda atrapado en un vaso sanguíneo demasiado pequeño para dejarlo pasar, por culpa de lo cual el flujo de la sangre a través de ese conducto queda obstruido. Esta situación puede repetirse prácticamente en cualquier zona del organismo, afectando a la irrigación sanguínea hacia un riñón, un intestino, una pierna o cualquier otro órgano. Cuando sucede en vasos que alimentan al cerebro, se produce el ictus.

En los años noventa, Pierre Aramenco, un médico parisino, estudió este proceso en un grupo de franceses que corrían el riesgo de sufrir enfermedad cardiovascular[2]. Utilizando sondas de ultrasonido insertadas a través del esófago, el doctor Aramenco midió en cada paciente el espesor de los residuos ateroscleróticos que crecían en el interior de su aorta ascendente, que es una gigantesca arteria que sube directamente desde el corazón y envía ramificaciones al cerebro. Aramenco dividió a los hombres en tres grupos.

El primero mostraba 1 mm de residuos en el revestimiento de su pared aórtica. El segundo presentaba una capa residual que oscilaba entre 1 y 3,9 mm de espesor. Y el tercer grupo mostraba más de 3,9 mm de residuos. El médico siguió el estado de los pacientes durante tres años. Como era de esperar, el grupo con el mayor crecimiento plaquetario mostró el mayor número de émbolos y sufrió un número superior de ictus (véase figura 17).

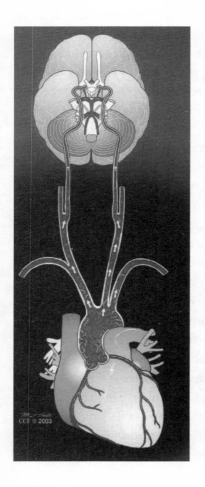

FIGURA 17. El gran arco aórtico, o aorta, corre el riesgo de llenarse de restos de placa, que al deshacerse podrían viajar hacia el cerebro (provocando una embolización cerebral) y causar ictus grandes o pequeños.

La acumulación de placas de grasa en los vasos sanguíneos puede causar daño de diferentes maneras. Por ejemplo, cuando durante un bypass quirúrgico se procede a colocar un clamp en una aorta que contiene placa, el residuo plaquetario se afloja y entra en el torrente sanguíneo como un émbolo. Practicando una ecografía para controlar la arteria cerebral media, los técnicos pueden oír claramente el sonido que produce la placa al entrar en el cerebro. Si el paciente muere durante la cirugía, el residuo de placa puede aparecer en la autopsia del cerebro.

Esta trágica secuencia ayuda a explicar la terrible pérdida de conocimiento que sufren los pacientes sometidos a un bypass de la arteria coronaria[3]. Pero los neurorradiólogos también explican que mediante resonancias magnéticas pueden detectar pequeños puntos blancos en el cerebro de los individuos a partir de los cincuenta años de edad, que representan pequeños ictus asintomáticos (véanse figuras 18 y 19). El cerebro tiene una capacidad de recuperación tan impresionante que al principio esos diminutos ictus no provocan problemas. Pero si continúan, empiezan a causar pérdidas de memoria y al final dan lugar a una demencia incapacitante. De hecho, un estudio reciente descubrió que la presencia de estos «infartos cerebrales silentes» incrementa en más del 50 por 100 el riesgo de demencia[4].

En la actualidad consideramos que al menos la mitad de los casos de demencia senil están causados por lesiones vasculares en el cerebro. Hace poco tiempo, un estudio sueco llevado a cabo sobre quinientas personas de ochenta y cinco años desveló que un tercio de ellos presentaba alguna forma de demencia. Un análisis cuidadoso reveló que, en la mitad de dichos sujetos afectados, su incapacidad mental se debía a una irrigación sanguínea defectuosa hacia el cerebro derivada de una enfermedad arterial[5]. De forma similar, un estudio en Holanda se centró en quinientas personas de entre cincuenta y cinco y noventa y cuatro años[6]. Los investigadores estudiaron la circulación cerebral de todos los sujetos y luego les pidieron que realizaran diferentes pruebas escritas de agudeza mental.

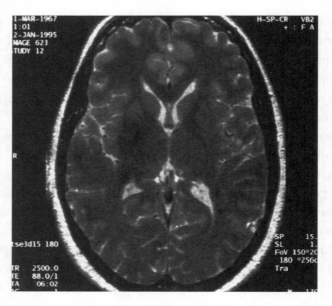

FIGURA 18. Resonancia magnética cerebral normal.

Los resultados fueron claros: quienes sufrían una enfermedad arterial, y por consiguiente una deficiente circulación hacia el cerebro, obtuvieron resultados inferiores en las pruebas que aquellas personas cuyas arterias se encontraban limpias. La edad no marcó la diferencia. Lo que contó fue la variable de la salud arterial.

No deberíamos sorprendernos. Tanto las arterias obstruidas que irrigan el cerebro como las arterias obstruidas que alimentan el corazón reflejan la misma enfermedad, cuya causa es idéntica: una acumulación de grasa y colesterol sumada a un daño letal sufrido por el delicado revestimiento endotelial de los vasos sanguíneos. Y la cura también es la misma: adoptar una nueva forma de comer mucho más sana, que no incluya ni un solo ingrediente capaz de perjudicar la salud vascular.

Así como no estás destinado a sufrir problemas cardíacos a causa de tu edad, tampoco estás destinado al deterioro mental. Como ya he explicado, la mayor parte de los casos de ictus y demencia —y lo mismo es aplicable a la enfermedad cardíaca— no deberían ocu-

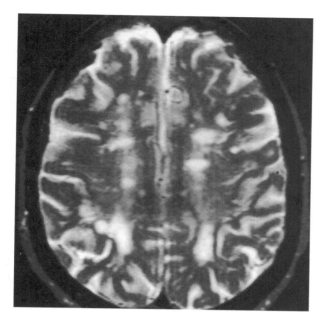

Figura 19. Resonancia magnética anormal: las diversas áreas blancas de tamaño pequeño y mediano, ligeramente circulares, representan ictus múltiples.

rrir. Tu aorta, junto con todas tus otras arterias, puede encontrarse tan limpia a los noventa años como a los nueve.

Dos de mis primeros pacientes cardíacos sufrieron ictus antes de comenzar mi programa nutricional: William Morris, uno solo, y Emil Huffgard, tres. Como resultado, los dos hombres vieron reducida su capacidad para caminar. Más de veinte años más tarde, los dos están vivos y se encuentran bien, y no han vuelto a sufrir ictus. La misma alimentación a base de productos vegetales que ha salvado sus corazones también ha salvado sus cerebros.

Ya he mencionado que varios de mis pacientes también han notado una clara mejoría en su vida sexual. Y una investigación reciente confirma que existe una fuerte conexión entre la impotencia y la enfermedad cardiovascular. En diciembre de 2005 un grupo de investigadores publicó un estudio que consistió en hacer un seguimiento durante siete años a 3.816 hombres con disfunción eréc-

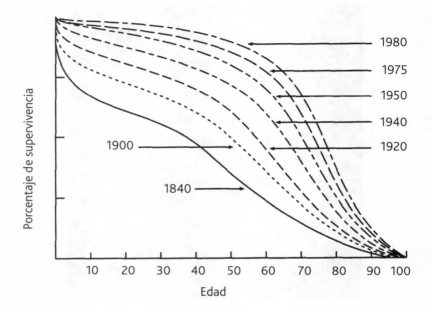

FIGURA 20. Las curvas de supervivencia (1840-1980) revelan que nuestra expectativa de vida se ha incrementado enormemente, pero que la cifra de años que vivimos ha permanecido estable. (Reproducido con permiso de *Vitality and Aging: Implications of the Rectangular Curve.*)

til y a 4.247 sin problemas de ese tipo[7]. Y el resultado permitió determinar que los hombres aquejados de impotencia antes de que el estudio comenzara, o que la desarrollaron durante el transcurso de la investigación, presentaban un 45 por 100 más de probabilidades de experimentar un evento cardiovascular que aquellos no aquejados de disfunción eréctil.

La impotencia, al parecer, es un marcador tan evidente de enfermedad cardiovascular como el colesterol elevado, el tabaquismo o una fuerte historia familiar de dicha enfermedad. Nuestra propia evidencia anecdótica sugiere que un profundo cambio en la forma de vida, que incluya una alimentación de tipo vegetariano, ofrece una oportunidad óptima de evitar la enfermedad cardíaca y de restablecer la capacidad eréctil.

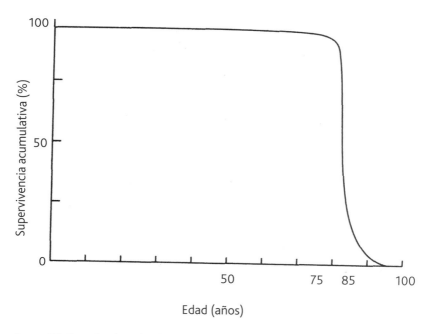

Figura 21. Para desplazar las líneas de supervivencia significativamente hacia la derecha, a fin de conseguir una curva de supervivencia rectangular, tenemos que superar las enfermedades crónicas. (Reproducido con permiso de *Vitality and Aging: Implications of the Rectangular Curve.*)

Cada año que pasa comprendemos más los mecanismos a través de los cuales la alimentación afecta a nuestra salud, y prácticamente todo lo que estamos descubriendo resalta los beneficios de abandonar los hábitos alimentarios de alto contenido graso en favor de una dieta vegetariana, que colma nuestros platos y nuestros organismos de una más que nutritiva variedad de ingredientes que previenen enfermedades, curan lesiones y mejoran la salud.

Si tuviésemos que seguir el curso de la vida de la mayor parte de las personas en el Occidente moderno —como explican el doctor James Fries y el doctor Lawrence Crapo en un libro titulado *Vitality and Aging*[8]—, el gráfico mostraría una salud estable durante la plenitud de la vida, un período, en esa primera meseta, en el que todo va bien, y luego un largo y estable declive hacia la muerte (véase figura 20). En mi opinión, estamos en condiciones de podemos cambiar dicho perfil de manera radical. El nuevo gráfico mostraría la misma estabilidad en la plenitud de la vida, pero la meseta —el período de salud, fuerza y bienestar que marcaba la sección media del gráfico antiguo— sería más extensa. Ya ninguna enfermedad crónica precipitaría el triste deterioro de los últimos años. Por el contrario, todo iría bien hasta que, de forma natural, todos los sistemas acabaran cerrándose (véase figura 21).

Y todo eso, simplemente aprendiendo a comer bien.

13

El control lo tienes tú

Cuando me incorporé a la Clínica Cleveland en 1969, en el vestuario de los cirujanos mayores el espacio escaseaba. Las taquillas se adjudicaban por orden alfabético, y como mi apellido comienza por E, me fue asignada una que debía compartir con un médico cuyo nombre comenzaba por F. Y así fue como, durante dos años, René Favaloro y yo compartimos la misma taquilla quirúrgica.

El doctor Favaloro, nacido en Argentina, fue un cirujano brillante, creativo y compasivo que en 1967 inició una revolución en la cirugía cardíaca cuando seccionó la porción obstruida de la arteria coronaria derecha de un paciente y la reemplazó por una pequeña porción de vena extraída de la pierna del enfermo en cuestión. En septiembre de ese mismo año llevó a cabo la primera cirugía real de bypass coronario, suturando una porción de vena en la aorta ascendente y luego accediendo a la arteria coronaria por debajo de la obstrucción. En los años siguientes, Favaloro desarrolló muchas variantes del método de bypass quirúrgico, y en la actualidad es universalmente reconocido como el creador e innovador de este tipo de cirugía. Siempre me ha parecido irónico que dos cirujanos que compartían la misma taquilla pudieran acabar abordando la cardiopatía coronaria desde posiciones tan diametralmente opuestas.

Pero tal vez el doctor Favaloro y yo, al fin y al cabo, no estábamos tan en desacuerdo. No mucho antes de su muerte, acaecida en julio de 2000, él mismo aludió a «una brecha irracional entre el entusiasmo médico dedicado a las intervenciones agudas y los escasos esfuerzos actualmente dedicados a la prevención secundaria»[1].

Siempre surgirán situaciones especiales en las que los pacientes con cardiopatía coronaria inestable requerirán algún tipo de bypass o intervención urgente, pero estoy convencido de que mejorando su alimentación podremos evitar que un número cada vez mayor de pacientes se vea obligado a pasar por dichos procedimientos. Y me complace observar que un importante porcentaje de cardiólogos está comenzando a cuestionar las prisas generalizadas a la hora de tratar la enfermedad cardíaca mediante intervenciones mecánicas.

Uno de ellos es el doctor John Cooke, de la Universidad de Stanford, que acepta sin problemas que la angioplastia, si bien puede ayudar a aliviar la angina, rara vez salva vidas, y no hace absolutamente nada por curar la enfermedad cardíaca. Él sugiere, de hecho, que alrededor de la mitad de todas las angioplastias llevadas a cabo en Estados Unidos cada año son simplemente innecesarias. El doctor Cooke explica: «En mi opinión, resulta mucho más factible y conveniente restablecer la salud del endotelio que permitir que un cardiólogo lo extraiga con un catéter dotado de un balón. Si el médico recomienda una angioplastia, el paciente debería decirle que, en la medida de lo posible, preferiría abordar el problema desde el punto de vista médico y dietético. La angioplastia debería reservarse para situaciones de emergencia (como cuando alguien se encuentra en medio de un ataque cardíaco) o para aquellos casos en los que la terapia médica y nutricional no ha conseguido aliviar los síntomas»[2].

En esa misma línea, el doctor James Forrester y el doctor Prediman Shah, del Centro Médico Cedars-Sinai de Los Ángeles, han criticado el hecho de que los cardiólogos se apresuran demasiado a realizar intervenciones tales como angioplastias o procedimientos de bypass. En su propia investigación, explicaron: «[...] llegamos a la notable conclusión de que la angiografía no identifica las lesiones provocadas por los infartos de miocardio, y, por consiguiente, las terapias de revascularización no las tratan»[3].

En junio de 2005, los investigadores que llevaron a cabo un metaanálisis de 2.950 casos de cardiopatía coronaria explicaron en la revista *Circulation* que, en los pacientes con enfermedad crónica y estable, la intervención «no ofrece ningún beneficio, en términos de muerte, infarto de miocardio o la necesidad de una subsiguiente revascularización, en comparación con el tratamiento médico conservador»[4]. Y un año más tarde, el doctor Richard Krasuski, del renombrado departamento de cardiología de la Clínica Cleveland, expresó claramente que, por lo general, el tratamiento agresivo de los pacientes con angina estable no ofrece garantías. «Nosotros no prevenimos los ataques cardíacos ni la muerte», declaró. Y la razón es que «los ataques cardíacos pueden comenzar en cualquier arteria del corazón, no solo en los vasos sumamente obstruidos tratados con angioplastia o stents. Así que, por lo general, la mejor prevención es el control de los factores de riesgo, que puede proteger todos los vasos del cuerpo»[5].

La tesis de mi investigación ha sido ridículamente simple: recurrir a un programa nutricional a base de productos vegetales para reducir el colesterol a los niveles observados en culturas que nunca experimentan cardiopatías. Por fortuna, en 1985 mis pacientes se mostraron dispuestos a poner su salud cardiovascular en manos de un cirujano general que les explicó que la enfermedad que ellos sufrían no existía en las tres cuartas partes de la población mundial, y que luego les planteó que si era posible frenar y revertir esa dolencia en los monos, también era posible frenarla y revertirla en los humanos. Por eso decidieron unirse a mi experimento.

Los datos de nuestra investigación han confirmado claramente que teníamos razón. La decisión de mis pacientes de formar parte del estudio no solo puso fin a la progresión de su enfermedad: gracias a su experiencia, hemos recabado una información que ha establecido una nueva regla de oro en la terapia de la cardiopatía coronaria. Podemos frenarla y revertirla. Podemos volvernos inmunes a los ataques cardíacos. *La cardiopatía coronaria no debería existir, y si lo hace, no tendría por qué avanzar.*

El argumento que sigo escuchando de boca de los médicos que no aceptan esta verdad es que están seguros de que sus pacientes no estarían dispuestos a cumplir a rajatabla un programa nutricional tan estricto. Yo no entiendo cómo pueden estar tan seguros de eso si ni siquiera les ofrecen a sus pacientes la oportunidad de probarlo. En lo que a mí respecta, después de asesorar a personas afectadas de cardiopatía coronaria severa durante más de veinte años, he descubierto que sucede exactamente lo contrario.

Si explicas a un paciente cardíaco que existe un programa que rápidamente aliviará o erradicará su dolor, que puede eliminar cualquier necesidad de futuras intervenciones —basta de cirugías de bypass, angioplastia o stents—, que puede curar y reforzar su sistema vascular y que encierra beneficios que mejoran con el tiempo, el paciente tiende a prestar atención. Según mi experiencia, como aquel hombre consternado que conocí en el crucero mientras daba una conferencia —«¡No puedo creer que nadie me haya explicado que existía otra opción!»—, muchas personas se sienten muy molestas porque nadie les ha dicho nunca la verdad.

Los pacientes sometidos a bypass quirúrgico tienen, en promedio, una probabilidad del 2,4 por 100 de morir, más otro 5 por 100 de sufrir un ictus o un ataque cardíaco durante la intervención. El 4 por 100 de los pacientes con stent sufren ataques cardíacos durante el procedimiento, y el 1 por 100 muere. Concretemos la estadística: dado que el año pasado se realizaron más de 1 millón de operaciones de stent en Estados Unidos, se desprende que 40.000 pacientes sufrieron ataques cardíacos durante el procedimiento, y que 10.000 fallecieron. Si 10.000 soldados norteamericanos hubiesen muerto en un año en Irak, aquello habría sido considerado una matanza. Como decía William Engel, el ya fallecido cirujano urológico de la Clínica Cleveland, «Perder a un paciente de forma ocasional resulta aceptable, pero es preferible no apresurar su final».

Uno de mis últimos pacientes sufrió una terrible experiencia en relación con la cardiología intervencionista. En septiembre de

2004, Jim Milligan, un ejecutivo de seguros de Wooster, Ohio, estaba ayudando a su esposa a enlatar tomates. De pronto comenzó a sudar y sintió un fuerte dolor en el pecho. No pudo pegar ojo en toda la noche porque el malestar era constante. Al día siguiente, ante la insistencia de su esposa, se dirigió al centro de salud de su zona, donde le informaron de que estaba sufriendo un ataque cardíaco.

Jim fue trasladado en ambulancia a toda velocidad a un hospital de Columbus para que le realizaran una angiografía urgente, que reveló graves obstrucciones en sus arterias coronarias. Un médico le insertó un catéter para colocarle un stent. De pronto, Jim no pudo respirar y sintió «un sabor horrible» en la boca. Comenzó a temblar. Estaba sufriendo un shock anafiláctico, que es una reacción a la tintura de contraste que se utiliza para la angiografía, y que puede resultar mortal. El procedimiento fue paralizado de inmediato, y Jim pasó cinco días en la unidad de cuidados intensivos.

En los cuatro meses siguientes, las pruebas cardíacas revelaron que la irrigación sanguínea hacia el corazón de Jim se estaba deteriorando. La fracción de eyección de su ventrículo izquierdo —que es la medición de la capacidad del corazón para bombear sangre, que normalmente se encuentra por encima del 50 por 100— había bajado al 40 por 100. Jim me llamó por teléfono en enero de 2005, y ya en nuestra primera entrevista me resultó evidente que él había entendido perfectamente nuestro mensaje. En los cuatro meses siguientes, su colesterol descendió en picado: de 244 mg/dl a 140 mg/dl, y su peso corporal también bajó de 115 kg a 92 kg. El cardiólogo que lo había atendido durante tanto tiempo le pidió que regresara a Columbus para realizarse una angiografía más, pero Jim insistió en ceñirse estrictamente al plan de detención y reversión. Encontró otro cardiólogo que hizo varias averiguaciones sobre mí y que apoyó a Jim en su decisión. «Si el doctor Esselstyn le dice que haga algo —aseguró a Jim—, yo trabajaré con usted.»

En abril de 2005 las pruebas revelaron que la fracción de eyección del ventrículo izquierdo del paciente había regresado al 62 por 100:

un resultado normal. Entonces le extendieron un certificado de buena salud que especificaba que no se le indicaba ninguna restricción en su actividad y, quizás lo más importante tras el susto anafiláctico, que no tenía necesidad de ninguna otra intervención.

Resulta difícil imaginar que, frente a la posibilidad de ser sometido a una intervención opcional, un paciente aquejado de cardiopatía coronaria no responda si se le cuenta la verdad sobre los peligros del procedimiento. Al recordársele que la cirugía aliviará solo los síntomas de su enfermedad, ¿no sería lógico que optara por tratar la enfermedad subyacente mediante una terapia de detención y reversión?

Los pacientes quieren evitar las posibles complicaciones y el índice de mortalidad que encierra la intervención. Aquellos a quienes sus cardiólogos envían a casa a morir después de que sus intervenciones de bypass o stent fracasan, se alegran de perder peso, olvidar su angina, disminuir sus niveles de azúcar en sangre, reducir su dosis de insulina o eliminarla por completo, moderar el uso de medicación, comprobar que sus pruebas de esfuerzo vuelven a ser normales, rebajar la placa que obstruye sus arterias y recuperar una vida plenamente activa. Los estimula visiblemente saber que son ellos, y no los médicos, quienes controlan la enfermedad que les estaba destrozando la vida.

Incluso aquellos que al principio muestran ciertas dudas acaban convencidos. Hace varios años conocí a un médico de Pittsburgh al que, en su propio hospital, habían recomendado someterse a un bypass quirúrgico, aunque él estaba en contra. Buscó la segunda opinión de un eminente cardiólogo de la Clínica Cleveland y este finalmente lo convenció de realizarse un stent. La cirugía se llevó a cabo sin problemas, pero el dispositivo fracasó. Y aunque por aquel entonces el médico de Pittsburgh ya había oído hablar de mi programa, se negaba a participar porque temía que perjudicara la activa vida social de la que él y su esposa tanto disfrutaban. Se conformaba con saber que reduciendo su actividad podía vivir dentro de los límites de su angina.

Varios meses más tarde lo llamé por teléfono para saber qué tal se encontraba. Como era de esperar, todavía se sentía atrapado por el dolor en el pecho. Frustrado por él, levanté la voz y lo exhorté: «¡Gordon, por Dios, dame solo 16 días y te sacaré de la prisión!». Entonces aceptó.

Después de 16 días, su angina se había reducido casi en un 100 por 100, para desaparecer por completo en las dos semanas siguientes. Ese médico es en la actualidad un apasionado defensor de mi programa, un absoluto creyente en la alimentación vegetariana.

Y hay algo que me produce un gran placer y que me llena de esperanza: en la actualidad, cada vez son más los pacientes que se acercan a mí *antes* de someterse a procedimientos quirúrgicos. Y cuando adoptan los profundos cambios que les exijo en su forma de vida, descubren que las intervenciones ya no son necesarias.

John Oerhle es otro de estos casos. John es un hombre que nunca ha permitido que un impedimento físico obstruyera su camino. A los 16 años de edad, mientras fabricaba una bomba en el sótano de su casa, acabó volándose la mano derecha y casi toda la izquierda, a excepción de dos dedos. Aun así, estudió en el MIT (Instituto de Tecnología de Massachusetts) y se convirtió en un ingeniero aeronáutico extremadamente brillante, además de llegar a ser campeón de croquet y un excelente jugador de bridge.

En 1993, después de que su hermano sufriera un ataque cardíaco, John comenzó a ver a un cardiólogo que le prescribía medicación que supuestamente debía tomar durante el resto de su vida. Diez años más tarde, comenzó a faltarle el aire. No consiguió superar la prueba de esfuerzo y fue sometido a una angiografía que reveló un 80 por 100 de obstrucción en las dos principales arterias y el 100 por 100 en la tercera. Como era de esperar, lo citaron para una cirugía de bypass a corazón abierto.

Una vez a bordo del tren, solo las personas «raras» consiguen bajarse. Y John es «raro». El científico que lleva dentro es muy fuerte. Leyó mucho sobre su enfermedad y al final decidió cancelar la cirugía. Luego entró en Google, buscó «terapia de reversión de la aterosclerosis» y encontró mi página web. Él y su esposa, Catheryn, vinieron a verme y comprendieron de inmediato lo que yo recomendaba.

Un mes después de comenzar a alimentarse a base de productos vegetales, el colesterol total de John Oerhle bajó a 96 mg/dl, y su LDL —colesterol malo— a 34 mg/dl. Un año más tarde, después de otra prueba de esfuerzo, el cardiólogo de John comentó: «Realmente mentiría si dijera que algo va mal en su corazón».

También merece la pena mencionar el caso de Dick Dubois, corredor de maratón empedernido y presidente de una planta de contenedores para reciclaje del estado de Nueva York. En otoño de 2004, Dick comenzó a experimentar una tensión ocasional en el pecho durante sus entrenamientos. La prueba de esfuerzo a la que se sometió no mostró nada anormal, por lo que continuó corriendo. Pero el dolor empeoró, y en febrero de 2005 un ecocardiograma de esfuerzo sugirió una obstrucción parcial de la arteria coronaria derecha. Sus médicos le recetaron medicación reductora del colesterol, aspirina y un betabloqueador. Sin embargo, el dolor persistía, así que comenzó a caminar en lugar de correr. Pero no consiguió evitar que durante todo el verano de 2005 continuase aquella opresión en el pecho.

En septiembre de ese año, una angiografía reveló múltiples obstrucciones en las arterias coronarias de Dick. La peor era una obstrucción del 80 por 100 en el origen de la arteria circunfleja izquierda y la descendente anterior izquierda. A los cardiólogos de Dick les preocupaba que cualquier intento de realizar una angioplastia o stenting resultara fatal, por lo que le concertaron una cita para un procedimiento de bypass con un renombrado cirujano cardíaco de la Clínica Cleveland.

Poco después de la angiografía, Dick leyó *The China Study*, el brillante trabajo de T. Colin Campbell sobre nutrición y enfermedad. Le interesaron los capítulos que describían mi trabajo y al final se puso en contacto conmigo. El 9 octubre 2005, Dick y su esposa, Rosalind, vinieron a Cleveland a entrevistarse conmigo y decidieron apuntarse a mi programa al menos hasta el mes de diciembre, fecha en la que Dick tenía cita con el cirujano cardíaco. Pero, inesperadamente, este cirujano lo llamó para informarle de que había conseguido un hueco en su agenda, y ofreció cambiarle la cita para el 26 octubre. Dick se lo pensó y al final decidió continuar con nuestro programa durante al menos dos meses. Por aquel entonces, solo once días después de nuestra primera sesión, Dick ya no sentía dolor en el pecho durante sus entrenamientos andando. Con el paso del tiempo canceló la cirugía, no sin que el cirujano le advirtiera de que, si no recibía tratamiento, tenía un 10 por 100 de probabilidades de morir en el plazo de un año.

Tres semanas después de nuestra primera consulta, el colesterol total de Dick se encontraba en 101 mg/dl y su LDL (colesterol malo) en 49 mg/dl. Todas sus cifras eran estupendas. Yo lo llamaba cada siete o diez días para evaluar su progreso, y en cada ocasión me hablaba de sus nuevas actividades —esquí de fondo y luego travesías con raquetas—, que practicaba con mucha precaución, reduciendo la intensidad si le causaban angina. En enero de 2006, once semanas después de nuestra primera entrevista, Dick me contó que un deshielo en ese mes había hecho imposible el esquí y la travesía con raquetas, así que había vuelto a las pistas. Corría 1,6 km y por primera vez en más de un año no sentía dolor en el pecho.

Las historias de John Oerhle y Dick Dubois demuestran lo rápida y radicalmente que el organismo puede curarse a sí mismo de una enfermedad devastadora. Y subrayan un punto en el que yo he hecho hincapié en repetidas ocasiones: los pacientes con cardiopatía coronaria estable deberían ser muy precavidos en cuanto al «arreglo rápido» que ofrecen el bypass quirúrgico y los stents, que encierran significativos riesgos de complicaciones y mortalidad. Debería ofrecérseles introducir cambios radicales en su forma de vida durante doce semanas, que es un plazo razonable; porque si se dedican al programa y se comprometen con él plenamente, muchos se evitarán el mal trago de pasar por el quirófano.

Todavía albergo el ingenuo sueño que tenía cuando comencé esta investigación. Hemos demostrado que es posible abolir el factor de mortalidad número uno en la civilización occidental a través del consumo de una dieta vegetariana. Pero podemos hacer mucho más. Si el público adoptara este método para prevenir la enfermedad, si los millones de norteamericanos abandonaran sus dietas tóxicas y aprendieran a comer de forma realmente sana, podríamos limitar en gran medida todas esas enfermedades de origen nutricional, como los ictus, la hipertensión, la obesidad, la osteoporosis y la diabetes del adulto. Al mismo tiempo, veríamos una marcada reducción en los cánceres de mama, próstata, colon, recto, útero y ovarios. La medicina podría dejar de centrarse principalmente en los medicamentos y los procedimientos quirúrgicos. La prevención, y no la intervención desesperada, estarían a la orden del día.

Ni siquiera yo soy lo bastante optimista como para creer que esto pueda suceder de la noche a la mañana; me refiero a que toda la población de Estados Unidos se pase a una dieta a base de verduras en cuanto conozca sus beneficios. Pero podemos acercarnos a ese ideal. El primer paso es educar al público, enseñándole la verdad sobre lo que sabemos en cuanto a nutrición y, en particular, sobre los estragos que causa la dieta occidental tradicional.

En mis fantasías, por ejemplo, imagino un uso generalizado del test de reactividad de la arteria braquial (BART, por sus siglas en inglés), que el doctor Robert Vogel utilizó con tan devastadores efectos para probar el daño vascular que puede provocar una única comida. Si las escuelas públicas estuviesen obligadas a servir únicamente platos que dieran positivo en el BART (es decir, que mantuvieran la normal dilatación arterial); si los restaurantes estuvieran obligados a informarnos de qué componentes de su menú dan positivo en el BART y cuáles dan negativo; si las etiquetas de todos los alimentos envasados contuvieran información sobre sus resultados BART, habríamos avanzado muchísimo hacia la educación ciudadana y la posibilidad de que las personas tomaran decisiones informadas sobre de qué manera mejorar o destruir su salud. Si bien es probable que mi «fantasía BART» jamás se haga realidad, lo que queda claro es que el punto de partida, sin lugar a dudas, es la información del público.

Entonces, quizás, lentamente consigamos introducir algunos cambios institucionales. Por ejemplo, podemos proponer una cuestión modesta a las aseguradoras, los empleadores y los representantes de los sindicatos: que los pacientes cardiológicos candidatos a una intervención mecánica de bypass quirúrgico o stent prueben primero durante doce semanas la terapia de detención y reversión, es decir, una alimentación a base de vegetales, combinada, en los casos necesarios, con una terapia de fármacos reductores del colesterol. En los pacientes que cumplen estrictamente el programa hemos comprobado que la angina desaparece en cuestión de pocas semanas, y que las pruebas de esfuerzo pueden volver a la normalidad en un plazo de ocho a diez semanas. Y todo ello ofrece un mensaje muy claro a los participantes: que en la mayoría de los pacientes, la peligrosa y costosa intervención mecánica resultaría innecesaria.

Lo que estoy proponiendo requeriría cambios revolucionarios en el mundo de la medicina. Mi padre solía comentar que mientras la medicina fuese practicada con fines de lucro, la prevención exhaustiva jamás se convertiría en el motor impulsor de la vida de un médico. Y tenía razón. Como he explicado en el capítulo 1, en la actualidad el sistema no presenta incentivos que animen al público a adoptar una forma de vida más sana. Una vez pregunté a un joven cardiólogo intervencionista por qué no enviaba a sus pacientes a un programa de nutrición que pudiese detener y revertir su enfermedad, y él me respondió con otra pregunta sincera: «¿Sabía usted que el año pasado facturé más de cinco millones de dólares?».

Esto tiene que cambiar. La voluntad y la conciencia colectiva de mi profesión están siendo puestas a prueba como nunca antes. Ahora es el momento de llevar a cabo un trabajo legendario.

Quienes practicamos la medicina debemos establecer una nueva alianza con el público. Nunca debemos infravalorar la capacidad de la gente para adoptar una forma de vida más sana. Debemos decir la verdad. Debemos dejar de lado el método médico basado en los procedimientos mecánicos y enorgullecernos de prevenir. Debemos disfrutar de enseñar a todas las personas a asumir el control de su propia salud.

Lewis Thomas, doctor en medicina y filósofo médico sumamente respetado y valorado, ya fallecido, dio una conferencia en la Clínica Cleveland en 1986. Allí se refirió a la magia mecánica de la que disponíamos para tratar la enfermedad vascular —angioplastias y procedimientos de bypass— como una «tecnología a medio camino». Un método mecánico para tratar una epidemia metabólica y bioquímica, argumentaba, no es la respuesta. El doctor Thomas advertía también que los médicos se encontrarían con un gran desafío a nivel moral y ético, que consistiría en dejar de lado esta tecnología a medio camino en favor de curas más simples y seguras de carácter metabólico y bioquímico.

El momento ha llegado. Una vez que se conozca la verdad, prevalecerá el peso de la evidencia científica y la opinión pública. Y por fin podremos comenzar a enseñar a la gente a caminar junto al borde del abismo, en lugar de tratar desesperadamente de salvarlos cuando ya han caído.

Con este método es posible ganar la guerra a nuestras enfermedades más devastadoras.

PARTE DOS

La alegría de comer

14
Estrategias simples

COMO YA SABES, mi programa nutricional difiere bastante de los demás. Aquí no se trata de hacer cambios moderados para ralentizar la progresión de la cardiopatía, sino de embarcarse en un cambio significativo de forma de vida que conseguirá *detener* la progresión de la enfermedad y *revertir* selectivamente sus efectos.

Para el éxito del programa resulta fundamental que los pacientes asuman el control absoluto de su enfermedad. Son ellos quienes tienen la capacidad de abolirla. Si siguen mis pautas nutricionales a lo largo del tiempo, son ellos los que se aseguran la duración y ampliación de los efectos beneficiosos del programa. Porque se ocupan de mucho más que de los síntomas de la enfermedad cardíaca: tratan su causa subyacente; y con ella, la causa subyacente de muchas otras enfermedades crónicas.

El objetivo del programa, lo repito, es mantener el nivel de colesterol total en sangre por debajo de los 150 mg/dl adoptando una dieta a base de productos vegetales y, en caso necesario, una medicación reductora del colesterol. Y la clave del éxito es la atención al detalle. En este programa eliminamos por completo la ingestión de todos los alimentos que producen aterosclerosis. Sin excepciones. Los pacientes deben borrar de su vocabulario —y también de su pensamiento— la frase «este poquito no puede hacerme daño». Porque, como ya hemos visto, sucede exactamente lo contrario: cada «poquito» puede dañar la salud, y de hecho lo hace.

A estas alturas, si eres como la mayoría de los pacientes que veo en persona, probablemente estarás pensando algo así: «¿Cómo demonios seré capaz de dejar las hamburguesas con queso, las patatas fritas, la carne de vaca, la mayonesa, el queso, el aceite de oliva y todas esas otras cosas que me encantan?». Un amigo mío, que es abogado, rechazaba tanto la idea de tener que dejar todos esos alimentos que me preguntó si no podía seguir con su dieta de alto contenido graso hasta que desarrollara síntomas de cardiopatía coronaria, para, *solo entonces,* dejar de comer grasas. Y mi forma de convencerle de que ese método es inviable fue explicándole que en uno de cada cuatro pacientes con cardiopatía coronaria, el primer síntoma es la muerte súbita.

De todos modos, es indiscutible que la dieta típica occidental, de tan alto contenido graso, resulta muy apetecible. Y el atractivo que ejerce sobre el público se ve reforzado por el tóxico ambiente alimentario que nos rodea. Estamos bombardeados por anuncios que muestran alimentos con un contenido graso muy superior al recomendado por las entidades gubernamentales; y eso que, en Estados Unidos, el nivel sugerido resulta excesivamente alto para mantener una salud óptima. Las escuelas culinarias en las que se preparan los chefs que estarán al frente de las cocinas de restaurantes, hoteles e instituciones no les enseñan a preparar comidas sanas, sabrosas y atractivas que contengan solo alrededor de un 10 por 100 de grasa. Ni los medios, ni la industria cárnica, aceitera y láctea, ni los chefs más prominentes, ni los autores de libros de cocina ni el propio Gobierno ofrecen consejos adecuados sobre la forma más sana de comer.

Y no es solo una cuestión de mala información. La verdad es que somos adictos a la grasa..., literalmente. Los receptores de nuestros cerebros son los responsables de nuestra adicción a la nicotina, la heroína y la cocaína, y se ha comprobado que la grasa y los azúcares provocan ansias similares.

La manera de romper el hábito de la grasa consiste en abstenerse por completo de consumirla, de la misma manera que quienes consumen heroína, cocaína y nicotina deben dejarla de una vez y para siempre. Todos hemos visto lo que sucede con quienes siguen dietas de bajo contenido graso para perder peso. Una dieta que permite incluso una cantidad modesta de grasa de origen animal, lácteo y de aceite sigue fomentando dicho hábito. En otras palabras, el ansia por tomar esos productos continúa. Y cuando la dieta finaliza —o cuando falla, que es lo que sucede más a menudo—, la persona, casi en todos los casos, regresa a sus antiguos hábitos alimentarios y recupera el peso perdido.

Hace aproximadamente una década, el Centro Monell de Censo Químico, de Filadelfia, cuantificó el efecto que el consumo de grasa produce sobre nuestro deseo de dicha sustancia. En el experimento Monell, varios voluntarios sanos fueron separados en tres grupos. El primero tuvo que seguir una dieta de alto contenido graso típicamente norteamericana. El segundo, una dieta en la que la grasa quedaba reducida a un 20 por 100 del total calórico. Y en la dieta del tercer grupo, el nivel de grasa se mantenía en el 15 por 100 o menos. Transcurridas doce semanas, los primeros dos grupos ansiaban consumir grasa igual que siempre. Pero quienes habían consumido menos del 15 por 100 de grasa en su dieta durante el período estipulado habían perdido por completo el deseo de esta sustancia[1].

La razón por la que las dietas para perder peso siempre fallan es la misma por la que en la actualidad fracasa la rehabilitación cardíaca para la cardiopatía coronaria: los pacientes continúan consumiendo grasa. Es posible que consuman ligeramente menos que antes de que les diagnosticaran la enfermedad cardíaca, pero de todas maneras se trata de la misma grasa que ha lesionado sus arterias. Por eso su enfermedad cardíaca continúa avanzando.

Las personas que participaron en mi estudio de investigación mantuvieron un nivel muy bajo de grasa en su dieta. (Si bien mi plan nutricional no requiere contar calorías, mi investigación demuestra que una dieta basada en las categorías alimentarias recomendadas mantiene el consumo de grasa entre el 9 y el 11 por 100 del total de las calorías consumidas.) Y al igual que los pacientes del estudio del Centro Monell, los míos perdieron las ansias de consumir grasa. Después de doce semanas dejaron de sentirse en estado de constante negación y comenzaron a cosechar la gran cantidad de beneficios que supone eliminar las grasas de la alimentación. Este cambio de forma de vida sí funciona.

De todos modos, acepto que no es fácil cambiar. Según mi experiencia, las personas que se embarcan en este programa deben superar cuatro retos básicos, y con el paso de los años hemos identificado diversas estrategias para combatir cada uno de ellos:

1. **Deseas consumir grasa.** Ten fe. Como ya he explicado, esa ansiedad desaparecerá después de tres meses sin consumir esta sustancia. (Al hablar de «grasa» me refiero a la grasa de origen animal, a la grasa láctea y a la del aceite: es decir, a cualquiera que no sea la que de forma natural contienen las verduras, las frutas y los cereales.) Desarrollarás una nueva predilección por los sabores naturales de los alimentos y descubrirás nuevas hierbas, especias y salsas para aliñar tus platos. Comer de forma segura en esta cultura es un reto cotidiano, pero la atención al detalle asegura el éxito. Y recuerda: deberías tener cuidado con los productos «0 grasa por ración», como el aliño para ensaladas, los sustitutos de la mantequilla, la mayonesa y los pasteles. Es posible que contengan menos de 0,5 gramos por ración, pero ese poco basta para asegurar que continúes deseando tomar grasa. Y también corres el riesgo de incrementar la cantidad de grasa que ingieres, superando el 20 por 100 de las calorías consumidas y añadiendo a tu dieta más gramos de grasa «obstructora de arterias» cada año.

2. **Te invitan a comer a casa de alguien.** Si la persona que te invita es un amigo cercano, no debería suponer ningún problema. Pero si se trata de alguien que no conoces bien, al principio puede que tu plan alimentario suene raro. La clave en esta situación es el candor y, por supuesto, los buenos mo-

dales. Explica a tus anfitriones en el momento de recibir la invitación que tú sigues un programa nutricional muy poco habitual y no comes carne, pescado, aves, productos lácteos ni aceites. Enfatiza el hecho de que te gustaría mucho disfrutar del placer de su compañía y que te encantaría asistir a su comida/cena, pero que no quieres causarles ninguna molestia. Sugiere que podrías comer antes y luego unirte a ellos para tomar una copa de vino. Casi siempre, los dueños de casa insistirán en que vayas también a comer, y te preguntarán qué pueden prepararte. En ese caso, diles que te encantaría compartir con ellos una ensalada sencilla y pan, o que estaría perfecto un plato de verduras al vapor o una patata asada. (Quizá no haga falta aclararlo, pero siempre deberías evitar sacar el tema de tu dieta frente a otras personas, a menos que parezcan realmente interesadas.)

3. **Debes comer en un restaurante.** Los restaurantes pueden resultar letales si no haces un pequeño trabajo previo. Es recomendable que recorras varios en tu zona que ya ofrezcan o estén dispuestos a prepararte un plato «seguro» del que puedas disfrutar. Si has de comer en un restaurante que no conoces, intenta llamar al chef o al maître con unas horas de antelación, o incluso más, si tienes la posibilidad de hacerlo. Explica que necesitas un plato que no incluya ningún ingrediente de origen animal ni tampoco aceite. Muy probablemente acabarás sorprendido, porque en la mayoría de los casos los restauradores están encantados de satisfacer a sus clientes y aceptar el reto. Y siempre te agradecerán que les anuncies tu visita con antelación.

4. **Te encuentras de viaje, tanto en tu país como en el exterior.** Las líneas aéreas se ofrecen a atender pedidos especiales de platos vegetarianos sin grasa, pero necesitan que se los recuerdes veinticuatro horas antes del despegue. Por supuesto, siempre tienes la opción de llevarte tu propia comida, ya que se ajusta perfectamente a tus necesidades. En cuanto

a los restaurantes de zonas que no conoces, utiliza las mismas tácticas que mientras viajas por tu propio país: trata de llamarles con antelación para informar al chef o maître de qué tipo de comida les pedirás.

Sin lugar a dudas, con el tiempo desarrollarás tus propias estrategias. Mi paciente Anthony Yen, que viaja mucho por cuestiones de trabajo, ha demostrado un particular ingenio durante sus más de veinte años en el programa. Entre otras cosas, ha escrito varias tarjetas que solicitan, en distintos idiomas, platos vegetarianos que no contengan aceite. De esa manera, independientemente de qué lugar del mundo esté visitando, puede pedir con toda confianza el tipo de comida que necesita.

Pero si no consigue planificar con antelación, Anthony es perfectamente capaz de improvisar. Hace no mucho tiempo, salió a comer con su hijo y pidió un plato muy simple de verduras en un restaurante chino. Sin embargo, cuando llegó la comida, se dio cuenta de que contenía aceite. La solución de Anthony fue pedir dos cuencos de agua caliente en los que «lavó» las verduras para quitarles el aceite. Satisfecho de haber conseguido cumplir con lo que le exige su dieta, consumió feliz su plato sin aceite.

Pero a veces no hay soluciones tan sencillas. En un viaje a Oriente, hace poco, la línea aérea olvidó embarcar la comida especial para Anthony. Así que simplemente se limitó a no comer nada más que un par de plátanos en su vuelo de veinticuatro horas de duración. (Anthony, casualmente, menciona un beneficio añadido de la alimentación a base de verduras: ya no sufre *jet lag*. «Solía llevarme de una semana a diez días recuperarme» de un viaje a China —cuenta—. Pero desde que sigo al programa de Esselstyn, ya no sufro *jet lag*.» No encuentro ninguna razón científica que me haga creer que mi plan nutricional es responsable de este efecto, ¡pero me alegra saberlo!)

En nuestra casa, hace más de veinte años que mi esposa, Ann, es la cocinera, y por esa razón ha aprendido a preparar magníficos platos que cumplen con los estrictos parámetros de mi plan nutricional. Durante las sesiones de asesoramiento de entre sesenta y noventa minutos de duración que mantengo con todos los posibles pacientes y sus parejas, Ann les explica sus propias experiencias y descubrimientos sobre cómo planificar y preparar platos y menús que puedan disfrutar durante el resto de sus vidas. Por eso, en los próximos capítulos será ella quien se encargue de hacer lo mismo por ti. Describirá los principios generales del plan nutricional e incorporará imaginativas técnicas que te ayudarán a preparar platos nutritivos y deliciosos gracias a los cuales comerás sano durante toda tu vida.

Recuerda, y no me canso de repetirlo, que la atención al detalle es la clave. Si comes de esta forma estupenda y nueva para ti, no desarrollarás ninguna enfermedad cardíaca. Si ya padeces una cardiopatía, la derrotarás. Eso es lo que te prometo, la suma de todo lo que he aprendido. Presta atención.

El control lo tienes tú.

15

Consejos de Ann Crile Esselstyn

A L PRINCIPIO, ES POSIBLE que los cambios que estás a punto de llevar a cabo te parezcan abrumadores. Después de todo, tendrás que abandonar los hábitos alimentarios de toda tu vida, y casi con toda seguridad deberás decir adiós a algunos alimentos que te encantan. Pero tal como nuestra larga experiencia nos ha enseñado, una actitud positiva hace milagros. Los gustos cambian a medida que eliminas las grasas; y por eso, antes de que te des cuenta, ya no *tendrás* que comer alimentos sanos, sino que *querrás* comerlos.

Con el paso del tiempo, las ensaladas aliñadas con aceite y las pizzas cargadas de queso ya no resultan apetecibles. Un manojo de uvas o unos tomates dulces se convierten en un bocado tan delicioso como alguna vez lo fue una galleta. La pizza sin queso o el pan integral con melocotones frescos cortados en rodajas bien podrían pasar a formar parte de tus alimentos favoritos.

Como mi marido ya ha recalcado, lo que aporta tanta fuerza a este programa es la atención a los detalles, que a su vez se sustentan en una serie de principios generales que es importante que comprendas. En términos simples, la dieta totalmente vegetariana contiene:

- un índice de grasa de entre el 9 y el 12 por 100 del total de calorías consumidas, ninguna de ellas derivadas de aceites añadidos ni de productos animales o lácteos;

- nada de colesterol;
- una cantidad mínima de radicales libres, que son unas sustancias químicas sumamente perjudiciales para el organismo y muy presentes en la típica dieta occidental;
- muchos antioxidantes, que son compuestos naturales capaces de neutralizar los radicales libres y aportar generosas cantidades de fibra natural al organismo (la fibra tiene dos grandes beneficios: resulta esencial para la salud y también produce sensación de saciedad.)

Si sufres una enfermedad cardíaca —o no quieres desarrollarla nunca— resulta fundamental que entiendas estas reglas absolutas:

Las reglas

1. No comer carne.
2. No comer pollo, ni siquiera la pechuga.
3. No comer pescado.
4. No consumir *ningún* producto lácteo. Ello significa nada de leche desnatada, ni yogur sin grasa, ni sorbetes, ni *absolutamente nada de queso*.
5. No consumir huevos. Eso incluye las claras e incluso los sustitutos de huevo que contienen claras.
6. No utilizar *nada de aceite en absoluto*. Ni siquiera aceite de oliva virgen ni aceite de canola.
7. Consumir solo productos integrales. Eso significa no tomar *ningún* producto de harina blanca. Asegúrate de que la lista de ingredientes del producto en cuestión incluya una frase del tipo «trigo integral» o «cereal integral». Evita la sémola y la harina de trigo, que son blancas. Consume arroz integral.
8. No beber zumo de fruta. (Está permitido comer fruta, o incluir pequeñas cantidades de zumo en recetas, o bien para saborizar bebidas.)

9. No consumir frutos secos (aunque sí no sufres cardiopatía, de vez en cuando puedes tomar nueces).

10 No comer aguacates. ¡Eso incluye el guacamole!

11. No comer coco.

12. Tomar productos de soja con precaución. Muchos están sumamente procesados e incluyen un alto contenido graso. Utiliza tofu «light». Evita el queso de soja, que casi siempre contiene aceite y caseína.

13. Leer *The China Study*, de T. Colin Campbell y Thomas M. Campbell II (BenBella Books).

Teniendo en cuenta estas reglas, puedes disfrutar del resto del universo de las verduras, las legumbres y las frutas; y es un mundo muy rico, como verás.

Un comentario sobre la sal: nosotros no la utilizamos. Ni tampoco la incluimos en nuestras recetas, dado que la mayoría de los pacientes de mi marido sufren cardiopatía coronaria e hipertensión, y la sal puede causarles un daño mayor. Hemos descubierto que casi todos los pacientes se adaptan sin problema al sabor natural de una dieta vegetariana sin sal.

Si, de todas formas, echas de menos la sal, prueba utilizar vinagre, limón, pimienta, distintos tipos de hierbas y especias sin sal, tabasco u otras salsas picantes. Y si ninguna de estas posibilidades te convence y *sigues* echando de menos la sal, prueba echar a tus platos un poquito de algún concentrado proteínico líquido a base de soja (de venta en tiendas naturistas), miso blanco dulce o tamari bajo en sodio. Procura limitar el consumo de sodio a menos de 2.000 mg diarios. Resulta más fácil elegir cuando conoces el contenido de sal de ciertos aliños. Aquí tienes algunas comparaciones útiles:

- sal marina, 1 cucharadita: 2.360 mg de sodio;
- tamari bajo en sodio, 1 cucharadita: 700 mg de sodio;

- concentrado proteínico líquido a base de soja, 1 cucharadita: 233 mg de sodio;
- miso blanco dulce, 1 cucharadita: 115 mg de sodio.

Resulta muy conveniente que tanto el desayuno como la comida sean simples, y casi iguales todos los días. En los próximos capítulos encontraras recetas específicas, pero existen muchas formas de unirlas. Por ejemplo, un plato básico para el desayuno incluye cereales como copos de avena a la antigua usanza, alguna marca de copos de trigo sin azúcar añadido o un producto compuesto por cereales integrales con uvas pasas. Si lo deseas, puedes espolvorear los cereales con una mezcla de trigo y cebada, lo que dará a tu desayuno una consistencia más crujiente. También puedes añadirle uvas pasas, un plátano u otra fruta. Un poco de zumo de manzana, sidra o zumo de naranja fresca o pomelo (incluso algunos trozos de fruta) resultan deliciosos como sustitutos de la leche. Pero también puedes tomar los copos con leche multicereales, leche de avena, leche de almendra o leche de soja sin grasa. Ahora bien: los cereales no son, ni mucho menos, la única opción para el desayuno. Puedes preparar tortitas con harina de trigo integral (sin huevos y sin aceite), que son realmente sabrosas. O tomar pan integral tostado con rodajas de melocotones frescos, una combinación que encabeza mi lista de desayunos increíblemente deliciosos. También deberías probar las tostadas cubiertas de rodajas de plátano, mango maduro, fresas o cualquier otra fruta que te guste. Piensa de manera creativa. ¿Por qué no desayunar sopa de lentejas o guisantes, o (mi opción favorita) sobras de ensalada?

Inicia todas las comidas que puedas con ensaladas. Son muy sanas, generan una evidente sensación de saciedad y resultan maravillosamente sustanciosas. Prepáralas con todas las verduras que puedas. Al principio es posible que te resulte difícil aliñar este tipo de platos, ya que no debes consumir ningún tipo de aceite. Es importante entonces que encuentres alguno que te guste, y para ello tendrás que dedicar algún tiempo a experimentar. A nosotros nos gustan las ensaladas aliñadas simplemente con una combinación de vinagre balsámico y hummus sin tahini (que contiene mucha grasa). También hemos encontrado algunas buenas variedades comerciales de hummus sin grasa, pero siempre tienes la posibilidad de prepararlo tú con garbanzos, limón y ajo. Mezclado con un poco de zumo de limón o lima y un poquito de mostaza, se convierte en un aliño estupendo.

Procura que el almuerzo sea simple: ensalada, sopa y pan o bocadillos. Para esta última opción, piensa de forma creativa. En las tiendas de alimentos naturistas encontrarás una amplia variedad de fajitas o rollitos *(wraps)* que puedes untar con hummus sin grasa. Luego, rellena la fajita, cubierta de hummus, con cualquier combinación de ingredientes que te apetezca: cilantro picado, cebolleta, zanahoria rallada, pepino, tomate, pimiento, granos de maíz descongelados, alubias, arroz, brócoli cocido, setas, espinaca o lechuga. Enróllalo como si fuese una salchicha, ponlo en una bandeja para horno y déjalo unos diez minutos a 230º (450 ºF), hasta que el pan esté crujiente. ¡Fabuloso!

A la hora de la cena, recomendamos especialmente otra ensalada saludable y una variedad de verduras frescas de temporada. Pero existen muchas otras opciones. Los champiñones portobello asados en el horno o a la parrilla con cualquier salsa barbacoa o tamari bajo en sodio y un poquito de vinagre balsámico son deliciosos y parecen un trozo de carne. También son magníficos como «hamburguesas», sobre pan integral o panecillos redondos.

Nuestra receta favorita para la cena es la de judías negras con arroz. La preparamos cuando tenemos invitados, dado que tiene un aspecto magnífico y a casi todo el mundo le gusta. Los ingredientes son: judías negras de lata, arroz integral, tomate picado y su jugo, cebolla picada, maíz previamente descongelado en agua caliente, pimientos rojos, amarillos o verdes picados, zanahoria rallada, castañas de agua, cilantro picado y rúcula, tamari bajo en sodio y salsa de tipo mexicano. Cocina el arroz, calienta las alubias y coloca todas las verduras picadas en platos individuales. Sirve arroz en cada plato, cúbrelo con tu selección de ingredientes y decora con tamari y/o salsa. Guarda cualquier ingrediente que te haya sobrado para poder utilizarlo al día siguiente para una ensalada, con un poco de vinagre balsámico. ¡Una delicia!

En ocasiones, los platos más simples son los que mejor saben. Por ejemplo, puedes hornear cebollas dulces, tapadas, a muy baja temperatura. Cuanto más tiempo las ases, más dulces resultarán. Cómelas solas o sobre arroz o patatas horneadas. Los boniatos y los ñames, por su parte, son deliciosos, sustanciosos e increíblemente sencillos de preparar. Lo único que tienes que recordar es meterlos en el horno con suficiente antelación, dado que tardan al menos una hora en cocerse. Otro plato delicioso, simple y rápido —e incluso bonito— es el cuscús de trigo integral con salsa de setas (para pasta) y guisantes congelados. Vierte el cuscús en agua hirviendo y observa su transformación en cuestión de segundos. Calienta la salsa para pasta y échasela encima. Descongela los guisantes bajo el grifo y decora con ellos el cuscús con salsa. ¡Una cena instantánea!

Gran parte de los alimentos que se consumen en este plan nutricional son frutas y verduras frescas, legumbres y cereales integrales. Pero también existen productos envasados que pueden añadir sabor y variedad a tu cocina, y un gran número de ellos son seguros y deliciosos. Sin embargo, lee cuidadosamente las etiquetas. Más específicamente: *lee los ingredientes*.

Si encuentras cualquiera de las siguientes palabras o frases en una etiqueta —glicerina, hidrogenado, parcialmente hidrogenado, monoglicéridos o diglicéridos—, evita consumir el producto en cuestión, porque lo que aparece en la lista de ingredientes son formas encubiertas de grasa. En la etiqueta de información nutricional de algunas galletas «sin grasa» se menciona que contienen 0 gramos de grasa. Pero si lees los ingredientes, te das cuenta de que aparece la glicerina. Del mismo modo, algunos aliños italianos picantes sin grasa mencionan entre sus ingredientes el aceite de habas de soja y ciertos productos lácteos. Pero debido a que el tamaño de las porciones es muy pequeño, en Estados Unidos estos productos entran en la categoría de alimentos «sin grasa» según los parámetros del gobierno (menos del 0,5 por 100 de grasa por ración). Por este motivo, *lee los ingredientes.*

Hay empresas que fabrican galletas de arroz integral de diferentes sabores (cebolla, ajo, tamari sésamo y sin sal), sin grasa y sin aceite. Pero ¡cuidado!, porque en muchos casos también producen galletas de arroz con otros ingredientes que sí llevan aceite de girasol añadido. Así que *lee los ingredientes.*

Aunque creas que estás familiarizado con un producto, ten cuidado y presta siempre atención. Si diferentes productos de una misma marca no llevan aceite, por ejemplo, no creas que toda la línea resultará segura en términos de nuestra dieta, porque es posible que algunos artículos contengan aceite vegetal. Así que no te distraigas. En algunas tiendas es posible comprar «patatas fritas» de maíz horneado y sin sal que no llevan aceite. Pero el resto de las patatas horneadas contienen aceite de girasol. *Lee los ingredientes.*

En lo que a los cereales se refiere, deberías consumir solo productos integrales. Muchos de ellos te resultarán sumamente familiares: trigo integral, trigo sarraceno, avena integral, cebada integral, centeno, alforfón, maíz entero, arroz salvaje, arroz integral. Pero hay también otras opciones menos conocidas, como kamut, quinoa, amaranto, mijo, espelta, teff, triticale, grano y faro. El problema es que suele resultar difícil identificar cuáles de estas variedades son integrales y cuáles no. El color no es una pista fiable: la avena integral tiene una tonalidad clara, por ejemplo, y las harinas refinadas pueden estar oscurecidas con melaza.

En este caso, lee también las etiquetas con cuidado. Busca productos identificados como «100 por 100 integrales». Los productos descritos como multicereales, trigo partido, siete cereales, molido grueso, harina enriquecida o harina de maíz sin germen *no son* completamente integrales. El pan integral de centeno está hecho con harina de centeno y de trigo, pero rara vez es integral.

También suele resultar complicado encontrar pan integral que no contenga aceite ni sirope de maíz de alto contenido de fructosa. Algunas marcas comerciales ofrecen panes perfectos, y muchos panes de centeno de panadería no llevan aceite. Si tienes posibilidad de encontrar panes de grano germinado (en la sección de congelados de muchas tiendas naturistas y en un número cada vez mayor de supermercados), disfruta de sus distintas variedades: desde cortados en rebanadas (que saben particularmente bien cuando los tuestas) hasta los que tienen forma de fajita o los deliciosos bollos para hamburguesas o perritos calientes. *Lee los ingredientes*.

Hemos descubierto tres utensilios de cocina que resultan indispensables para este tipo de dieta. Uno de ellos es la arrocera. Pones el arroz y el agua y simplemente te marchas; el arroz se cuece solo, tranquilamente, e incluso puedes comenzar a prepararlo con antelación. El segundo es un buen pelador, que puedes encontrar en cualquier tienda de cocina, gracias al cual el trabajo de pelar fruta no solo te resultará fácil, sino también divertido. (Un consejo en cuanto a la ralladura de cítricos: trabaja con naranjas, limas y limones ecológicos.) Y el tercero es un exprimidor, con el que podrás obtener zumo aunque la fruta parezca seca. Los exprimidores de madera son mis favoritos.

Por último, unos consejos sobre qué cantidad de alimentos deberías consumir.

Si sigues una dieta vegetariana complementada por productos integrales, exenta de aceites y cargada de verduras de hoja y hortalizas de todos los colores, no tienes que preocuparte por tu peso. No necesitarás calcular ni contar calorías. Casi todo el mundo pierde peso cuando cambia su dieta. Sin embargo, si permites que predominen los cereales integrales, las verduras con almidón y los postres, entonces es posible que engordes. Si eso sucede, simplemente reduce el consumo de cereales y almidones, aumenta la cantidad de verduras de hoja y hortalizas de colores, y deja de lado los postres.

Y recuerda: el ejercicio físico es fundamental. Cuanto más practiques, mejor. Durante los años en que me dediqué a la docencia, me las arreglaba para correr (por lo general en la oscuridad del invierno) y levantar pesas (casi siempre antes de clase). Ahora puedo darme el lujo de disponer de tiempo para practicar yoga, correr o dedicarme al esquí de fondo, y sigo realizando un entrenamiento con pesas. Essy nada unos 1.600 metros al día, levanta pesas y monta en bicicleta tres veces a la semana. Caminar, subir escaleras… Moverse ya marca la diferencia. Beneficia el sistema inmune, ayuda a proteger al organismo frente a los ictus y los ataques cardíacos, reduce la incidencia de la osteoporosis y la demencia, inhibe el crecimiento del cáncer y, por supuesto, ayuda a bajar de peso.

El mensaje básico es simple, y muchas personas que han batallado contra el peso durante toda su vida ya lo han experimentado en carne propia: cuando sigues una dieta vegetariana con cereales integrales y exenta de aceites, tu cuerpo encuentra su propio peso ideal. Así que *nunca* tendrás problemas de peso.

¡Que tu apetito te guíe!

16
Des-ayuna

No dejes de lado el desayuno. Desayuna aunque nunca lo hayas hecho antes. Te sentirás con más energía y evitarás el hambre a primera hora de la tarde. Y no te preocupes, que al final todo el mundo encuentra su desayuno favorito.

Hemos descubierto que muchos de los pacientes originales de Essy llevan desayunando lo mismo desde hace casi veinte años. Don Felton nunca se pierde su ¼ de taza de salvado de avena, más otro ¼ de taza de harina de avena de cocción rápida, que cocina con agua en el microondas durante tres minutos y al final espolvorea con un edulcorante. Evelyn Oswick también lleva veinte años tomando el mismo desayuno, que ella describe como «la mejor comida del día».

LA MEJOR COMIDA DEL DÍA PARA EVELYN

1 plátano
1 taza de copos de avena clásicos
uvas pasas
zumo de manzana

Corta el plátano en rodajas y colócalo en el fondo de un cuenco para microondas. Añade una taza de copos de avena. Échale uvas pasas por encima y por último cubre con el zumo de manzana.

Calienta en el microondas durante 1 minuto y 30 segundos.

LOS COPOS DE AVENA CON VERDURAS DE ANTHONY

Anthony Yen incluye verduras en sus desayunos diarios.

1 taza de copos de avena clásicos
2 tazas de agua
3 manojos de espinacas frescas, o 2 tazas de diferentes verduras congeladas
tamari bajo en sodio (opcional)

Coloca la avena, el agua y las espinacas en un cuenco para microondas. Tapa y cuece durante 4-5 minutos. Cubre con tamari.

EL DESAYUNO DE LOS ESSELSTYN

Nuestros hijos adoptaron la receta del desayuno familiar cuando se marcharon a la universidad. Incluso hoy en día, nos encontramos con amigos suyos que toman nuestro desayuno, al igual que sus propios hijos. Una de las grandes ventajas de este plato es que, en términos generales, resulta fácil encontrar todos los ingredientes aunque te encuentres de viaje por otros países.

1. Comienza con unos copos de avena clásicos (no los de cocción rápida), sin cocer, ya sea solos o cubiertos de cereales crujientes para darles una consistencia más apetitosa, o de trigo molido (sin azúcar añadido).
2. En lugar de leche, recurre a alguna bebida multicerales, de avena, almendra o soja sin grasa. También resulta delicioso combinar el cereal con zumo de manzana, sidra y naranja o pomelo (con los trozos de fruta incluidos).
3. Cubre con uvas pasas, plátano en rodajas, arándanos, fresas, frambuesas o melocotones.
4. Si no sufres ninguna enfermedad cardíaca, añade unas cuantas nueces.

LA AVENA DE JEFF

Jeff es un paciente nuevo que asegura que nunca se cansa de su avena.

1. Coloca ½ taza de copos de avena clásicos en un cuenco. Échale encima unas cuantas uvas pasas.
2. Añade una pizca de canela y nuez moscada.
3. Corta un plátano en rodajas y agrégalo al resto de los ingredientes.
4. Calienta ⅔ de taza (160 ml) de zumo de manzana hasta que esté tibio. Viértelo sobre la mezcla de avena, tapa y deja asentar durante 20 minutos. ¡Mezcla y a comer!

EL DESAYUNO DE ENSALADA BEBIBLE DE BERNIE

Bernie vino desde Florida a que le enseñásemos a comer y nos invitó a su desayuno favorito, que ha tenido que modificar ligeramente desde que lo inventó (porque incluía mantequilla de almendra y aguacate). Los cinco hijos de Bernie crecieron desayunando de esta manera.

> lechuga romana
> pepino pelado y cortado en trozos
> apio picado
> tomates cortados en trozos

Coloca todos los ingredientes en una batidora o robot de cocina y mezcla hasta conseguir una bebida homogénea. Tómala sola o con un poco de vinagre balsámico.

LAS TORTITAS DOMINGUERAS DE TRIGO SARRACENO DE LARRY

OBTIENES APROXIMADAMENTE 12 TORTITAS

Larry y Ann Wheat son los dueños del famoso restaurante vegano Millenium, de San Francisco. Todos los domingos, Larry prepara en casa estas tortitas. A las suyas, Ann les pone fruta, en tanto que él las toma con jarabe de arce. ¡A nosotros nos gustan incluso solas!

> ½ taza de harina de trigo sarraceno
> ½ taza de copos de avena clásicos
> ½ taza de harina de maíz
> 1 cucharadita de levadura en polvo
> ½ cucharadita de bicarbonato de sodio
> 1 plátano maduro
> 2 cucharadas de vinagre

3 cucharadas de jarabe de arce (opcional)

2 tazas de leche de avena, multicereales, almendra o leche de soja sin grasa

1. Mezcla en un cuenco la harina de trigo sarraceno con la avena, la harina de maíz, la levadura en polvo y el bicarbonato.
2. Tritura el plátano en otro cuenco y añade el vinagre, el jarabe de arce y la leche. Mezcla y agrega los ingredientes secos.
3. Calienta una sartén antiadherente a temperatura media-alta. Cuando notes que, si le echas agua, esta chisporrotea, estará lista para las tortitas. Cocínalas hasta que se formen burbujas. Dales las vuelta y cocínalas unos minutos del otro lado, y disfrútalas solas o con jarabe de arce.

Nota: si te gustan las tortitas más espesas, usa menos leche. Y si te sobra algo de esta receta, úsalo para preparar magdalenas. Añádele uvas pasas y hornea durante 20 minutos a 180° (350 °F).

TORTITAS DE CEBADA Y AVENA

OBTIENES APROXIMADAMENTE 12 TORTITAS

1 taza de harina de cebada

1 taza de copos de avena clásicos

1 cucharada de levadura en polvo

2 tazas de leche de avena, multicereales, almendra o soja sin grasa

1 cucharadita de extracto de vainilla

1. Mezcla los ingredientes secos en un cuenco.
2. Añade los ingredientes líquidos hasta que queden bien mezclados. Agrega agua si la masa resulta demasiado espesa.
3. Calienta una sartén antiadherente a temperatura media-alta. Cuando una gota de agua chisporrotee sobre su superficie, quiere

decir que está lista para las tortitas, que puedes preparar del tamaño que desees. Una vez que se formen burbujas en la parte superior de cada tortita, dales la vuelta. Cocina hasta que el lado de abajo esté dorado.

4. Cubre con fruta, puré de manzana, jarabe de arce, azúcar glas o canela.

VARIACIONES

1. Después de que la primera tortita comience a dorarse de un lado, pero antes de que se formen burbujas, añade arándanos, plátano en rodajas o cualquier fruta sobre el lado no cocido, y luego dale la vuelta hasta cocer ambas caras.

2. Si quieres preparar tortitas de plátano, usa 1 taza de leche de avena, multicereales, almendra o soja sin grasa, y 1 taza de «leche» de plátano (mezcla un plátano maduro, 1 taza de agua y 1 cucharadita de extracto de vainilla). Combina los ingredientes secos con los líquidos.

TOSTADA FRANCESA DE PLÁTANO

OBTIENES 5 RACIONES

½ taza de leche de avena, multicereales, almendra o soja sin grasa

1 plátano maduro cortado

1 cucharada de copos de levadura nutricional (opcional)

1 cucharadita de extracto de vainilla

una pizca de nuez moscada molida

5 rebanadas de pan de trigo integral o pan integral

1. Mezcla primero los cinco ingredientes en una batidora hasta formar una masa uniforme y luego viértela en un cuenco poco profundo.

2. Embebe el pan en la mezcla por los dos lados.
3. Prepara las rebanadas de pan en una parrilla antiadherente precalentada hasta que queden doradas por ambas caras, o bien hornéalas en una bandeja antiadherente a 200° (400 °F), dándoles la vuelta hasta que se doren por las dos caras.

Nota: estas tortitas son deliciosas solas, con fruta, con jarabe de arce o cubiertas con un poco de azúcar glas y canela. Si quieres variar, deja aparte el plátano y mezcla 2 cucharadas de harina con 1 taza llena de la «leche» que prefieras.

MAGDALENAS DE ARÁNDANOS FÁCILES

OBTIENES ENTRE 8 Y 10 UNIDADES

1 taza de harina de trigo integral

1 taza de harina de avena

1 cucharadita de levadura en polvo

½ cucharadita de bicarbonato de sodio

1 cucharadita de canela molida

½ cucharadita de nuez moscada molida

⅓ taza (80 ml), o menos, de jarabe de arce, azúcar o miel

½ cucharada de puré de manzana sin azúcar

2 cucharaditas de extracto de vainilla

1 taza de leche de avena

1 taza de arándanos, frescos o congelados (si puedes encontrarlos, los arándanos silvestres son deliciosos)

1. Precalienta el horno a 200° (400 °F).
2. Mezcla los primeros seis ingredientes en un cuenco grande.
3. Coloca el resto de los ingredientes en el centro, y con mucho cuidado ve uniéndolos con los que están a los lados, hasta que queden todos perfectamente mezclados. No remuevas demasiado.

4. Coloca la masa en un molde antiadherente para magdalenas (opcional: rocía un molde normal para magdalenas con aceite vegetal en aerosol).
5. Hornea durante 25 minutos, o hasta que la parte superior de las magdalenas esté dorada.

MAGDALENAS DE CALABACINES Y UVAS PASAS

OBTIENES 12 UNIDADES:
UN BUEN DESAYUNO, POSTRE O UNA DELICIA PARA CUALQUIER MOMENTO

¼ o ½ taza de uvas pasas
½ taza de salvado
½ taza de agua hirviendo
½ taza de zumo de naranja
⅓ taza (80 ml) de miel, jarabe de arce o azúcar
sustituto de huevo para dos unidades (2 cucharadas de semillas de lino mezcladas con 6 cucharadas de agua o 1 cucharada de sustituto de huevo mezclado con 4 cucharadas de agua)
2 calabacines medianos, cortados en juliana (2 tazas)
1 taza de harina de trigo integral o harina de cebada
½ taza de harina de maíz azul o amarillo
4 cucharaditas de levadura en polvo
1 cucharadita de canela molida

1. Precalienta el horno a 190° (375 °F).
2. Coloca las uvas pasas, el salvado y el agua hirviendo en un cuenco pequeño.
3. En un cuenco más grande mezcla el zumo de naranja, la miel, el sustituto de huevo y los calabacines. Añade las uvas pasas y remueve.
4. En otro cuenco mediano mezcla la harina de trigo o cebada, la harina de maíz, la levadura en polvo y la canela.

5. Une los ingredientes secos con los líquidos y remueve bien para mezclarlos.

6. Vierte la masa sobre un molde para magdalenas antiadherente.

7. Hornea durante 30 minutos, o hasta que al pincharlas con un palillo este salga seco.

EL MEJOR PAN DE PLÁTANO

Resulta especialmente bueno tostado. Usa harina de trigo integral, de cebada o de espelta si así lo deseas. Si no sufres ninguna enfermedad cardíaca, añade ½ taza de nueces picadas o ¼ taza de uvas pasas y ¼ taza de nueces.

1 ¼ tazas de harina de trigo integral

1 taza de harina de cebada o espelta

1 cucharadita de levadura en polvo

1 cucharadita de bicarbonato sódico

1 cucharadita de canela molida

3 plátanos maduros pequeños o 2 grandes

1 bote de puré de ciruelas pasas o ½ taza de puré de manzana

⅓ taza (80 ml), o menos, de jarabe de arce, miel o azúcar

sustituto de huevo para 1 unidad (1 cucharada de semillas de lino mezclada
    con 3 cucharadas de agua, o ½ cucharadita de sustituto de huevo mez-
    clado con 2 cucharadas de agua)

½ taza de uvas pasas

2 cucharaditas de extracto de vainilla

¾ taza (180 ml) de leche de avena, de almendras o de soja sin grasa

1 cucharada de zumo de limón

1. Precalienta el horno a 180° (350 °F).

2. Mezcla primero los cinco ingredientes en un cuenco grande.

3. Tritura los plátanos en un cuenco mediano y mézclalos con el resto de los ingredientes.

4. Añade los líquidos a la harina y mezcla despacio. Vierte en un

molde de pan de 9×5 pulgadas (22×12 cm aproximadamente) y hornea durante 70 minutos, hasta que, al pincharlo con un palillo, este salga seco.

Cereales seguros

En la actualidad no supone ningún problema preparar un desayuno rápido, fácil y sano, dada la variedad de opciones que nos ofrece el mercado. Entre ellas figuran:

Avena: tiene ilimitadas posibilidades. Prepárala de la manera clásica, añadiéndole agua, o bien prueba los copos de avena clásicos comerciales no cocidos (véase receta del «Desayuno de los Esselstyn»). En la medida de lo posible, evita las avenas de cocción rápida, ya que han sido mucho más procesadas.

Cereales integrales. Prueba los cereales integrales que ya vienen con uvas pasas, o bien alguna marca de copos multicereales que contenga únicamente dichos ingredientes.

Trigo molido. Tanto en forma de «galleta» como de «almohadillas», este producto contiene un único y sano ingrediente: trigo integral. Pero evita la versión congelada, que está cargada de azúcar.

Trigo integral con germen y salvado de trigo añadidos. Ofrece 5,5 g de fibra por ración de 1 taza. (La avena, en comparación, contiene 4,4 g por taza.)

Trigo integral y semillas de lino. Es una buena fuente de ácidos grasos omega-3, si bien las semillas de lino no son de fácil absorción.

Cereal germinado. Se comercializa con o sin semillas de lino.

Puedes consumir los cereales con tu «leche» de plátano, como hemos visto en la receta de las tortitas de cebada y avena. Pero aquí tienes una tabla que compara los contenidos por ración de otras leches seguras. Es preferible que escojas el sustituto de leche que mejor satisfaga tus necesidades personales.

Leche de avena

130 calorías	2,5 g de grasa	110 mg de sodio	19 g de azúcar

Leche multicereales

160 calorías	2 g de grasa	80 mg de sodio	20 g de azúcar

Leche de almendra

80 calorías	2 g de grasa	80 mg de sodio	7 g de azúcar

Leche de soja sin grasa

70 calorías	0 g de grasa	105 mg de sodio	9 g de azúcar

Leche de soja baja en grasa

90 calorías	1,5 g de grasa	90 mg de sodio	7 g de azúcar

Arroz y soja

120 calorías	3 g de grasa	90 mg de sodio	8 g de azúcar

17

Un festín de ensaladas

T OMA ENSALADAS EN TODAS LAS COMIDAS siempre que puedas, incluso en el desayuno. Se trata de un plato que no tiene que ser extravagante ni complicado; de hecho, bastan unas simples verduras con el aliño que elijas (aunque procura evitar la lechuga iceberg, que tiene muy poco valor nutricional). Pero también tienes la posibilidad de convertirlas en tu plato principal, rebosantes de judías, arroz y verduras de colores. En el verano resulta especialmente sencillo tomar solo una ensalada. Durante la temporada del tomate, en casa casi todos nuestros platos incluyen tomates cortados en rodajas finas, con albahaca y vinagre balsámico.

A continuación encontrarás una gran variedad de ensaladas. Ten en cuenta que, si bien en cada receta especifico cuántas raciones se obtienen, el tamaño de las porciones es en realidad muy personal; Essy y yo, por ejemplo, solemos tomar en una comida ¡lo mismo que diez personas en una cena! Diviértete buscando nuevas posibilidades, pero, sobre todo, consume verduras de hoja y una gran cantidad de hortalizas de todos los colores, y con la mayor frecuencia que puedas.

Nota: algunas de estas ensaladas contienen aliños específicos; pero en el capítulo 18 encontrarás una gran variedad de recetas de aliños y una explicación del hummus sin tahini, un ingrediente fundamental de muchos de aderezos.

ENSALADA DE ALUBIAS Y ALCACHOFAS

OBTIENES 6 RACIONES

Una estupenda ensalada que sabe tan bien como luce. Puedes comprar corazones de alcachofas, en lugar de piezas enteras, y cortarlos en cuatro.

1 tomate grande cortado (2 tazas)

1 pimiento rojo sin semillas y cortado (½ taza)

1 cebolla roja pequeña cortada (½ taza)

1 taza de perejil o cilantro picado

1 lata de 500 g (19 oz) de alubias rojas coladas y aclaradas

1 lata de 425 g (15 oz) de garbanzos colados y aclarados

1 lata de 395 g (14 oz) de corazones de alcachofa colados y aclarados

2 cucharadas de zumo de limón fresco

2 cucharadas de vinagre balsámico

1 ½ cucharaditas de mostaza morena con especias (o cualquier tipo de mostaza que te guste)

1 cucharadita de albahaca seca

1 cucharadita de orégano seco

1 cucharadita de tomillo seco

1 diente de ajo picado

1. Combina los primeros siete ingredientes en un cuenco grande.
2. Combina el resto de los ingredientes en un cuenco pequeño, mezcla con una batidora y vierte sobre la mezcla de alubias. Enfría antes de servir.

LA MÁS RÁPIDA DE LAS ENSALADAS DE ALUBIAS NEGRAS

OBTIENES 4 RACIONES

Nosotros podríamos tomar este plato en todas las comidas durante el verano, incluso para desayunar. Es la ensalada que elijo cuando tengo que llevar un plato a una reunión, porque se prepara muy fácilmente, todo el mundo repite y es la mejor publicidad para la deliciosa comida SIN ACEITE. Puedes aumentar la cantidad de ensalada resultante agregando más tomate o maíz congelado. Como siempre, usa MUCHO cilantro.

2 latas de 425 g (15 oz) de alubias negras coladas y BIEN aclaradas

1 tomate muy grande picado

1 paquete de 450 g (16 oz) de maíz congelado

½ cebolla dulce picada

1 lata de 170 g (6 oz) de castañas de agua cortadas, coladas y aclaradas

1 manojo de cilantro picado

½ lima con piel

3 cucharadas de vinagre balsámico, o más (al gusto)

1. Coloca las alubias, el tomate, el maíz, la cebolla y las castañas de agua en un cuenco (a ser posible de cristal, que es más bonito) y mezcla. Escurre bien las alubias para que la ensalada no adopte una tonalidad grisácea.

2. Añade el cilantro, la lima y el vinagre balsámico, y vuelve a mezclar. Sirve sola o con bocadillos de pepino sin tapa y conseguirás una comida perfecta.

ENSALADA DE ALUBIAS NEGRAS CON ALIÑO DE LIMA Y VINAGRE BALSÁMICO

OBTIENES 4 RACIONES

- 1 lata de 425 g (15 oz) de alubias negras coladas y bien aclaradas
- 1 tomate grande cortado (2 tazas)
- 1 mazorcas de maíz cocidas, desgranadas (o medio paquete de 450 g —16 oz— de maíz congelado, descongelado bajo el agua del grifo)
- 1 pimiento rojo, sin semillas y cortado (½ taza)
- 2 ramas de apio cortadas (½ taza)
- 1 taza (o más) de cilantro picado
- zumo y ralladura de 1 lima
- 2-3 cucharadas de vinagre balsámico

Combina todos los ingredientes en el orden en que aparecen, remueve ¡y a comer!

ENSALADA DE ALUBIAS NEGRAS Y CÍTRICOS

OBTIENES 6 RACIONES

Esta es una ensalada ligera y húmeda, perfecta para un caluroso día de verano, aunque también resulta excelente en invierno, porque trae hermosos recuerdos de la época estival. Mezcla todos los ingredientes en un cuenco grande.

- 1 cebolla grande en cubos (1 taza)
- 1 pimiento rojo sin semillas y cortado (1 taza)
- 6 naranjas cortadas, pero sin membranas ni piel blanca
- 2 cucharaditas de ralladura de naranja
- ¼ taza (60 ml) de zumo de naranja, obtenido de parte de las naranjas
- 3 cucharadas de zumo de lima fresca
- ½ cucharadita de comino molido

¼ - ½ cucharadita de salsa tabasco o cualquier otra salsa picante

½ -1 taza de cilantro picado

2 latas de 425 g (15 oz) de alubias negras coladas y aclaradas

rúcula o espinaca baby

1. Saltea la cebolla y el pimiento en una sartén antiadherente a fuego medio hasta que estén tiernos. Añade zumo de naranja o agua a medida que los necesites. Reserva.
2. Coloca los trozos de naranja en un cuenco grande.
3. Combina la ralladura de naranja, el zumo de naranja, el zumo de lima, el comino y el tabasco en un cuenco.
4. Añade la mezcla de la cebolla, el cilantro y las alubias a los trozos de naranja. Agrega la mezcla de zumo y revuelve para que se una todo bien. Sirve sobre una cama de rúcula o espinaca baby.

VARIACIÓN:

No cocines las cebollas ni el pimiento; añade un poco de vinagre balsámico y omite el tabasco.

ENSALADA COLORIDA DE BRÓCOLI

OBTIENES 6 RACIONES

2 plantas de brócoli: las flores en trozos pequeños y los tallos en rodajas

2 cebollas grandes cortadas en cuartos y separadas (1 taza)

1 pimiento rojo sin semillas y picado (1 taza)

3 piezas de col china cortadas en trozos de 2 cm, incluyendo tanto las partes blancas como las verdes

4 cebolletas, en rodajas

¼ taza de vinagre de arroz

2 cucharadas de levadura nutricional

1 cucharadita de mostaza de cualquier tipo

zumo y ralladura de 1 lima

1. Cuece el brócoli al vapor hasta que esté tierno y de un color verde brillante; retira del calor y colócalo en un cuenco grande.
2. Mientras el brócoli se está cociendo, dispersa las cebollas en una bandeja para horno y ásalas hasta que estén doradas de un lado, vigilándolas en todo momento. Dales la vuelta y dóralas del otro lado. Retira del horno y échalas en el cuenco junto con el brócoli.
3. Añade al brócoli los pimientos, la col china y las cebolletas.
4. Mezcla el vinagre, la levadura nutricional, la mostaza y el zumo y la ralladura de lima en un cuenco pequeño, y echa todo sobre el brócoli. Enfría antes de servir.

Nota: Es una estupenda ensalada, y una comida completa si la acompañas con pan de trigo integral. Si te gustan aliñar mucho los platos, duplica las cantidades mencionadas en el paso 4.

ENSALADA DE JUDÍAS BLANCAS Y ALBAHACA

OBTIENES 6 RACIONES

Esta ha sido siempre la ensalada favorita de nuestro hijo Rip.

 3 latas de 425 g (15 oz) de judías blancas, coladas y aclaradas
 2 dientes de ajo picados
 ½ taza (o más) de albahaca picada gruesa
 1 paquete de 450 g (16 oz) de maíz congelado, previamente templado bajo el agua del grifo
 1 caja de tomates cherry cortados a la mitad, o un tomate grande cortado en trocitos
 1 cebolla roja pequeña, picada (½ taza)
 zumo y ralladura de 1 limón
 ¼ taza de vinagre balsámico

Mezcla todos los ingredientes y colócalos en el centro de un plato o un cuenco. Rodea con hojas de espinaca y otras verduras de tu elección, cocidas o crudas.

ENSALADA PICANTE Y AGRIA DE COL

OBTIENES 4 RACIONES

Nosotros formamos parte de una granja de Agricultura Apoyada por la Comunidad, y en verano recibimos magníficas verduras frescas todas las semanas. Esta es una adaptación de una receta de la granja comunitaria.

½ cabeza de col china cortada en tiras

1 cebolleta picada fina

¼ taza de vinagre de arroz condimentado o simple

1 cucharada de jengibre fresco pelado y picado

1 cucharadita de azúcar (opcional)

½ - ¾ cucharadita de pimiento rojo en escamas

1. Coloca la col y la cebolleta en un cuenco grande.
2. En una sartén pequeña, a calor medio, hierve el vinagre, el jengibre, el azúcar (opcional) y el pimiento rojo en escamas, mezclando bien hasta que el azúcar se disuelva. Vierte el aliño caliente sobre la col y mezcla.

FÁCIL Y FABULOSA ENSALADA DE MAÍZ

OBTIENES 3-4 RACIONES

1 paquete de 450 g (16 oz) de maíz congelado, previamente templado bajo el agua del grifo, o 3 mazorcas cocidas y desgranadas
1 pimiento rojo grande, sin semillas y cortado en dados (1 taza)
3-4 cebolletas picadas, incluyendo tanto las partes verdes como las blancas
cilantro o perejil (¡mucho!)
zumo y ralladura de 1-2 limas
vinagre balsámico, al gusto
verduras de hoja

Mezcla los primeros cinco ingredientes en un cuenco. Añade el vinagre, de cucharada en cucharada, hasta que encuentres el sabor que más te agrade. Sirve sobre una cama de verduras de hoja.

ENSALADA DE MAÍZ ASADO Y ALUBIAS NEGRAS

OBTIENES 4 RACIONES

Esta es una magnífica ensalada veraniega, y con pan de trigo integral se convierte en una comida perfecta. Añade unas cuantas castañas de agua o pimientos picados para variar. Si tienes prisa, no ases el maíz.

2 latas de 425 g (15 oz) de alubias negras, coladas y aclaradas
1 paquete de 450 g de maíz congelado
2 cebollas dulces cortadas en rodajas
3 tomates medianos cortados en cubos (2 tazas)
1 manojo de cilantro picado
6 cucharadas de vinagre balsámico
lechuga romana o rúcula

1. Coloca las alubias negras en un cuenco.
2. Vierte el maíz en una bandeja para horno y ásalo hasta que empiece a dorarse. Añádelo a las alubias.
3. Coloca las rodajas de cebolla en una bandeja para horno y ásalas hasta que estén doradas y tiernas. Añádelas luego a las alubias y al maíz.
4. Incorpora los tomates y el cilantro al cuenco.
5. Añade vinagre balsámico, mezcla bien y sirve sobre una cama de lechuga romana o rúcula.

NOODLES DE SOBA CON JENGIBRE

OBTIENES 4-5 RACIONES

1 paquete de 225 g (8 oz) de fideos de soba (trigo sarraceno) integral

3 cucharadas de vinagre de arroz

2 cucharadas de tamari bajo en sodio o concentrado proteínico líquido a base de soja

2 cucharadas de jengibre fresco, pelado y picado

2 dientes de ajo cortados finos

½ - 1 pimiento jalapeño

2 cebolletas picadas

¼ - ½ taza de cilantro picado

1. Cuece los fideos según las instrucciones del paquete. Cuela y escurre bien.
2. Mézclalos con el resto de los ingredientes en un cuenco grande. Si lo deseas, puedes espolvorearlos con una cucharada de semillas de sésamo tostado. Deja enfriar en la nevera.

Nota: el tamari en esta receta eleva la cantidad de sodio, ¡pero le da un sabor exquisito!

ENSALADA DE LENTEJAS AL ESTILO DE ANTONIA

OBTIENES 4 RACIONES

Antonia Demas, experta en alimentación vegetariana, tiene un don especial para la comida.

> 1 taza de lentejas rojas crudas (2 tazas cocidas)
> 1 cebolla roja en cubos (1 taza)
> 1 pimiento rojo en cubos (½ taza)
> ½ taza de perejil italiano picado o cilantro
> 2 cucharadas de vinagre de vino o de sidra
> 2 dientes de ajo machacados
> 2 cucharadas de mostaza de Dijon
> 2-3 cucharadas de zumo de limón
> 2 cucharadas de eneldo picado

1. Lleva dos tazas de agua a ebullición. Añade las lentejas crudas y cuece a fuego lento durante 15 minutos, hasta que las legumbres estén blandas pero todavía mantengan la forma.
2. Añade la cebolla picada, el pimiento y el perejil a las lentejas tibias.
3. Bate el vinagre, el ajo, la mostaza, el zumo de limón y el eneldo en un cuenco pequeño. Vierte encima de la mezcla de lentejas tibias y remueve bien.

Nota: esta ensalada mejora su sabor si la dejas marinar. Si las lentejas se pasan, no importa: la ensalada saldrá deliciosa de todas formas. Los restos de esta ensalada se convierten en un buen relleno para bocadillos de pan integral con lechuga y una rodaja de tomate. Las lentejas rojas confieren a esta ensalada un aspecto especialmente bonito, pero se ablandan enseguida. Las de color marrón mantienen mejor la forma.

ENSALADA DE JUDÍAS BLANCAS CON MANGO Y LIMA

OBTIENES 2 RACIONES

A todo el mundo le gusta esta receta, ¡así que duplícala o triplícala! Desaparece enseguida, y también va muy bien como salsa. Realmente es nuestra ensalada veraniega favorita de todos los tiempos.

1 mango pelado y sin hueso

cebolla roja o dulce en cubos, al gusto (comienza con ½ cebolla)

1 lata de 425 g (15 oz) de judías blancas, coladas y aclaradas

cilantro (mucho)

zumo y ralladura de 1 limón jugoso

lechuga baby o rúcula

Mezcla bien todos los ingredientes. Sirve sobre una cama de lechuga baby.

ENSALADA ROJA, ROJA, ROJA, ROJA

OBTIENES 8 RACIONES

1 manojo de rabanitos sin hojas, pelados y cortados en trocitos pequeños

½ col roja sin el centro y cortada

1 caja de tomates cherry cortados a la mitad

1 lata de 500 g de alubias rojas, coladas y aclaradas

1 pimiento rojo grande, sin semillas y cortado en dados (1 taza)

½ cebolla roja grande, en cubos (1 taza)

2 cucharadas de hummus sin tahini

zumo y ralladura de 1 limón

2 cucharadas de vinagre balsámico (u otro vinagre de tu elección)

rúcula o lechuga baby

1. Mezcla los primeros seis ingredientes en un cuenco.
2. Mezcla bien los siguientes tres ingredientes en un cuenco pequeño.
3. Agrega el aliño a la verdura, mezcla y refrigera.
4. Justo antes de servir, cubre el fondo de una ensaladera con rúcula o lechuga baby y vierte encima la mezcla de ensalada.

Nota: este plato es muy colorido y sustancioso, y si dejas que los sabores del aliño y las verduras se mezcle antes de servir, sabe todavía mejor. Duplica los tres últimos ingredientes si te gusta aliñar mucho tus platos.

ENSALADA DE ARROZ CON ALBARICOQUE Y ALIÑO DE TAMARI

OBTIENES 8 RACIONES

2 tazas de arroz integral de grano corto (sin cocer), o 4 de arroz cocido

4 tazas de agua

1 zanahoria en tiras (alrededor de 1 taza)

3 ramas de apio en cubos (¾ taza)

1 manojo de cebolletas cortadas finas

1 pimiento rojo grande, sin semillas y cortado en cubos (1 taza)

2 tazas de maíz (fresco, sin la mazorca, o un paquete de 450 g —16 oz— congelado, previamente templado bajo el agua del grifo)

1 taza de guisantes congelados

1 lata de 225 g (8 oz) de castañas de agua cortadas

ALIÑO

¼ taza (60 ml) de tamari o concentrado proteínico líquido a base de soja

¾ taza (180 ml) de vinagre de arroz

¾-1 taza de zumo de piña

¼ taza de mermelada de albaricoque sin azúcar añadido

2 cucharaditas de ajo picado

1 cucharadita de ajo en polvo

1 cucharadita de cebolla en polvo

1 cucharadita de mostaza seca

2 cucharadas de jengibre fresco, pelado y rallado

1 ½ cucharadas de especias variadas en polvo (opcional)

1. Cuece el arroz en 4 tazas de agua durante 40 minutos, hasta que el agua se haya absorbido.
2. Mezcla todas las verduras en un cuenco.
3. En una batidora procesa todos los ingredientes del aliño hasta que el jengibre quede hecho puré.
4. Remueve las verduras, el arroz y el aliño para que se mezclen.
5. Sirve a temperatura ambiente.

Nota: si usas tamari, esta receta tendrá un alto contenido de sal.

ENSALADA DE BONIATO, MAÍZ Y JUDÍAS VERDES

OBTIENES 6 RACIONES

2 boniatos medianos, pelados y cortados en cubos de 2,5 cm

2 tazas de judías verdes de aproximadamente 4 cm de largo

1 taza de granos de maíz congelados

1. Cuece los boniatos al vapor unos 15 minutos, hasta que estén tiernos.
2. Cuece las judías al vapor durante unos 6 minutos, o hasta que estén tiernas.
3. Descongela el maíz bajo el agua del grifo (templada).
4. Coloca todas las verduras en un cuenco grande y mézclalas con el aliño de tu elección (yo, particularmente, recomiendo el aliño balsámico; véase capítulo 18).

Nota: puedes aumentar la cantidad de cualquiera de los ingredientes. Usa toda la bolsa de maíz congelado, 2 o 3 tomates o cualquier otra verdura que tengas a mano. Las sobras de arroz integral siempre son bienvenidas, al igual que las de castañas de agua.

ENSALADA DE BONIATO Y LIMA

OBTIENES 4 RACIONES

Siempre horneo más boniatos y ñames de los que comemos en realidad, porque saben estupendamente fríos o en otros platos. Las sobras de estos alimentos dieron lugar al plato que presento a continuación.

3 boniatos y/o ñames grandes cortados trozos (4 tazas)
1 manojo de cebolletas cortadas (alrededor de ½ taza)
1 pimiento rojo, sin semillas y picado (1 taza)
½ cebolla dulce picada
4 ramas de apio picadas (alrededor de 1 taza)
2 cucharadas de vinagre balsámico
zumo y ralladura de 1-2 limas (alrededor de 2 cucharadas de zumo, o al gusto)
½ taza de perejil o cilantro picado

1. Cuece al vapor los boniatos durante 10-12 minutos, hasta que estén tiernos pero firmes, u hornéalos a 200° (400 °F), hasta que se ablanden. Pélalos y córtalos en cubos. Resérvalos en un cuenco.
2. Añade las cebolletas, el pimiento, la cebolla, el apio, el vinagre, el zumo, la ralladura de lima y el perejil. Mezcla.

Nota: esta ensalada es ideal para una calurosa noche de verano, y resulta muy sustanciosa. Si los boniatos se ablandan demasiado, no importa, porque saben igual de bien. Con boniatos y ñames lograrás una bonita combinación de colores.

TABULÉ DE VERDURAS (DE VERDAD)

El bulgur se cuece enseguida. Suele venderse a granel —sin ingredientes añadidos— en tiendas naturistas.

1 taza de bulgur

1 taza de agua hirviendo

2 tomates grandes en cubos (2 ½ - 3 tazas)

1 taza bien colmada de perejil cortado fino

1 diente de ajo grande picado

4 cebolletas con las partes blancas y verdes picadas

1 cebolla dulce pequeña, picada

1 pepino pelado y cortado en cubos

¼ taza de menta fresca picada

piel de 1-2 limones

½ taza de zumo de limón fresco

¼ taza (60 ml) de vinagre balsámico

rúcula, espinaca o lechuga romana

1. Aclara el bulgur, colócalo en un cuenco grande y cúbrelo con agua hirviendo. Tápalo y déjalo reposar mientras cortas los tomates.

2. Cuela bien el bulgur y vuelve a colocarlo en el cuenco. Añade los tomates cortados, mezcla bien y permite que el trigo absorba el jugo del tomate.

3. Añade a la mezcla el perejil, el ajo, las cebolletas, la cebolla dulce y el pepino.

4. Agrega la ralladura de limón, el zumo y el vinagre balsámico, y mezcla bien.

5. Refrigera la ensalada —a ser posible, toda la noche, o al menos unas cuantas horas— y sirve sobre una cama de rúcula, espinaca o lechuga romana.

Nota: puedes decorar, si lo deseas, con zanahoria rallada, rabanitos en rodajas, pimientos de cualquier color cortados finos, col china en cubitos o cualquier otra verdura. Para conseguir una ensalada más abundante, agrega 1 lata de garbanzos aclarados y/o granos de maíz, previamente descongelados o provenientes de una mazorca cocida.

ENSALADA DE VERDURAS VARIADAS CON ALIÑO DE JENGIBRE Y NARANJA

OBTIENES 8 RACIONES

2 tazas de zanahorias baby

1 coliflor entera cortada en cogollos (unas 2 tazas)

2 tazas de guisantes

½ taza de zumo de naranja fresco

1 cucharadita de ralladura de naranja

1 ½ cucharadas de zumo de limón

2 cucharaditas de jengibre pelado y rallado, o más (al gusto)

½ cucharadita de pimienta molida fresca

1. Coloca las zanahorias en agua hirviendo y cuece durante alrededor de 6 minutos, hasta que estén tiernas. Cuela y enfría con agua del grifo.
2. Repite con los cogollos de coliflor y cuece unos 4 minutos, hasta que estén tiernos.
3. Repite con los guisantes y cuece durante 30 segundos, hasta que estén tiernos.
4. Mezcla el resto de los ingredientes en un cuenco pequeño, remueve bien y viértelos sobre las verduras justo antes de servir.

LA ENSALADA DE PASTA DE LOS CROWE, CON ADEREZO DE MOSTAZA DULCE

OBTIENES 4-6 RACIONES

Cuando Joe Crowe, paciente de Essy, vino a comer a casa con su esposa Mary Lind, ella me dejó un paquete con una nota que ponía: «El aderezo de mostaza dulce, que puedes conseguir en muchas tiendas de alimentación, es uno de nuestros alimentos favoritos. Yo lo uso para aliñar mis ensaladas de patatas, de arroz y de pasta. A veces les agrego maíz baby, alcachofas o palmitos para darles un toque exótico». Al abrir el paquete encontré un frasco del producto y la siguiente receta:

225 g (½ lb) de pasta de trigo integral
verduras (pimientos rojo, amarillo, anaranjado y/o verde, cebolletas, cala-
    bacines, calabaza, brócoli, tomate, coliflor, etc.)
1 lata de judías a elección
aderezo de mostaza dulce, al gusto

1. Cuece la pasta según las instrucciones. Cuela y deja enfriar.
2. Corta las verduras en trozos pequeños. Añádelas a la pasta.
3. Cuela las judías y agrégalas a la pasta.
4. Añade el aderezo al gusto. Mezcla antes de servir.

PERFECTA ENSALADA VERANIEGA DE SANDÍA Y TOMATES CHERRY

OBTIENES 6 RACIONES

Es una ensalada veraniega muy refrescante que va con todo, o bien puede tomarse sola, como aperitivo.

> 2 cajas de tomates cherry cortados a la mitad
> 1 manojo de cilantro (2 puñados) cortado
> 3 cebolletas, con las partes blancas y verdes, picadas
> ½ sandía mediana cortada en trozos (usa un cortador de melón)
> 3 cucharadas de zumo de limón y ralladura de 1 limón
> 3 cucharadas de vinagre balsámico o de jerez

1. Coloca los tomates cortados en una ensaladera grande.
2. Vierte el cilantro picado y las cebolletas sobre los tomates.
3. Justo antes de servir, añade las bolitas de sandía, el zumo de limón, la ralladura de limón y el vinagre, y mezcla.

ENSALADA DE BONIATOS Y PATATAS YUKÓN GOLD

OBTIENES 10 RACIONES

> 5 tazas de boniatos pelados y cortados en cubos
> 5 tazas de patatas yukón gold (peladas o con piel)
> 1 paquete de 350 g (12,5 oz) de tofu blando
> ¼ taza de hummus sin tahini
> 4 cucharadas de vinagre balsámico o de sidra de manzana
> zumo de 1 lima, o más (al gusto)
> 3 cucharadas de levadura nutricional
> 1 cebolla roja mediana, picada (½ taza)
> 2 dientes de ajo picados

3-4 ramas de apio picado (¾ - 1 taza)

3 cucharadas de alcaparras escurridas

2 cucharaditas de albahaca seca, o un manojo de albahaca fresca picada

cualquier verdura de hoja o rúcula

1. Coloca los boniatos y las patatas en ollas separadas llenas de agua. Lleva cada una a ebullición y cuece durante 5-8 minutos, hasta que los tubérculos estén tiernos. Contrólalos en todo momento. Luego cuela por separado y reserva.

2. Combina el tofu, el hummus y el vinagre en un robot de cocina y procésalos hasta que se entremezclen bien. Añade zumo de lima y levadura nutricional y continúa procesando hasta conseguir una mezcla homogénea.

3. Echa las patatas, los boniatos, la cebolla, el ajo y el apio en un cuenco grande. Agrega la mezcla de tofu, alcaparras y la mitad de la albahaca. Enfría durante al menos una hora. Decora con el resto de la albahaca antes de servir sobre una cama de verduras de hoja o rúcula.

Nota: existen infinidad de alimentos que puedes añadir a esta ensalada. Según te apetezca, puedes usar cebolletas, pimientos rojos, tomates cherry cortados a la mitad, cilantro, perejil o azafrán para darle un bonito toque amarillo, limón, etc.

LA ENSALADA DE ARROZ Y MAÍZ CRUDO DE ZEB

OBTIENES 6 RACIONES

Nuestro hijo Zeb, que vive en California, siempre cena esta ensalada. ¡Y es que está deliciosa! De hecho, su sabor nos sorprendió. Además, es un plato completo. Las uvas pasas le aportan un inesperado sabor dulce y las semillas de sésamo tostado le dan un toque de magia. Prueba el aliño para ensalada de zumo de naranja y lima que aparece en el capítulo 18, o bien usa otro aliño que te guste.

2 tazas de arroz integral cocido

los granos de dos mazorcas de maíz sin cocer

2 tomates medianos cortados (alrededor de 2 tazas)

1 pepino pelado, cortado a la mitad y luego en rodajas

¼ taza de uvas pasas

4 tazas de verduras para ensalada mezcladas

2 cucharadas de semillas de sésamo (opcional)

1. Combina todos los ingredientes en un cuenco, excepto las semillas de sésamo.
2. Muele las semillas de sésamo y luego tuéstalas con cuidado en una sartén antiadherente o en el horno hasta que estén doradas. Controla bien el proceso para que no se quemen.
3. Revuelve la ensalada con el aliño que prefieras y luego échale las semillas de sésamo.

18

Salsas ligeras, *dips,* aliños y salsas espesas

E N PRIMER LUGAR, me gustaría hablar un poco del hummus. Este alimento, *sin tahini* —que contiene mucha grasa— es el ingrediente básico de gran parte de lo que comemos, desde la pasta que untamos en nuestros bocadillos y galletas o la salsa en la que mojamos las verduras, hasta nuestros aliños favoritos para ensalada. Existen algunas marcas que comercializan hummus sin tahini. Si no puedes conseguirlas, tienes la posibilidad de preparar tu propio hummus con garbanzos, ajo y limón como base, a la que luego puedes incorporar pequeñas cantidades de otros ingredientes, como pimientos, pepinos, cebollas, coliflor, apio, zanahorias, pimiento jalapeño, cilantro, perejil, vinagre, cayena y especias. Cuando encuentres la combinación que más te guste, prepara grandes cantidades para tener a mano. Encontrarás algunas sugerencias a continuación.

HUMMUS SIMPLE SIN TAHINI

OBTIENES ALREDEDOR DE 2 TAZAS

1 lata de 425 g (15 oz) de garbanzos (2 tazas, si están cocidos), colados y
   aclarados

2 dientes de ajo picados

ralladura de 1 limón

2-3 cucharadas de zumo de limón fresco

3 cucharadas de caldo de verdura o agua

1 cucharada de tamari bajo en sodio o concentrado proteínico líquido a base
   de soja (opcional)

1. Procesa los garbanzos, el ajo, la ralladura de limón, el zumo y
   el agua en un robot de cocina hasta conseguir una pasta homogénea.
2. Prueba y añade la menor cantidad posible de tamari. (Con 3 cucharadas de zumo de limón, probablemente no necesitarás más
   aliño.)

Nota: esta mezcla se convierte en una deliciosa crema para untar
el pan del bocadillo, o en un dip para verduras crudas o galletas.
Pero también puedes usarlo como aliño para ensaladas, mezclado
con vinagre, o con verduras, como coles de Bruselas, brócoli, coliflor
y espárragos.

VARIACIÓN:

Añade 1 taza no demasiado colmada de cilantro o perejil. Puedes
usar guisantes en lugar de garbanzos.

TODO HUMMUS

OBTIENES UNAS 3 TAZAS

1 lata de 425 g (15 oz) de garbanzos, colados y aclarados

zumo y ralladura de 1 limón

3 cucharadas de líquido de garbanzos, caldo vegetal o agua

3 zanahorias baby

2 cucharadas colmadas de pimiento rojo picado

2 cucharadas colmadas de cebolla picada

1 cucharadita de pimiento jalapeño sin semillas y picado

2 cucharadas de apio picado

3 cucharadas de pepino pelado picado

1 cucharadita de concentrado proteínico líquido a base de soja o tamari bajo en sodio

2 cucharadas de cilantro u hojas de perejil

Procesa todos los ingredientes en un robot de cocina hasta conseguir una pasta homogénea. Esta preparación resulta perfecta para untar bocadillos, o bien como dip o aliño para ensalada si le incorporas vinagre normal o balsámico. ¡El hummus sabe bueno hasta con los dedos!

EL HUMMUS DE LORI

OBTIENES ALREDEDOR DE 3 TAZAS

Lori Perry, cuyo marido, Al, es paciente nuestro, nos envía esta receta.

2 latas de 500 g (19 oz) de garbanzos ecológicos colados y aclarados
1 frasco de 350 g (12 oz) de pimientos asados, líquido incluido
1 cucharadita de ajo picado listo para usar, o 2 dientes de ajo picados
1-3 cucharaditas de zumo de limón
1 cucharadita de comino molido

Procesa todos los ingredientes en un robot de cocina hasta conseguir una crema homogénea. Añade un poco de agua si la consistencia resulta demasiado espesa.

Nota: si te parece que la mezcla necesita sal, puedes añadirle un poquito de concentrado proteínico líquido a base de soja o tamari bajo en sodio, pero primero intenta usar más limón, lo cual posiblemente resuelva el problema.

HUMMUS CON CEBOLLETA

OBTIENES 1 TAZA

½ taza más 2 cucharadas de hummus sin tahini
½ taza de cebolleta picada, con las partes blancas y verdes
2 cucharaditas de mostaza de Dijon

Introduce todos los ingredientes en un cuenco y mezcla bien. Esta preparación es perfecta para rellenar patatas nuevas, o bien para acompañar verduras y galletas.

DIP DE ALCACHOFAS Y JUDÍAS

OBTIENES ALREDEDOR DE 3 TAZAS

1 lata de 395 g (14 oz) de corazones de alcachofas en agua, coladas y aclaradas

1 lata de 425 g (15 oz) de judías, pintas o blancas, coladas

2 cucharadas de zumo de limón

1 diente de ajo picado

2 cebolletas, con las partes blancas y verdes, picadas

pimienta al gusto

cayena al gusto

Procesa todos los ingredientes en un robot de cocina hasta conseguir una mezcla homogénea. Resulta ideal para acompañar hortalizas, verduras de hoja cocidas, galletas y pan, o solo.

LA MEJOR SALSA DE JUDÍAS NEGRAS

OBTIENES ALREDEDOR DE 4 TAZAS

1 frasco de 450 g (16 oz) de salsa

1 lata de 425 g (15 oz) de judías negras coladas y aclaradas

zumo de ½ lima jugosa

cilantro: ¡MUCHO!

Mezcla todos los ingredientes y coloca sobre pan de pita de trigo integral o galletas integrales sin grasa. También sabe muy bien como acompañamiento de arroz. Nosotros los consumimos siempre como aperitivo, ¡y por lo general no sobra nada!

CHUTNEY ESPECIAL

OBTIENES 1 TAZA

1 cebolla pequeña, picada fina (½ taza)
1 manzana pequeña, picada fina (½ taza)
⅓ - ½ taza de piña cortada en daditos
¼ taza de pimiento rojo picado fino
1 cucharada de uvas pasas remojadas en agua caliente hasta que se ablanden,
   y posteriormente coladas y cortadas finas
1 cucharadita de curry en polvo (de Madrás)
½ taza de vinagre de arroz
pimienta negra al gusto

1. Cuece la cebolla en una sartén antiadherente durante 2 minutos, hasta que quede translúcida. Añade agua si lo necesitas.
2. Agrega la manzana, la piña, la pimienta, las uvas pasas y el curry en polvo, y cuece durante 1-2 minutos, hasta que la fruta quede tierna pero no blanda.
3. Vierte el vinagre de arroz, lleva a ebullición y cuece hasta que el líquido se reduzca a la mitad. El chutney es delicioso sobre arroz integral o con platos al curry.

SALSA DE MAÍZ DULCE

OBTIENES ALREDEDOR DE 1 ½ TAZAS

Esta salsa está adaptada de una receta que aparece en el recetario llamado Casa de Luz Community Cookbook. *Es sencilla de preparar y rápida, y tiene un aspecto muy bonito cuando la decoras con perejil, cilantro o eneldo. Viértela sobre verduras de hoja o cereales.*

5 mazorcas de maíz fresco sin cocer (opción más recomendable) o 1 paquete
de 450 g (16 oz) de maíz congelado

1 cebolla pequeña picada (½ taza)

½ taza de caldo vegetal o agua

1. Desgrana las mazorcas y ráspalas para obtener jugo. Si estás usando maíz congelado, témplalo bajo el agua del grifo.
2. Coloca todos los ingredientes en una batidora y procesa hasta conseguir una mezcla homogénea.
3. Coloca la preparación en una sartén y cuécela como si fuesen huevos revueltos hasta que se espese. Añade agua si lo consideras necesario. Para acompañar verduras de hoja es mejor que la salsa sea más ligera. Este preparado también se convierte en un buen aliño para ensaladas si lo dejas tal como indicamos aquí, o le añades vinagre, limón o lima a tu gusto.

SALSA BLANCA BÁSICA

OBTIENES ALREDEDOR DE 1 TAZA

1 cucharada de harina de trigo integral

1 cucharada de almidón de maíz o arrurruz

1 cucharada de tamari bajo en sodio

pimienta al gusto

½ taza de caldo vegetal

½ taza de leche de avena, almendra, multicereales o de soja sin grasa

1. Combina los primeros cuatro ingredientes en una cacerola.
2. Añade lentamente el caldo vegetal y la leche, mezclando para evitar que se formen grumos.
3. Cuece a fuego medio alto, removiendo hasta que la salsa quede homogénea y empiece a adquirir una consistencia espesa.

VARIACIONES:

Para elaborar una salsa de limón, prepara la salsa blanca básica y añade 2 cucharadas de zumo de limón más la ralladura de 1 limón. Para una salsa blanca al ajo, añade ½ cucharadita de ajo en polvo, 1 cucharada de cebolla en polvo y 2-3 cucharadas de cebollino picado. Para una salsa de setas, prepara la salsa blanca al ajo y añádele 1 taza de champiñones picados y salteados.

SALSA DE CURRY
Obtienes alrededor de 3 tazas

Esta salsa es la adaptación de una receta de uno de nuestros libros de recetas favoritos, Fat Free and Delicious, de Robert Siegel. Resulta deliciosa sobre brócoli, coliflor, espárragos, arroz o pasta.

   1 taza de arroz integral cocido
   2 tazas de agua
   ¼ taza de levadura nutricional
   1 cucharada de miso blanco (opcional)
   1 cucharadita de ajo en polvo
   1-2 cucharadas de curry en polvo, al gusto

1. Combina el arroz integral y el agua en un robot de cocina hasta conseguir una mezcla homogénea. Puede llevarte uno o dos minutos.
2. Añade el resto de los ingredientes y continúa procesando hasta conseguir una preparación blanda. Vierte en una cacerola y calienta, removiendo constantemente hasta que burbujee.

GUACAMOLE DE GUISANTES

OBTIENES ALREDEDOR DE 2 TAZAS

Esta preparación resulta exquisita por sí sola, sobre galletas, con verduras, con judías y arroz, o untada sobre el pan de un bocadillo. Queda excelente con galletas de alcaravea calentadas en la tostadora hasta que adquieran una consistencia muy crujiente.

> 2 tazas de guisantes congelados
> un poco más de 1 cucharada de zumo de limón fresco
> ½ cucharadita de ajo picado
> un puñado o más de cilantro
> 1 cebolla roja pequeña, picada (¼ taza)
> ½ taza de tomate maduro picado
> pimienta al gusto
> pimiento rojo en escamas al gusto

1. Lava los guisantes con agua templada del grifo hasta que se ablanden pero continúen fríos. Cuélalos bien. Vierte los guisantes, el zumo de limón, el ajo y el cilantro en el recipiente de un robot de cocina y mezcla hasta conseguir una pasta muy blanda. Reserva en un cuenco mediano.

2. Añade la cebolla, el tomate, la pimienta y las escamas de pimiento. Deja reposar durante 10 minutos y sirve en el plazo de una hora o dos. (Si lo dejas asentar durante demasiado tiempo, pierde su brillante colorido…, pero sabe bien de todas formas.)

SALSA DE PIÑA

OBTIENES 6 TAZAS

Esta salsa es muy colorida y fresca. Puedes tomarla con burritos, patatas, galletas, platos con curry... ¡Prácticamente con todo! Queda estupenda con arroz integral y judías negras. Si te sobra, rehógala y luego añádele un poco de vinagre de arroz integral.

> **1 piña pelada y cortada en aros de 1 cm de espesor**
> **1 mango maduro, pelado y cortado**
> **1 tomate grande picado (1 taza)**
> **4 dientes de ajo picados**
> **1-3 pimientos jalapeños, sin semillas y cortados, o al gusto**
> **3 cucharadas (o más) de cilantro picado**

1. Asa los aros de piña hasta que queden ligeramente dorados por ambos lados.
2. Pícalos y mezcla con el resto de los ingredientes. Deja enfriar la salsa toda la noche para que los sabores se mezclen... o consúmela de inmediato si no puedes esperar. De todas formas sabe muy bien.

SALSA DE TAMARI CON SÉSAMO Y MIEL

OBTIENES ALREDEDOR DE 2 CUCHARADAS

Consúmela solo de vez en cuando, por el tamari (sodio) y el sésamo (grasa). Sabe deliciosa sobre judías verdes.

> **2 cucharadas de semillas de sésamo**
> **1 cucharadita de miel**
> **2 cucharadas de tamari bajo en sodio**

1. Tuesta el sésamo en el horno o en una sartén, cuidando que no se queme. Échalo en un rallador pequeño o en un robot de cocina y muélelo.
2. Coloca las semillas de sésamo en un cuenco pequeño y añádeles la miel y el tamari. Mezcla hasta conseguir una salsa uniforme que se desmenuce con facilidad. Vierte la mezcla sobre judías verdes calientes o cualquier verdura. Esta receta cunde mucho: alcanza para unos 700 g (1 ½ lb) de judías verdes.

SALSA MILAGROSA DE NUEZ

Esta salsa NO resulta adecuada para quienes sufren enfermedades cardíacas, a menos que su consumo sea muy esporádico.

Cuando vamos a visitar a nuestro hijo Rip a Austin, Texas, siempre comemos en el restaurante macrobiótico Casa de Luz, porque nos encanta su comida, en especial la salsa de nuez sobre col rizada. Lo cierto es que nosotros no estábamos muy habituados a consumir demasiado esta verdura. Cuando le pedimos al cocinero la receta de la salsa, aprendimos dos cosas. Primero, que la col debe hervirse en mucha agua (ahora que lo sabemos nos encanta ¡incluso sin la salsa!). Y segundo, que la salsa contiene solo tres ingredientes: nueces, ajo y tamari. Cuando los combinas, forman un producto de verdad delicioso y completamente transformado. Aquí te explico cómo:

1. Coloca en una batidora o un robot de cocina un puñado de nueces, un diente de ajo, o más (dependiendo de tu tolerancia al ajo), y una buena pizca de tamari bajo en sodio.
2. Mezcla, añadiendo la cantidad de agua que consideres necesaria (alrededor de ½ taza) para que adquiera la consistencia adecuada para verterla sobre la verdura. Suele resultar muy ligera, cunde mucho y resulta deliciosa sobre absolutamente todo.

Si bien es preferible que prepares la receta a tu gusto, aquí te ofrecemos una posibilidad:

½ taza de nueces

1 diente de ajo

1-2 cucharadas de tamari bajo en sodio

½ taza (o más) de agua, dependiendo de lo ligera que quieras la salsa

Aliños de ensalada para todos los gustos

Deberías tomar grandes ensaladas a diario, así que es muy importante que encuentres aliños que te gusten de verdad.

Prepararlos es muy fácil. Por ejemplo, puedes simplemente condimentar las verduras con zumo de naranja, zumo de limón y vinagre balsámico sin ni siquiera mezclarlos antes, utilizando las cantidades que más te gusten. O puedes preparar una maravillosa ensalada ligera veraniega añadiendo fresas, frambuesas y rodajas de naranja —con su jugo— a una cama de lechuga baby y cubrir todo con vinagre de vino de frambuesa a tu gusto.

A continuación encontrarás una gran variedad de recetas de aliños. Pero te animo a que experimentes por tu cuenta. Busca en todos los magníficos libros que ofrece el mercado y encontrarás gran cantidad de sugerencias. Antes de que te des cuenta, ¡dejarás de echar de menos el aceite de oliva!

ALIÑO DE HUMMUS PARA ENSALADA

OBTIENES ¼ TAZA (60 ML)

Después de muchos años —en los que tomábamos ensaladas sin aliño, con mucha frecuencia solo con vinagre balsámico— descubrimos por fin un aderezo para ensalada que se ha convertido en uno de nuestros favoritos. Los ingredientes básicos son hummus (sin tahini), vinagre balsámico y un poquito de mostaza. Esta mezcla va bien con la lechuga. Si no tienes hummus sin tahini, prueba utilizar cantidades iguales de levadura nutricional y vinagre. La siguiente receta es una sugerencia básica que puedes variar según te apetezca añadiendo zumo de lima, limón o naranja, ajo o jengibre.

2 cucharadas bien colmadas de hummus sin tahini
2 cucharadas de vinagre balsámico o del vinagre que prefieras
½ cucharadita de la mostaza que prefieras

Mezcla y vierte sobre verduras de hoja.

Nota: Si quieres conseguir un aliño de color claro, usa vinagre balsámico blanco.

ALIÑO DE HUMMUS Y ZUMO DE NARANJA

OBTIENES ALREDEDOR DE ½ TAZA

2-3 cucharadas bien colmadas de hummus sin tahini (véase primera sección de este capítulo)
2 cucharadas de vinagre balsámico
3 cucharadas de zumo de naranja
1 cucharadita de la mostaza que prefieras
½ cucharadita de jengibre fresco, pelado y cortado

Mezcla y vierte sobre verduras de hoja.

EL ALIÑO PARA ENSALADA DE RIP

OBTIENES ALREDEDOR DE ½ TAZA

Nuestro hijo Rip creó esta receta. Después de que dejásemos los aceites, fue el primer aderezo que de verdad nos hizo volver a apreciar las ensaladas. La levadura nutricional —que puedes conseguir en tiendas naturistas— marca realmente la diferencia.

zumo de 1 limón, lima o naranja
1 cucharadita de tamari bajo en sodio o salsa de soja (opcional)

1 cucharada de levadura nutricional

1 cucharadita de la mostaza que prefieras

1-2 cucharadas (o más) de vinagre balsámico o de cualquier vinagre que te guste

salsa de menta (unas gotas) o una cucharadita de melaza o miel (opcional)

ALIÑO PARA ENSALADA A BASE DE ZUMO DE NARANJA Y LIMA

OBTIENES ALREDEDOR DE ½ TAZA

Este es un aliño sencillo y ligero que queda bien con casi todo.

⅓ taza (80 ml) de zumo de naranja

1 cucharadita de jengibre fresco, pelado y cortado

zumo y ralladura de 1 lima

2 cucharadas de vinagre balsámico de frambuesa

Mezcla todos los ingredientes. (Si no encuentras vinagre balsámico de frambuesa, usa el normal o cualquier otro vinagre que te guste.)

EL ALIÑO PARA ENSALADA «3, 2, 1» DE JANE

OBTIENES ALREDEDOR DE ⅓ TAZA (80 ML)

Cada vez que comemos las ensaladas de nuestra hija Jane nos preguntamos: «¿Qué es este delicioso aderezo?». Es fácil de preparar y se ajusta al gusto de cada persona.

3 cucharadas de vinagre balsámico

2 cucharadas de la mostaza que prefieras

1 cucharada de sirope de arce

Mezcla todos los ingredientes en un cuenco pequeño y bate hasta conseguir un adobo homogéneo.

VINAGRETA SIN GRASA

OBTIENES ALREDEDOR DE ½ TAZA

Es una receta de Jennifer Raymond, de su magnífico libro Fat-Free & Easy.

½ taza de vinagre de arroz condimentado
1-2 cucharaditas de mostaza molida o de Dijon
1 diente de ajo machacado

Mezcla todos los ingredientes.

Recetas de salsas espesas

Las salsas espesas confieren un sabor delicioso al puré de patatas, al pastel de lentejas, los rellenos y todos los cereales. Comienza por dorar cebollas y ajo… y a partir de ahí saca a relucir tu creatividad.

SALSA ESPESA DORADA

OBTIENES 2 TAZAS

3 cucharadas de harina de trigo integral
2 tazas de agua
1 cucharada de concentrado proteínico líquido a base de soja o de tamari bajo en sodio
1 cucharadita de cebolla en polvo
1 cucharadita de ajo en polvo

1 pizca de orégano seco

1 pizca de cúrcuma molida

1 cucharadita de perejil seco

1. Dora harina en una sartén antiadherente, removiendo sin parar. No la quemes.
2. Vierte agua lentamente.
3. Añade el resto de los ingredientes y cuece a fuego lento durante 15 minutos, removiendo sin cesar.

SALSA ESPESA DE SETAS, MUY FÁCIL

OBTIENES ALREDEDOR DE 4 TAZAS

Es ideal para purés de patatas, patatas asadas, arroz, mijo, polenta, pastel de lentejas... ¡o incluso sobre una tostada!

1 cebolla picada

2-3 dientes de ajo picados

1 caja de 280 g (10 oz) de champiñones, cortados en rodajas

caldo vegetal, vino o agua

2 tazas de agua

2 cucharadas de harina de trigo integral

1 cucharada de miso, tamari bajo en sodio o concentrado proteínico líquido a base de soja

2 cucharadas de jerez (opcional)

pimienta negra

1. Saltea la cebolla en una sartén pesada a fuego medio, añadiendo caldo o agua según lo considere necesario. Deja dorar la cebolla un poco, raspa la sartén, añade líquido y vuelve a dejarla dorar algo más, aunque evitando que se queme. Agrega el ajo y los champiñones cortados, y continúa cociendo hasta que las setas

estén tiernas. Agrega la cantidad necesaria de caldo vegetal, vino o agua para evitar que la mezcla se queme.

2. Añade una taza de agua, mezcla y continúa cociendo.

3. Mezcla la harina de trigo integral y el miso en la taza de agua restante; mezcla, vierte sobre los champiñones y vuelve a remover. Añade el jerez (opcional).

4. Continúa cociendo hasta que la salsa adquiera una consistencia más espesa y añade pimienta a tu gusto. Mantén la salsa a fuego suave hasta servirla. Agrega más miso o tamari bajo en sodio al gusto, pero ten en cuenta que al utilizar caldo vegetal en lugar de agua intensificas el sabor.

SALSA ESPESA DE SETAS SHIITAKE

OBTIENES ALREDEDOR DE 3 TAZAS DE SALSA SIN COLAR, O 2 ¼ TAZAS DE SALSA COLADA

Esta receta está adaptada del libro The Taste for Living Cookbook.

1 cebolla mediana, cortada en rodajas (aproximadamente 1 taza)

1 taza de setas shiitake, sin tallos y cortadas

3 ½ tazas de agua

¼ taza (60 ml) de tamari bajo en sodio o concentrado proteínico líquido a base de soja

¼ taza más 1 cucharadita de harina de arroz o de trigo integral

1 cucharada de tomillo fresco picado o ¼ cucharada de tomillo seco

2 cucharaditas de salvia fresca picada o ½ cucharaditas de salvia seca

1 cucharada de lavanda (opcional)

1. Coloca las cebollas y las setas en una sartén mediana a fuego muy suave. Tapa y cuece durante unos 10 minutos, hasta que las verduras comiencen a expulsar humedad, y remueve de vez en cuando.

2. Añade agua y tamari o concentrado proteínico líquido a base de soja, y cuece durante 10 minutos.

3. Agrega la harina de arroz, mezclando con una vara de batir para eliminar los grumos.

4. Cuece a fuego lento durante 10 minutos, removiendo de vez en cuando.

5. Pasa la salsa por un colador fino para eliminar las setas y las cebollas, y viértela en una olla limpia, o bien deja todos los ingredientes sin colar para obtener una deliciosa salsa espesa más campestre.

6. Añade las hierbas, calienta y sirve.

19

Verduras: solas y sofisticadas

TODAS LAS NOCHES INTENTA PREPARARTE alguna verdura al vapor. Tus platos deberían rebosar de productos de temporada —espárragos en primavera, maíz y tomate cortado con albahaca a finales del verano y calabaza en otoño—, además de brócoli, coliflor, judías verdes, guisantes, calabacines, coles de Bruselas, etc. Todas estas verduras saben estupendamente solas o con zumo de limón, un poco de vinagre balsámico o vinagre de arroz, o bien espolvoreadas con alguna mezcla de condimentos sin sal.

Conserva el agua del hervor y utilízala como base para sopas o bien como caldo, en el que puedes saltear otros ingredientes. Si te sobran verduras, úsalas para preparar una ensalada al día siguiente.

Resulta divertido probar nuevas formas de cocinar las verduras de siempre (véase receta de «Coliflor asada»), o antiguas formas de cocer verduras nuevas (véase receta de «Hojas de remolacha rodeadas de remolacha»). Y un consejo: la forma más rápida de «cocinar» las verduras congeladas, como guisantes y maíz, consiste simplemente en descongelarlas bajo el agua caliente del grifo.

HOJAS DE REMOLACHA RODEADAS DE REMOLACHA

OBTIENES 6 RACIONES

Si nunca has comido remolachas frescas, te invito a hacerlo. Y si encuentras las de color rosa claro, llamadas Chioggia, pruébalas. ¡Son las mejores!

2 manojos de remolachas con hojas
zumo y ralladura de 1 limón

1. Retira los tallos de las remolachas (pero conserva las hojas) y colócalas en una olla grande con agua. Lleva a ebullición, y luego baja el fuego, para cocer a fuego bajo durante 30 minutos, o hasta que las remolachas estén tiernas.
2. Lava las hojas y desecha las que estén amarillas o parezcan viejas. Arrancándolas a mano o bien con un cuchillo, corta las hojas en trozos de 5 o 6 cm. Conserva algunos de los tallos, si lo deseas. Cuece las hojas al vapor durante 5 minutos o a tu gusto.
3. Ahora viene lo divertido: retira las remolachas de la olla. Pásalas por agua fría y pélalas. ¡Es adictivo!
4. Corta las remolachas y colócalas sobre el borde exterior de un plato. Rocía las hojas con zumo y ralladura de limón, y disponlas en un cuenco pequeño en el centro.

A los niños LES ENCANTA pelar las remolachas, y esa actividad los predispone a probar alimentos nuevos. La salsa de maíz dulce o la salsa de nuez, si las nueces forman parte de tu dieta, saben de maravilla sobre las hojas de remolacha (véase capítulo 18, donde aparecen las recetas de salsas).

REMOLACHAS CON VINAGRE BALSÁMICO Y HIERBAS

OBTIENES 6 RACIONES

¡Son deliciosas! La primera vez que las probamos —en 2004, en una reunión de la Sociedad Vegetariana de Boston— estaban preparadas de esta manera, y la verdad es que no podíamos evitar acercarnos a la mesa una y otra vez a por más. ¡Así que prepara mucha cantidad, porque se esfumarán enseguida!

2 manojos de remolachas

1 ½ cucharadas de vinagre balsámico, o al gusto

¼ de cebolla roja, cortada muy fina, y luego cortada en trozos pequeños

1 cucharada de cebollino picado

2 cucharadas de perejil picado

1. Cuece las remolachas como se explica en la receta anterior, pélalas, córtalas en rodajas y colócalas en un cuenco.
2. Vierte el vinagre balsámico y la cebolla encima y mezcla.
3. Añade el cebollino y el perejil.

REMOLACHAS ASADAS

Precalienta el horno a 180°. Envuelve un manojo de remolachas en papel de aluminio y ásalas hasta que puedas pincharlas fácilmente con un tenedor después de 1 hora aproximadamente, si son medianas. Pélalas ¡y a disfrutar!

Nota: las remolachas asadas no expulsan demasiado jugo cuando las cortas, ¡gracias a lo cual no tiñen todo de rosa!

BRÓCOLI SALTEADO CON NARANJA Y AJO TOSTADO

OBTIENES 6 RACIONES

No hay nada tan bueno ni sencillo como el brócoli al vapor con limón; pero para esos días en los que tienes tiempo, este es un buen cambio.

1 cabeza de brócoli
½ taza de zumo de naranja
3 cucharadas de dientes de ajo cortados muy finos
¼ cucharadita de pimiento rojo en escamas
ralladura de 1 naranja

1. Retira la piel dura de los tallos y corta las flores. Parte los tallos en medallones de medio centímetro de espesor. Deberías obtener unas 7 tazas de flores.

2. Coloca 2-4 cucharadas de zumo de naranja o agua en un wok a fuego medio-bajo. Saltea el ajo unos 5 minutos, removiendo con frecuencia, hasta que comience a dorarse. Añade las escamas de pimiento y remueve. Pasa a un cuenco pequeño y reserva.

3. Vierte ¼ taza (60 ml) de zumo de naranja y el brócoli en el mismo wok a fuego alto, tapa y cocina, removiendo cada pocos minutos hasta que el brócoli esté tierno y el zumo de naranja se haya consumido.

4. Añade la mezcla de ajo y ralladura de naranja, ¡y disfruta!

COLES DE BRUSELAS

Te sorprenderá lo rápido que desaparecen. A nuestra nieta mayor, Flinn, le gustaban tanto que en una ocasión las llevó a clase el día de su cumpleaños para compartirlas con sus compañeros. ¡Tú también te harás adicto a ellas, como Flinn!

coles de Bruselas
hummus sin tahini

1. Corta la base y retira las hojas viejas; luego divide las coles en dos, a lo largo. Colócalas en un hervidor, tapa y lleva a ebullición a fuego fuerte.
2. Reduce el calor a fuego medio alto y cuece al vapor durante unos 7-9 minutos, hasta que estén tiernas.
3. Moja las coles en el hummus sin tahini.

COLIFLOR ASADA

OBTIENES 4 RACIONES

Nuestro hijo Rip —que es bombero en Austin, Texas— cocinó esta coliflor para sus compañeros y nos pasó la receta. La primera vez que preparé este plato de sabor tan sorprendente, ¡Essy y yo nos lo comimos todo!

1 cabeza de coliflor
pimienta
mezcla de condimentos o las hierbas que elijas
vinagre balsámico
concentrado proteínico líquido a base de soja o tamari bajo en sodio (opcional)

1. Precalienta el horno a 230º (450 ºF).
2. Separa las flores y córtalas para crear superficies planas.

3. A continuación, acláralas y ponlas en un cuenco. Condiméntalas con pimienta y la mezcla de especias o las hierbas que prefieras, además de vinagre balsámico y concentrado proteínico líquido a base de soja, si lo deseas. Mezcla.

4. Coloca las flores en una bandeja para horno con la parte plana hacia abajo y asa durante 25-35 minutos, hasta que estén doradas, y dales la vuelta una vez.

FUNDIDO DE BERENJENA Y TOMATE

OBTIENES 3-4 RACIONES

Un día, en verano, Essy llegó a casa con diez envases de hummus de pimiento rojo asado ecológico sin tahini, y yo con una cesta repleta de tomates. Y con una berenjena que teníamos en la nevera nació este plato, en el que destaca el hummus, que se funde como el queso. Con esa berenjena que nos había sobrado, un día más tarde cenamos este fundido de berenjena y tomate, y al día siguiente repetimos, pero sobre tostadas. Nos gustó mucho en las dos ocasiones.

1 berenjena, pelada y cortada en rodajas

ajo en polvo o molido

cebolla en escamas

1 envase de hummus sin tahini (cómpralo o prepáralo tú mismo, pero sin añadir tahini)

2 tomates en rodajas

cilantro o perejil picado

1. Precalienta el horno a 230° (450 °F).

2. Pela la berenjena, córtala en rodajas de 1,5 cm y colócalas sobre una bandeja para horno, en una sola capa.

3. Condimenta cada una de las rodajas con ajo y escamas de cebolla.

4. Coloca una cucharadita colmada de hummus sin tahini sobre cada rodaja. ¡Sé generoso!

5. Corta los tomates de manera que obtengas un número similar de rodajas de tomate que de berenjena, intentando incluso equiparar el diámetro de todas ellas. Coloca una rodaja de tomate sobre el hummus.

6. Hornea durante 13-15 minutos, o hasta que el hummus burbujee y la berenjena esté tierna. Espolvorea cilantro o perejil para darle color y sirve.

JUDÍAS VERDES

OBTIENES 4 RACIONES

Corta 600 g de judías verdes. Cuécelas al vapor, solas o con zumo de limón: para nosotros, se trata de un producto básico. Otra alternativa es que mezcles la salsa de tamari con sésamo y miel (véase capítulo 18) con las judías calientes. ¡Espectacular!

HINOJO ASADO CON MANZANA

OBTIENES 8 RACIONES

Antes de probar este plato, la verdad es que no habíamos comido demasiado hinojo. Su sabor nos resultó sorprendentemente bueno.

2 bulbos de hinojo cortados en rodajas de unos 5 mm de espesor

2 manzanas Rome (o cualquier variedad) cortadas en rodajas de unos 5 mm de espesor

2 cucharaditas de miel

¼ taza (60 ml) de caldo vegetal

pimienta

tamari bajo en sodio o concentrado proteínico líquido a base de soja

1. Precalienta el horno a 200° (400 °F).
2. Coloca todos los ingredientes en un cuenco y mezcla bien. Luego pásalos a una bandeja para horno.
3. Hornea durante 20 minutos, dales la vuelta y continúa asándolos durante 20 minutos más, hasta que estén dorados y completamente cocidos.

COL RIZADA PARA TODAS LAS NOCHES

OBTIENES 4 RACIONES

La col rizada es una de las mejores verduras de hoja que puedes consumir, y está sorprendentemente deliciosa sola, con limón o vinagre, en sopa o con la salsa de tu elección. Pruébala con salsa de maíz dulce o, si no sufres ninguna enfermedad cardíaca, con salsa de nuez (véase capítulo 18, dedicado a recetas de salsas).

1. Corta los extremos duros de dos coles y quítales la parte central. Pica en trozos de 5 cm y aclara bien.
2. Coloca la col en agua hirviendo y cuece lentamente durante 10 minutos, hasta que esté tierna o a tu gusto. ¡Magnífica!

PIMIENTOS ROJOS ASADOS RÚSTICOS

OBTIENES 6 RACIONES

Nada sabe tan bien como estos pimientos, los uses como los uses. ¡Nada! Yo siempre duplico las cantidades de esta receta cuando la preparo. Si tú también quieres duplicarlas, condimenta con la misma cantidad de hierbas que usarías para 6 pimientos.

6 pimientos rojos
3 cucharadas de vinagre de vino tinto o vinagre balsámico
2 cucharaditas de ajo picado

1 cucharadita de albahaca seca

1 cucharadita de tomillo seco

1 cucharadita de romero seco

1 cucharadita de mejorana seca

1 cucharadita de orégano seco

1. Enciende el grill del horno. Coloca los pimientos en una bandeja y ásalos hasta que se oscurezcan por un lado. Dales la vuelta y continúa asándolos hasta que ambos lados estén casi negros.

2. Pela los pimientos bajo el agua del grifo y luego córtalos. Combínalos con el resto de los ingredientes y marínalos durante al menos 30 minutos.

Nota: están deliciosos solos, sobre tostadas, en un bocadillo o en ensaladas. Si guardas el jugo de los pimientos después de asarlos, puedes usarlo para los aliños de ensaladas, ya que les confiere un toque aceitoso. La manera más sencilla de conservar este líquido es dejar enfriar los pimientos y luego pincharlos antes de pelarlos. Guarda el jugo en un cuenco junto con los pimientos.

CALABAZA FESTIVA

La calabaza es sustanciosa, exquisita y fácil de preparar. Existen muchas variedades magníficas, como la calabaza bellota y la calabaza larga, que saben muy bien; pero hay bastantes más, y la verdad es que son todas deliciosas. Experimenta con las distintas variedades. La calabaza delicata, también llamada calabaza boniato, es especialmente dulce y —servida con jarabe de arce— se convierte en un plato fácil para un día de fiesta.

1. Precalienta el horno a 180º (350 ºF).

2. Corta una calabaza delicata o bellota por la mitad, quítale la semillas y hornéala durante unos 45 minutos —con la cara interior hacia abajo— en un recipiente que contenga alrededor

de 2,5 cm de agua. (También puedes hornear la calabaza entera y luego cortarla y quitarle las semillas una vez que esté cocida.)

3. Retira del horno cuando esté blanda. Dale la vuelta (es decir, coloca la parte cortada boca arriba), vierte 1 o 2 cucharaditas de jarabe de arce en el centro de cada mitad y vuelve a hornear durante 5-10 minutos hasta que el jarabe burbujee y la calabaza comience a dorarse.

VARIACIONES:

Coloca una pizca de hummus sin tahini en la calabaza vaciada y luego relénala con guisantes congelados, cebollitas en vinagre o una combinación de ambos ingredientes.

CALABAZA LARGA Y MAÍZ

OBTIENES 6 RACIONES

Esta deliciosa combinación es nuestra versión de una receta del libro The Taste for Living Cookbook, *de Beth Ginsberg y Mike Milken. La clave está en el maíz fresco. Si tienes que usar maíz de bolsa, prueba los granos asados congelados.*

1 calabaza larga mediana
1 lata de 425 g (15 oz) de maíz
4 mazorcas de maíz fresco, cocidas y desgranadas, o un paquete de 450 g de maíz congelado
1 cucharadita de mezcla de condimentos y ajo
cilantro o perejil

1. Precalienta el horno a 180° (350 °F).
2. Coloca la calabaza larga en una bandeja para horno, hazle varios cortes con un cuchillo afilado y hornéala durante 1 hora y media.

Deja enfriar al menos 30 minutos. (Puedes realizar este paso con un día de antelación.)

3. Corta la calabaza a la mitad y retírale las semillas. Coloca la pulpa en una batidora.

4. Cuela y aclara el maíz enlatado, vierte en la batidora y prepara un puré con ambos ingredientes.

5. Vierte toda la mezcla en un cuenco y añade el maíz fresco y los condimentos.

6. Ahora pasa la preparación a una cazuela para horno y cubre con una tapa o un papel de aluminio.

7. Hornea durante 30 minutos, hasta que esté todo bien caliente. Decora con cilantro o perejil. Sirve con champiñones asados, judías verdes y ensalada.

BONIATOS/ÑAMES

Los boniatos quedan deliciosos cuando los horneas. Prueba los ñames de color anaranjado o los boniatos amarillos claros para ver cuáles prefieres. A nosotros nos gusta combinarlos. Frótales bien la piel, colócalos en una bandeja y hornéalos a 200° durante una hora, o hasta que estén blandos. Están muy buenos solos. Prepara más de lo que crees que comerás, porque también son perfectos fríos, como aperitivo o en sopas y cazuelas.

VARIACIONES:

Boniato frito. Corta los boniatos en rodajas finas, o bien en bastoncitos, como si fuesen patatas fritas, y colócalos en una bandeja para horno en una sola capa. Hornea a 200° (400 °F) durante 25 minutos, dales la vuelta y continúa durante 25 minutos más, hasta que estén tan crujientes como te apetezca. Comprueba la cocción periódicamente.

Ñame con jengibre. Hornea dos ñames grandes o tres medianos a 200° (400 °F) durante una hora u hora y media, hasta que estén blandos. Retírales la piel y prepara un puré con la pulpa. Añade una cucharadita de jengibre pelado y rallado, una cucharadita de zumo de lima y ½ cucharadita de curry en polvo.

Delicia de ñame, alubias negras y mango. Corta el ñame horneado a la mitad y cubre con alubias negras coladas y aclaradas, mango fresco cortado (cuanto más, mejor), cilantro y un poco de salsa de tipo mexicano.

ACELGAS

Si no estás familiarizado con las acelgas, ¡te has perdido algo realmente bueno! Son similares a las espinacas, y deliciosas, pero mantienen mejor su volumen que estas. Yo intento comprar acelgas, col rizada y remolacha con hojas siempre que voy a la tienda.

1. Retira los tallos y los centros duros de 900 g de acelgas, si así lo deseas (aunque saben muy bien, de verdad). Lávalas bien y córtalas en tiras finas.
2. Échalas en agua hirviendo para escaldarlas durante 5 minutos, hasta que estén tiernas. Cómelas solas, con zumo de limón, con Salsa de maíz dulce o un poco de salsa de nuez, si este fruto está incluido en tu dieta (véase capítulo 18, donde aparecen las recetas de salsas).

CEBOLLAS DULCES

Simplemente puedes pelarlas, cortarlas en rodajas gruesas y colocarlas en una bandeja para horno para asarlas a 200º (400 ºF) durante unos 20 minutos, hasta que adquieran una tonalidad ligeramente dorada pero no se quemen. Resultan deliciosas sobre pasta o patatas asadas, mezcladas con otras verduras, en el centro de una calabaza o simplemente solas. Corta ajo fresco y ásalo con las cebollas para mejorar todavía más su sabor. También puedes probar esta variante:

2 cebollas dulces u otra variedad similar (las llamadas Texas Sweet son muy sabrosas), peladas y cortadas en dos a lo ancho

vinagre balsámico

concentrado proteínico líquido a base de soja o tamari bajo en sodio (opcional)

1. Precalienta el horno a 150° (300 °F).
2. Coloca las cebollas en un recipiente y échales vinagre balsámico y un poco de concentrado proteínico líquido a base de soja o de tamari, si así lo deseas.
3. Cubre con una tapa o con papel de aluminio y hornea durante unas horas. Y si tienes tiempo, haz algo todavía mejor: ¡pon el horno a 120° (250 °F) y hornéalas durante toda la tarde! Tendrás un manjar para la cena. Cuanto más tiempo las hornees, más dulces resultarán. Cómelas solas o sírvelas sobre arroz integral o patatas asadas.

CALABACINES FRITOS

OBTIENES 2-4 RACIONES

2 calabacines medianos

Concentrado proteínico líquido a base de soja o tamari bajo en sodio

ajo en polvo

cebolla en polvo

pimienta

1. Retira los extremos de los calabacines y corta el resto a lo largo en al menos cuatro trozos.
2. Rocía una sartén grande antiadherente con muy poca cantidad de concentrado proteínico a base de soja y a continuación moja los calabacines en el líquido, por ambos lados, y disponlos uno junto a otro. Debes contar con espacio suficiente para poder darles la vuelta y dorarlos.

3. Cuece a fuego medio durante 5 minutos y luego dales la vuelta con mucho cuidado. Si la sartén necesita líquido, añade un poco de agua o un poquito más de tamari.

4. Condimenta los lados cocidos con ajo en polvo, cebolla en polvo y pimienta, y sigue cocinando durante otros 5 minutos, añadiendo cantidades mínimas de agua a medida que la necesites, hasta que ambos lados se doren. ¡Los calabacines preparados de esta forma resultan tan sabrosos que acabarás comiendo muchos!

20
Sopas: consistentes y deliciosas

A NOSOTROS NOS ENCANTA LA SOPA, en especial durante el frío invierno. Un buen caldo marca la diferencia, y el mercado ofrece algunas marcas comerciales excelentes. Pero no me canso de repetirlo: *lee los ingredientes*. El mercado ofrece caldos vegetales de bajo contenido en sodio que contienen solo 140 mg de esta sustancia por taza. Muchas tiendas naturistas y de alimentación general ofrecen caldos de verduras asadas y caldos vegetales sin grasa con un contenido de 330 mg de sodio por taza, similar al de algunas marcas de caldo de verduras ecológicas. Algunas empresas comercializan caldo vegetal ecológico y caldo de setas ecológicas, ambos con 530 mg de sodio por taza. Ninguno de estos productos contiene aceites añadidos. Pero ten cuidado con el exceso de sodio.

Recuerda que no siempre puedes dar por hecho que todos los productos de una misma marca resultarán seguros para quienes siguen nuestro plan alimentario. En los últimos tiempos, una empresa está produciendo caldo de fideos de soja y jengibre (440 mg de sodio por taza) y un nuevo caldo vegetal ecológico (580 mg), que no contienen aceites añadidos. Pero tanto su caldo vegetal ecológico anterior como el caldo sin pollo (330 y 450 mg de sodio por taza, respectivamente) sí contienen aceite añadido, y deberías evitarlos. *Lee los ingredientes*.

Ten cuidado con los caldos de muchas verduras secas mezcladas, porque sí es probable que contengan aceite y mucha sal. Y la mayoría de los caldos en pastillas contienen aceite. El caldo instantáneo de mezcla de verduras sin gluten y completamente natural que puedes encontrar en las tiendas naturistas es delicioso y no contiene aceite, pero sí bastante sodio, así que busca algún condimento para todo uso sin sal.

En cualquier caso, la mejor opción siempre es que prepares tu propio caldo. Te ofrezco algunas opciones:

1. Cuando cuezas judías, añade más agua, cebollas, apio con sus hojas, zanahorias, ajo, puerros y hojas de laurel. Una vez que cueles las judías, conserva el líquido, y luego congélalo y guárdalo en la nevera para usarlo en otras ocasiones.
2. Asa cebollas, zanahorias, apio, ajo y puerros a 225° (450 °F) en una bandeja para horno durante una hora. En una olla vierte las verduras asadas y 8 tazas de agua, lleva a ebullición y luego cuece a fuego suave durante una hora. Cuela las verduras y obtendrás un delicioso caldo que añadirá sabor a todos tus platos, desde sopas a salteados.
3. Lo más sencillo es que conserves el agua cuando cuezas verduras al vapor y la uses para preparar sopas y salsas.

Llena tus sopas de la mayor cantidad de verduras de hoja que puedas. Añade lo que más te guste. Si no te atrae el cilantro, sustitúyelo por perejil, romero o menta. Hierve una col rizada pequeña y añádela en el último minuto para mantener su color, o bien agrega espinacas, que se marchitan enseguida, justo antes de servir.

A continuación encontrarás algunas de las recetas que más nos gustan.

ASOMBROSA SOPA DE VERDURAS
CASI COMPLETAMENTE ANARANJADA

OBTIENES 8-10 RACIONES

Esta sopa resulta sumamente sustanciosa y se convierte en un excelente almuerzo o cena, o incluso en un excelente desayuno… si para entonces ha quedado algo. Sirve con pan de trigo integral ¡y ya tienes un banquete!

1 calabaza bellota grande, horneada, sin semillas y cortada en trozos

2 boniatos o ñames horneados, pelados y cortados en trozos

1 cebolla grande picada (1 taza)

3 zanahorias picadas

3 ramas de apio picadas (¾ taza)

6 dientes de ajo picados

2 tazas de lentejas rojas

8 tazas de agua

1 cucharadita de romero seco

¼ cucharadita de pimiento rojo molido

3 o 4 puñados de espinacas frescas (o más, si lo deseas), o col rizada cortada sin la parte central

3 calabacines picados

1 pimiento rojo grande, picado (1 taza)

1 manojo de cilantro picado

3 cebolletas picadas

1. Precalienta el horno a 180º (350 ºF).
2. Hornea la calabaza bellota y los boniatos durante 1 hora, hasta que estén blandos.
3. En una olla grande, a fuego medio alto, saltea la cebolla, las zanahorias, el apio y el ajo hasta que la cebolla se ablande y las zanahorias comiencen también a ablandarse. Añade un poco de agua si te parece que algún ingrediente se pega. (Para ahorrar tiempo, sáltate este paso y ve directamente al punto 4.)

4. Añade las lentejas rojas, 8 tazas de agua, romero y el pimiento molido. Sube el fuego y lleva a ebullición. Reduce el calor y cuece a fuego suave durante 20 minutos, hasta que las lentejas estén casi disueltas.

5. Añade la calabaza bellota y los boniatos a la olla y tritúralos dentro de la sopa (con un pasapurés, por ejemplo). Cuece 10 minutos más.

6. Añade las espinacas y mézclalas con la sopa hasta que se marchiten. Si usas col rizada, recuerda que necesita un poco más de cocción que la espinaca.

7. Saltea el calabacín en una sartén antiadherente a fuego alto hasta que comience a dorarse. Añade el pimiento rojo y saltea 1-2 minutos más. (Si tienes prisa, puedes omitir este paso; añade el calabacín crudo y el pimiento rojo en el paso 6.) Unos minutos antes de servir, agrega el calabacín y el pimiento salteados a la mezcla de la sopa.

8. Añade el cilantro y las cebolletas justo antes de servir.

SOPA DE REMOLACHA

OBTIENES 3-4 RACIONES

Esta es otra receta inspirada en nuestra granja agrícola comunitaria. Procura no desperdiciar las hojas de las remolachas, que son tan increíblemente nutritivas; cuécelas al vapor o saltéalas y échales limón o salsa de maíz dulce (véase capítulo 18).

1 manojo de remolachas rojas más 1 manojo de otra variedad, como Chioggia (2 en total)

½ o 1 taza de zumo de naranja

ralladura de 1 limón

2-3 cucharadas de zumo de limón

hojas de menta al gusto (prueba con 6)

pimienta al gusto

Hierve las remolachas 40 minutos o más, dependiendo de su tamaño, hasta que estén tiernas. Pélalas. En un robot de cocina mézclalas con los zumos, la ralladura de limón, la menta y la pimienta. Prueba y añade más zumo de naranja o limón si lo deseas. Deja enfriar y sirve decorada con una hoja de menta.

Nota: si usas remolachas Chioggia, conseguirás una preciosa sopa rosa.

LA MEJOR SOPA DE ALUBIAS NEGRAS

OBTIENES 7-9 RACIONES

Durante tres días consecutivos preparé sopa de judías negras, y esta es una combinación de las tres recetas. Pero su esencia proviene del libro de cocina The Moosewood Cookbook.

2 tazas de alubias negras secas, o 3 latas de 425 g (15 oz) de alubias negras, coladas y aclaradas

4 tazas de agua o caldo vegetal

1 cebolla grande picada (1 taza)

10 dientes de ajo medianos picados

2 cucharaditas de comino molido

2 zanahorias medianas en cubos

1 taza de col china picada

1 pimiento rojo grande picado (1 taza)

1 ½ tazas de zumo de naranja

2 tomates medianos cortados en cubos (2 tazas)

1 boniato grande cocido al vapor y cortado en cubos (1 taza)

pimienta negra al gusto

cayena al gusto

cebolletas picadas

cilantro (¡mucho!)

salsa de tipo mexicano

1. Deja en remojo las alubias secas durante toda la noche, o al menos durante 4 horas, en mucha agua. Luego colócalas en una olla grande con 4 tazas de agua o caldo. Lleva a ebullición, tapa y cuece a fuego suave durante 1 hora y cuarto, o hasta que las alubias estén tiernas. (Si usas alubias de lata, omite este paso.)
2. En un wok, saltea las cebollas, la mitad del ajo, el comino y las zanahorias hasta que estén tiernos. Añade la col china, el resto del ajo y el pimiento rojo. Sigue salteando otros 10-15 minutos, hasta que los ingredientes adquieran una consistencia muy tierna.
3. Añade la mezcla de verduras a las alubias, raspando bien el recipiente. Vierte el zumo de naranja, los tomates en cubos y el boniato. Agrega pimienta negra y cayena.
4. Licua toda la sopa en distintas tandas, ya sea en un robot de cocina o en una batidora de vaso.
5. Cuece a fuego lento durante 10 a 15 minutos. Sirve decorada con cebolleta picada, cilantro y salsa de tipo mexicano, que realmente le da un toque especial.

LA SOPA DE MISO Y CEBADA DE BRIAN

OBTIENES 10 RACIONES

Esta es otra de las recetas de nuestro yerno Brian. Nos encanta.

6 tazas de agua

1 ½ tazas de cebada de grano vestido

1 cebolla grande picada (1 taza)

2 ramas de apio picadas (½ taza)

225 g (8 oz) de champiñones picados

2 pimientos rojos grandes, sin semillas y picados (2 tazas)

2 calabacines picados

1 boniato cortado en cubos y (si lo deseas) pelado

4 patatas rojas cortadas en cubos

1 manojo de hojas de col berza, picadas sin la parte central

2 cucharadas de jerez u oporto (opcional)

1 cucharadita de ajo en polvo

4 tazas de caldo vegetal

2-4 cucharadas de miso blanco

1. Lleva el agua a ebullición en una olla. Añade la cebada, reduce el calor y cuece a fuego suave durante 1 hora, o hasta que la cebada se encuentre tierna. Cuela y reserva el agua de la cebada.
2. Saltea la cebolla en una sartén antiadherente durante unos minutos, hasta que empiece a ablandarse. Añade el apio, los champiñones y el pimiento rojo, y saltea unos minutos más. Reserva.
3. Cuece al vapor o hierve el boniato y las patatas rojas hasta que estén tiernos. Escurre y reserva.
4. Cuece al vapor o hierve la col berza hasta que esté tierna. Reserva.
5. Combina la mezcla de cebolla, patatas y col berza con la cebada. Añade ajo en polvo y 3 tazas de caldo, y cuece a fuego medio hasta que la sopa adquiera una consistencia más espesa.
6. Mezcla el miso en una taza de caldo vegetal tibio y vierte en la sopa junto con el jerez o el oporto, si deseas utilizarlos. Continúa cociendo unos minutos más, hasta que la sopa esté templada.

SOPA DE BRÓCOLI

OBTIENES 6 RACIONES

2 cebollas grandes picadas (2 tazas)

4 dientes de ajo picados

12 tazas de brócoli cortado en piezas de 5 o 6 cm

4 tazas de caldo vegetal

miso, concentrado proteínico líquido a base de soja o tamari bajo en sodio al gusto (opcional)

pimienta al gusto

1. Lleva las cebollas, el ajo, el brócoli y el caldo vegetal a ebullición en una olla. Baja el fuego y cuece durante 10-15 minutos, hasta que el brócoli esté tierno.
2. Procesa por tandas en una batidora hasta que la mezcla quede homogénea y de color verde brillante, o bien usa una batidora eléctrica de brazo directamente en la olla.
3. Añade el miso y, si lo deseas, concentrado proteínico líquido a base de soja o tamari bajo en sodio al gusto.

VARIACIÓN:

Antes de servir, añade unas espinacas o pimientos rojos picados y maíz congelado para darle color. De esta manera conseguirás una sopa todavía más nutritiva.

GAZPACHO

OBTIENES 4 RACIONES

El gazpacho, una sopa fría muy completa, es el más refrescante de los platos veraniegos. A continuación encontrarás una receta básica con sugerencias de ingredientes que puedes añadir, pero sé creativo e incorpora tus alimentos favoritos.

3 tomates medianos

1 pepino pelado

½ pimiento de cualquier color, sin semillas

1 rama grande de apio

½ pimiento jalapeño sin semillas

½ cebolla pequeña

2 dientes de ajo

1 lata de 400 g aproximadamente (14,5 oz) de tomates cortados sin sal

½ taza de perejil o cilantro picado

2-3 cucharadas de vinagre balsámico

zumo y ralladura de 1 lima (al menos 1 cucharada)
pimienta al gusto
cebolletas o cebollinos picados

1. Pica los primeros cuatro ingredientes por separado, uno por uno, en un robot de cocina, hasta que estén cortados en cubos uniformes. (Puedes procesar el jalapeño, las cebollas y el ajo juntos.)
2. Coloca las verduras en un cuenco grande. Añade los tomates de lata cortados, el cilantro picado, el vinagre, el zumo y la ralladura de lima, y la pimienta. Mezcla. Enfría y sirve, decorado con cebolletas o cebollinos picados.

Nota: otros ingredientes que puedes agregar son: champiñones frescos, brevemente salteados en caldo vegetal, vino o agua; 1 lata de palmitos, colados y cortados; calabacines salteados, picados; col china, zanahorias ralladas, rúcula picada… ¡Usa tu imaginación!

SOPA GRIEGA DE LENTEJAS

OBTIENES 6 RACIONES

Connie Collis, la esposa de un paciente, escribió: «Te paso la primera receta que a Bill le encantó. Es muy griega, a pesar de que no contiene aceite de oliva ni sal». Le di un poco a probar a nuestra nieta de dos años, y en cuanto dejé de ofrecérsela, me pidió más. Esta receta lleva 30 minutos de preparación de principio a fin.

1 paquete de 450 g (16 oz) de lentejas
6 tazas de agua
2 cebollas grandes picadas (alrededor de 2 tazas) o 1 paquete de 340 g (12 oz) de cebollas picadas congeladas
5-6 dientes de ajo picados
1 lata de alrededor de 400 g (14,5 oz) de salsa de tomate sin aceite

mucha pimienta y orégano

3 cucharadas de jerez

1 cucharada de azúcar moreno (opcional)

1. Hierve las lentejas en una cantidad de agua que las cubra; a continuación, cuélalas y acláralas. Presta atención a este paso, porque de lo contrario las lentejas no se ablandarán.
2. Echa las lentejas limpias con 6 tazas de agua, las cebollas, el ajo, la salsa de tomate, la pimienta y el orégano en una olla, y lleva a ebullición.
3. Reduce el fuego y cuece a fuego suave durante 10 minutos, hasta que la mezcla espese.
4. Añade el jerez y el azúcar moreno, si te apetece, y continúa cociendo a fuego suave durante 20 minutos más.

LA COLORIDA SOPA DE LENTEJAS DE ANTONIA DEMAS

OBTIENES 6 RACIONES

1 cebolla mediana picada (½ taza)

3 dientes de ajo

1 pimiento verde o rojo picado (alrededor de ½ taza)

2 tazas de tomates de lata triturados o cortados en cubitos

2 tazas de lentejas de cualquier color

3 zanahorias en rodajas

2 ramas de apio picadas (½ taza)

½ taza de perejil italiano o cilantro picado

1 pizca de pimiento rojo en escamas

4 tazas de agua

concentrado proteínico líquido a base de soja o tamari bajo en sodio (opcional)

espinacas baby (muchas)

1. Saltea la cebolla en una cacerola grande antiadherente hasta que se ablande y luego añade el ajo, el pimiento y los tomates, y saltea unos minutos más.
2. Agrega el resto de los ingredientes, excepto el cilantro y las espinacas. Lleva a ebullición, baja el fuego y cuece a fuego suave, con la cacerola tapada, durante 30 minutos, hasta que las verduras estén tiernas.
3. Añade el cilantro y las espinacas antes de servir.

Nota: esta sopa es deliciosa y colorida, en especial si usas lentejas rojas (aunque las demás saben igual de bien). Cuantas más verduras de hoja añadas, más sana resultará la sopa (recuerda que las espinacas baby se marchitan enseguida, así que no escatimes).

Si tienes una olla a presión, dora primero las cebollas y luego cuécelas a fuego fuerte durante 5 minutos. Si quieres preparar un delicioso primer plato, sirve la sopa de lentejas sobre arroz integral de grano corto y rodea con espinaca al vapor.

SOPA DE LENTEJAS ROJAS MARRAKESH EXPRESS

OBTIENES 6 RACIONES

Un hombre sorprendente que dijo llevar treinta años practicando el veganismo visitó el parque de bomberos de nuestro hijo Rip en Austin, Texas, definiéndose a sí mismo como un vagabundo viajero jubilado con talento para la cocina y los consejos. Fue él quien les dio a conocer la siguiente receta, adaptada de un libro de platos veganos, que yo por mi parte he adaptado un poquito más. Pero sus palabras la describen mejor que nadie: «Es un plato único con sabores que te transportan a otras latitudes. Podrías imaginarte tendido sobre cojines bordados en un cenador marroquí, mientras una cálida brisa perfumada de especias hincha suavemente las cortinas transparentes que te rodean. Cerca de ti crecen flores brillantes. Te sientes cobijado y relajado». Este plato consigue que la cocina huela de maravilla, y además es delicioso.

1 cebolla picada

4 ramas de apio picadas (1 taza)

agua o caldo

1 hoja de laurel

½ cucharadita de jengibre molido

½ cucharadita de canela molida

½ cucharadita de cúrcuma

6 tazas de caldo vegetal

4 tomates pera picados

1 taza de lentejas rojas

1 lata de 435 g (15 oz) de garbanzos colados y aclarados

2 cucharadas de zumo de limón

1 manojo de cilantro picado

1. En una olla grande, saltea la cebolla y el apio en agua o caldo hasta que estén tiernos.
2. Añade la hoja de laurel, el jengibre, la canela, la cúrcuma, el caldo vegetal, los tomates, las lentejas y los garbanzos.
3. Lleva a ebullición, baja el fuego y cuece a fuego lento, con la olla tapada, durante 45 minutos, hasta que las lentejas estén tiernas. Remueve de vez en cuando.
4. Antes de servir, añade el cilantro y el zumo de limón.

SOPA DE CEBADA CON TRES SETAS

OBTIENES 10-12 RACIONES

Las setas llamadas boletus aportan a esta sopa un sabor delicioso. La cebada de grano vestido, que puedes conseguir en tiendas naturistas, es la que contiene más nutrientes y ha sido menos procesada. Se cocina en aproximadamente una hora, pero si la dejas en remojo toda la noche, la cocción es más rápida. La cebada perlada, que es la más cono-cida, se encuentra más procesada, pero de todas formas resulta muy nutritiva. Se cuece en 30-40 minutos.

14 gramos (½ oz) de boletus secos

1 cebolla amarilla grande, picada (1 taza)

1 zanahoria picada fina

1 rama de apio picada (¼ taza)

340 g (12 oz) de champiñones cortados en rodajas finas

6 setas shiitake de tamaño medio o grande, frescas, sin tallo y cortadas en rodajas

12 tazas de caldo vegetal

2 tazas de cebada de grano vestido o cebada perlada

1 hoja de laurel

4 cucharadas de vinagre balsámico o al gusto

pimienta al gusto

perejil o cilantro

1 bolsa (3-4 puñados) de espinacas

1. Deja remojar los boletus en agua templada durante alrededor de 30 minutos, hasta que se ablanden. Cuélalos, exprímelos (re-serva el líquido para usarlo más tarde en la sopa) y pícalos.
2. Saltea la cebolla en una cacerola hasta que comience a ablan-darse. Añade la zanahoria, el apio y todas las setas. Cuece du-rante unos minutos, hasta que las setas frescas estén tiernas.
3. Agrega el caldo vegetal, la cebada, la hoja de laurel y el líquido de los boletus. Lleva a ebullición. Baja el fuego y cuece a fuego

suave durante 1 hora, añadiendo más líquido si lo consideras necesario.

4. Agrega vinagre y pimienta al gusto. Antes de servir, incorpora el cilantro o el perejil, y por último las espinacas.

SOPA DE GUISANTES PARTIDOS

OBTIENES 8-10 RACIONES

Esta es una de mis recetas favoritas; está adaptada de otra que aparece en el libro The Moosewood Cookbook, *y es deliciosa en el desayuno, la comida o la cena. A mí me encanta que sea tan espesa, pero puedes prepararla más ligera si te apetece, simplemente añadiéndole más agua. Si la consumes recién hecha es muy colorida.*

3 tazas de guisantes partidos

8 tazas de agua

1 hoja de laurel

1 cucharadita de mostaza seca

1 cebolla grande picada (1 taza)

4-5 dientes de ajo medianos machacados

3 ramas de apio picadas finas (¾ taza)

3 zanahorias medianas cortadas en rodajas o en trocitos

5 patatas pequeñas cortadas en rodajas y luego en bastones

pimienta negra recién molida

3-4 cucharadas de vinagre de vino tinto o vinagre balsámico

1 tomate maduro grande, cortado en cubos (1 taza)

mucho cilantro o perejil picado

1. Echa los guisantes partidos, el agua, la hoja de laurel y la mostaza en una olla grande. Lleva a ebullición, baja la temperatura y cuece a fuego lento, parcialmente tapado, durante unos 20 minutos.

2. Añade la cebolla, el ajo, el apio, las zanahorias y las patatas. Tapa y cuece a fuego suave durante aproximadamente 40 mi-

nutos, removiendo de vez en cuando. Agrega agua si la sopa te resulta demasiado espesa.

3. Condimenta con pimienta negra y vinagre a gusto, y sirve decorada con tomates cortados en cubos y cilantro o perejil; o, mejor todavía, mezcla los tomates y el cilantro con la sopa.

Consejo: para preparar esta sopa más rápidamente, usa una olla a presión. Saltea las cebollas en la olla, añade el resto de los ingredientes, sube el fuego al máximo y cuece durante 8 minutos. Si deseas conseguir una variación sorprendentemente deliciosa, combina todos los ingredientes hasta las zanahorias. No añadas las patatas. Cuece hasta que los guisantes secos se hayan ablandado por completo y hayan perdido la forma. Transfiere parte de la sopa a una batidora de vaso y, poco a poco, agrega 450 g (16 oz) de guisantes congelados (o usa una batidora eléctrica de brazo, incorporando los guisantes congelados a la olla). Vuelve a volcar esta mezcla en la cacerola y calienta. Añade pimienta y más agua si lo deseas.

SOPA AROMÁTICA DE PATATAS

OBTIENES 8 RACIONES

No es preciso pelar las patatas o boniatos, al menos que así lo prefieras.

1 cebolla grande picada (una taza)

4 dientes de ajo machacados

2 hojas de laurel

1 zanahoria cortada en rodajas finas

2 ramas de apio picadas (media taza)

1 pimiento rojo o amarillo grande, sin semillas y cortado en cubos (una taza)

10-12 patatas rojas entre pequeñas y medianas, peladas y cortadas en cubos de 2 cm aproximadamente (o usa la mitad de boniatos y la otra mitad de patatas rojas)

8 tazas de agua

1 cucharadita de pimienta negra

1 cucharadita de romero seco

¼ o ½ cucharadita de escamas de pimiento rojo molido

la máxima cantidad posible de espinacas o col rizada

cebolletas picadas

cilantro picado

concentrado proteínico líquido a base de soja o tamari bajo el sodio (opcional)

1. En una olla, a fuego fuerte, saltea la cebolla, el ajo, las zanahorias, el apio y el pimiento en agua durante cinco minutos. Continúa añadiendo líquido para evitar que los ingredientes se peguen. Cuece hasta que estén tiernos.

2. Agrega las patatas y el agua y lleva a ebullición. Baja el fuego al mínimo y prosigue con la cocción durante 30 minutos, o hasta que las patatas estén tiernas.

3. Con un cucharón, vierte la mitad de la mezcla en una batidora de vaso, procesa hasta conseguir una crema homogénea y devuelve el líquido a la olla (o usa una batidora eléctrica de brazo directamente dentro de la olla). Añade las especias y cuece a fuego suave durante 15 minutos más.

4. Agrega muchas espinacas frescas o col, y sigue cociendo hasta que las hojas se marchiten (la col tardará un poco más que las espinacas).

5. Sirve la sopa decorada con cebolletas picadas y/o cilantro. Añade concentrado proteínico líquido a base de soja o tamari bajo el sodio a tu gusto si lo consideras necesario.

SOPA DE CALABAZA Y LENTEJAS

OBTIENES 8-10 RACIONES

Una gran amiga me envió esta receta, que hemos consumido felizmente durante años.

1 cebolla grande picada (una taza)

2-6 dientes de ajo cortados en trocitos

3 ramas de apio picadas (¾ taza)

3 zanahorias picadas

2 tazas de lentejas rojas

7-8 tazas de caldo vegetal o agua

1 lata grande de calabaza (sin azúcar)

¼ cucharadita de mejorana seca

¼ cucharadita de tomillo seco

mucho tabasco

1. Echa la cebolla, el ajo, el apio, las zanahorias, las lentejas y el caldo o el agua en una olla. Lleva a ebullición.
2. Baja el fuego y cuece a fuego suave, con la olla tapada, durante 30 minutos o hasta que las verduras estén tiernas y las lentejas hayan comenzado a deshacerse.
3. Añade la calabaza y las especias, y continúa a fuego suave hasta que todos los ingredientes se hayan mezclado.
4. Agrega tabasco a tu gusto. El tabasco marca la diferencia. Te sorprenderá tener que agitar la botella 15 o 20 veces, ¡pero no tengas miedo!

SOPA SEGURA

OBTIENES 7,5 LITROS

Richard Klein, un residente que trabajaba con Essy, preparó esta sopa después de oír hablar tanto sobre los alimentos «seguros». Es una de las favoritas de mi marido.

1 paquete de 450 g (16 oz) de verduras variadas congeladas

1 paquete de 450 g (16 oz) de quimbombó picado congelado

1 paquete de 450 g (16 oz) de judías de lima

1 cebolla muy grande cortada en trozos y luego picada

340 g (12 oz) de col rizada fresca, sin tallos y picada

4 patatas grandes en trocitos

450 g (una lb) de champiñones frescos cortados en rodajas

4 l de agua

1 lata de 800 g (28 oz) de tomate picado

1 lata de 800 g (28 oz) de salsa de tomate sin aceite

2 latas de 450 g (16 oz) de tomates enteros cortados en rodajas

Los siguientes ingredientes, al gusto:

orégano

pimienta negra

pimiento rojo

mejorana

ajo en polvo

hojas enteras de laurel

albahaca

tomillo

canela

Echa todos los ingredientes en una olla grande y lleva a ebullición. Baja el fuego y cuece a fuego lento, con la olla tapada, durante dos horas. Tómala todos los días de la semana siguiente a su preparación.

SOPA DE BONIATO Y LENTEJAS CON SETAS SHIITAKE

OBTIENES 4-6 RACIONES... ¡CON SUERTE!

1 puerro cortado fino (solo la parte blanca)

6 dientes de ajo picados

2 tazas (alrededor de 3,5 oz) de setas shiitake, frescas o secas, cortadas en rodajas (pon en remojo las setas secas en agua tibia durante 30 minutos antes de cortarlas)

4 tazas de caldo vegetal

2 tazas de agua

2 ½ tazas de lentejas

1 boniato grande cortado en cubos después de haberle limpiado bien la piel (no hay problema en consumirla)

1 hoja de laurel

¼ taza de albahaca fresca

pimienta al gusto

1. En una cacerola grande antiadherente, sofríe el puerro, el ajo y las setas durante 3-4 minutos, hasta que los trozos de puerro estén tiernos.
2. Añade el caldo, el agua, las lentejas, el boniato y la hoja de laurel. Lleva a ebullición.
3. Baja el fuego y cuece a fuego lento sin tapar durante 30-40 minutos, hasta que las lentejas y los boniatos estén tiernos.
4. Retira la hoja de laurel y prepara un puré con dos tazas de la sopa hasta conseguir una mezcla homogénea (o usa una batidora eléctrica de brazo); devuélvela a la olla y añade la albahaca y la pimienta a tu gusto.
5. Sirve tal cual, o sobre arroz, con una ensalada.

Nota: esta sopa es espesa. Agrega el líquido a tu gusto. Si no tienes puerros, usa cebollas.

SOPA DE TOMATE CON ALBAHACA Y VERDURAS

OBTIENES 6 RACIONES

1 cebolla grande picada (una taza)

5 dientes de ajo picados

1 taza de albahaca fresca bien colmada

225 g (8 oz) de champiñones cortados en rodajas (opcional)

2 latas de 800 g (28 oz) de tomates cortados en cubos (usa la marca de menor contenido en sodio que encuentres)

½ taza de agua

1 ½ tazas de jugo de tomate (bajo el sodio)

pimienta al gusto

maíz congelado y espinacas frescas (ingredientes opcionales)

1. Coloca todos los ingredientes, excepto la pimienta, el maíz y la espinaca, en una olla, y lleva a ebullición.
2. Baja el fuego, tapa y cuece a fuego suave durante una hora y media.
3. Justo al final, añade la pimienta a tu gusto y el maíz congelado, junto con las espinacas frescas, en las cantidades que desees. Si te decides por todos, conseguirás una sopa tremendamente sana, o una deliciosa salsa para acompañar arroz o pasta.

VICHYSSOISE

OBTIENES 6 RACIONES

3 tazas de patatas cortadas en cubos
3 puerros o cebollas picados (dos tazas)
2 tazas de caldo vegetal
¼ taza (o más) de albahaca fresca
pimienta al gusto
1 taza de leche de avena, multicereales o de soja sin grasa
cebollinos o cebolletas picadas

1. En una olla coloca las patatas, los puerros, el caldo vegetal y la albahaca, y lleva a ebullición. Baja el fuego, tapa y cuece a fuego suave durante 20 minutos, hasta que las patatas y los puerros estén blandos.
2. Procesa la mezcla en una batidora de vaso hasta conseguir una crema homogénea (o usa una batidora eléctrica de brazo). Vierte en un cuenco y añade la leche de tu elección. Sirve caliente o tapa y deja enfriar. Decora con cebollino o cebolletas picadas justo antes de servir.

SOPA DE ARROZ SALVAJE Y VERDURAS

OBTIENES 6 RACIONES

La anfitriona de mi grupo literario preparó esta sopa especialmente para mí. Y me gustó tanto que le pedí la receta. Esa misma noche la preparé en casa, aunque con algunos cambios, y hemos disfrutado de su sabor desde entonces. Es MUY SENCILLA de preparar, y si le agregas cilantro y espinacas le aportas verduras de hoja, tan importantes para la salud.

½ taza de arroz salvaje cocido y colado

1 cebolla picada

3 ramas de apio picadas

3 zanahorias picadas (2 tazas)

225 g de champiñones en láminas

4 tazas de caldo vegetal

2 tazas de agua

1 ½ cucharadas de harina de maíz

1 cucharada de salsa Worcestershire vegetariana

salsa de guindilla

pimienta

cilantro o perejil para decorar

espinaca para decorar

1. En una olla, sofríe las cebollas, el apio, las zanahorias, los champiñones y el arroz salvaje hasta que todo quede tierno.

2. Vierte el caldo y el agua. Lleva a ebullición, removiendo con regularidad. Luego reduce el fuego, tapa y cuece lentamente durante 40 minutos, hasta que el arroz esté inflado y tierno.

3. En una taza pequeña, diluye la harina de maíz en un poco de agua hasta formar una pasta homogénea; luego añádela a la sopa. Cocina unos minutos más hasta que la sopa se espese.

4. Añade la salsa Worcestershire y la salsa de guindilla, además de la pimienta, para intensificar el sabor. Cocina durante unos minutos más.

5. Justo antes de servir, incorpora cilantro o perejil y espinacas para consumir la mayor cantidad posible de verduras de hoja.

SOPA DE CALABACÍN Y ESPINACA

OBTIENES 4-6 RACIONES

Nuestra nuera Anne Bingham fue quien por primera vez nos dio a conocer esta magnífica sopa muy verde.

- 9 calabacines medianos (1,3 kg, o 3 lb) o la cantidad que tú prefieras, en trozos
- 1 cebolla grande picada en trozos gruesos (una taza)
- 3 dientes de ajo grandes picados
- 3 tazas de caldo vegetal, o agua, o una combinación de vino y caldo, o una mezcla de vino y agua
- 2 cucharadas de miso, concentrado proteínico líquido a base de soja o tamari bajo en sodio (opcional)
- 225 g (8 oz) o más, si te gustan, de espinacas frescas cortadas en trozos grandes, o bien una caja o una bolsa de espinacas congeladas
- 2 tazas de maíz congelado
- pimienta al gusto

1. Echa los calabacines, la cebolla, el ajo y tres tazas de líquido en una olla.
2. Lleva a ebullición, baja el fuego, tapa y cuece a fuego suave durante unos 10 minutos, hasta que los calabacines estén tiernos.
3. Vierte la mezcla de la sopa, por partes, en una batidora de vaso y procesa hasta conseguir una crema homogénea de un bonito color verde, o bien utiliza una batidora eléctrica de brazo.
4. Pasa la mezcla a una olla y, si lo deseas, añade miso.
5. Agrega el maíz y las espinacas, y cualquier otra verdura que desees. Calienta hasta que ambos estén tibios. (Las espinacas ligeramente crujientes saben muy bien, así que no las cocines demasiado.)
6. Agrega pimienta a tu gusto.

21

Bocadillos para cualquier ocasión

CUANDO COMENZAMOS CON NUESTRA DIETA a base de productos vegetales nos costó mucho encontrar un buen sustituto para la mayonesa. Pero entonces descubrimos el hummus sin tahini y los bocadillos volvieron a resultarnos tan deliciosos como siempre, o incluso mejores. También nos gusta la mostaza, y como afortunadamente existe una gran variedad de mostazas sin aceite, disponemos de un interesante abanico de posibilidades en ese sentido.

Ten mucho cuidado con las hamburguesas vegetales, porque casi todas las marcas contienen aceite.

Durante años, el almuerzo de Essy fue un pan de pita de trigo integral relleno de las sobras de la noche anterior. ¡Nos resultaba divertido ver qué podría acabar metido en aquel pan! Así que tú también puedes hacer tus propios milagros con los ingredientes que más te gustan. El pan tostado —el magnífico pan integral— siempre marca la diferencia.

EL ROLLITO PERFECTO

Esta es nuestra forma favorita de preparar un almuerzo completamente sustancioso y, como recalca Essy con orgullo, «con alta densidad de nutrientes», algo que nos esforzamos por conseguir en todas nuestras comidas.

1. Precalienta el horno a 220° (450 °F).
2. Utiliza fajitas sin grasa de trigo integral o de cualquier otro cereal integral, o bien algún pan plano (puedes encontrar incluso fajitas de cereales germinados en la sección de alimentos congelados de un buen número de tiendas naturistas y algunos supermercados).
3. Unta las fajitas con una generosa cantidad de hummus sin tahini. (Puedes recurrir a las marcas comerciales o bien prepararlo tú; para ello, consulta el capítulo 18).
4. Agrega cilantro picado, cebolletas picadas, zanahorias cortadas en juliana (que también puedes comprar en paquete), maíz congelado (templado bajo el agua del grifo) o bien granos de maíz de una mazorca cocida, tomate cortado en trozos pequeños y pimiento picado. Si los tienes a mano, podrías añadirle también otros ingredientes «perfectos», como pepino cortado en rodajas, judías, arroz, brócoli cocido y champiñones. Agrega todos los ingredientes que te gusten.
5. Cubre con gran cantidad de espinacas frescas o lechuga. Es preferible utilizar espinacas, porque quedan mejor después de cocerlas al horno.
6. Con mucho cuidado enrolla la fajita hasta que recuerde a una salchicha, presionándola en todo momento. Córtala a la mitad, colócala en una bandeja y hornea a 220° (450 °F) durante aproximadamente 10 minutos, hasta que esté crocante (comprueba en todo momento que no se queme). ¡Fabuloso!

BOCADILLO ABIERTO DE PEPINO

Algunas marcas comerciales elaboran deliciosos panes integrales de centeno que se consiguen fácilmente en las tiendas naturistas, y con los cuales puedes preparar unos excelentes bocadillos abiertos. Aunque, claro está, tienes la libertad de utilizar cualquier pan integral que te guste.

1. Tuesta el pan integral y úntalo con una generosa cantidad de hummus sin tahini.
2. Vierte cebolleta picada sobre el hummus, y esta a su vez con cilantro picado.
3. Sobre el cilantro extiende una capa de pepinos pelados cortados en rodajas, ligeramente superpuestas.
4. Condimenta con un poquito de pimienta, páprika o cualquier especia de tu elección.

BOCADILLO ABIERTO DE PEPINO Y PIMIENTO ROJO ASADO

Este es un poquito complicado de comer, ¡pero merece la pena! El pimiento rojo asado también es delicioso solo.

1. Tuesta el pan integral y úntalo con una generosa cantidad de hummus sin tahini.
2. Cubre el hummus con una capa de pepino pelado cortado en rodajas, ligeramente superpuestas.
3. Añade perejil o cilantro picado sobre las rodajas de pepino.
4. Por último, cubre con pimientos rojos asados (véase «Pimientos rojos asados rústicos», capítulo 19).

BOCADILLO ABIERTO DE TOMATE EN RODAJAS GRUESAS

1. Tuesta el pan integral y úntalo con una generosa cantidad de hummus sin tahini.
2. Coloca encima rodajas *gruesas* de tomate fresco.
3. Decora con mucha albahaca picada.

BOCADILLO DE RÚCULA, TOMATE Y CEBOLLETA

1. Tuesta dos rebanadas de pan integral y unta cada una de ellas con una importante cantidad de hummus sin tahini.
2. En la rebanada de abajo, cubre el hummus con cebolleta cortada en trozos pequeños, o cebolla dulce o roja en rodajas finas.
3. Sobre la cebolla, coloca el tomate en rodajas. Añade rúcula o cualquier lechuga que te guste.
4. Cubre con la otra rebanada de pan y presiona, para que los ingredientes se unan.

BOCADILLO DE PIMIENTO ROJO ASADO, CILANTRO Y ESPINACA

1. Tuesta dos rebanadas de pan integral y cubre cada una de ellas con una generosa cantidad de hummus sin tahini.
2. En la rebanada de abajo, cubre el hummus con cilantro picado.
3. A continuación extiende pimientos rojos asados encima del cilantro (véase «Pimientos rojos asados rústicos», capítulo 19).
4. Cubre los pimientos con un manojo de espinacas.
5. Añade la otra rebanada de pan, presiona y corta.

BOCADILLO DE CHAMPIÑONES A LA PLANCHA, ESPINACAS Y PIMIENTO ROJO ASADO

Antes de volar a California, nuestro hijo Zeb fue una de las tantas personas a las que se somete a una inspección aleatoria de su equipaje. Y el funcionario encargado de dicha tarea quedó fascinado con sus bocadillos, particularmente por su aspecto tan sano y apetecible.

1. Tuesta un bollo, o una rebanada de pan integral, y unta una de las caras con hummus sin tahini.
2. Añade cilantro picado, tres o cuatro tiras de pimiento rojo asado (véase «Pimientos rojos asados rústicos», capítulo 19) y un champiñón a la plancha.
3. Extiende por encima unas hojas de espinaca fresca o lechuga. Cubre con la otra rebanada de pan, o la otra mitad del bollito, ¡y aprieta para que te quepa en la boca!

MEJOR QUE UN BOCADILLO DE QUESO FUNDIDO

OBTIENES 4-6 BOCADILLOS, DEPENDIENDO DEL TAMAÑO DEL PAN

Si bien no sabe como el queso, esta receta, adaptada de Breaking the Food Seduction, de Neal Barnard, sí que parece queso… ¡y se vuelve casi igual de adictiva!

½ taza de agua

¼ taza de levadura nutricional en copos

2 cucharadas de harina integral

2 cucharadas de zumo de limón fresco

2 cucharadas de hummus sin tahini

1 ½ cucharadas de ketchup o salsa de tomate

2 cucharaditas de harina de maíz

1 cucharadita de cebolla en polvo

¼ cucharadita (o más) de ajo en polvo

¼ cucharadita de cúrcuma molida

¼ cucharadita de mostaza seca, o una cucharadita de cualquier mostaza

8 rebanadas de pan integral

1. Combina todos los ingredientes excepto el pan en una cacerola mediana y bate hasta conseguir una mezcla homogénea.
2. Lleva a ebullición, removiendo con una batidora manual. Baja el fuego y cuece lentamente, sin dejar de revolver, hasta que la mezcla esté muy espesa y homogénea. Retira del calor.
3. Coloca el pan en una parrilla o una sartén antiadherente y unta cuatro rebanadas con esta mezcla de «queso», un tomate cortado en rodajas finas, un poco de cilantro picado y unos bastoncitos de zanahoria. Cubre con las rebanadas superiores de pan y cocina durante unos minutos hasta que la parte inferior de los bocadillos se dore.
4. Con mucho cuidado, dales la vuelta y dóralos del otro lado. (Puedes tostar el pan antes de colocarle la mezcla de «queso» si quieres ahorrar tiempo.) Estos bocadillos se desarman con facilidad, así que ten cuidado al cortarlos a la mitad. Saben tan bien que resulta tentador tomarlos todos los días para comer o cenar.

HAMBURGUESAS DE ALUBIAS NEGRAS Y AVENA

OBTIENE 6-10 HAMBURGUESAS

Betsy Brown, cuyo marido, Gene, es paciente de Essy, ideó estas hamburguesas. Me escribió una nota que ponía: «He estado pensando en una hamburguesa vegetal que no se desarmase. Y he llegado a la conclusión de que el ingrediente principal ha de ser sólido». Estas deliciosas hamburguesas se desarman solo un poquito, pero se derriten en la boca.

1 lata de 425 g (15 oz) de alubias negras, coladas y aclaradas

1 lata de 395 o 425 g (14-5 oz) de tomate con guindilla suave

1 diente de ajo picado o 1 cucharadita de ajo en polvo

1 cucharadita de cebolla en polvo

2 cebolletas picadas

1 taza de zanahorias picadas

1 taza de cilantro o perejil

2 tazas de copos de avena clásicos

1. Precalienta el horno a 200° (400 °F).
2. Procesa los primeros siete ingredientes en un robot de cocina hasta que formen una masa uniforme.
3. Añade la avena y remueve.
4. Forma las hamburguesas, colócalas en una bandeja y hornéalas durante ocho minutos.
5. Sube la temperatura del horno y ásalas durante 2 minutos más, hasta que se doren. (También puedes «freír» las hamburguesas en una sartén antiadherente hasta que ambos lados estén dorados, o prepararlas a la plancha.)
6. Sirve sobre bollitos integrales, acompañadas de lechuga, tomate, cebolla, mostaza, ketchup o hummus sin tahini.

Nota: para variar, hornea usando tu salsa barbacoa favorita. Calienta las sobras en el microondas y tómalas con un bollito o una rebanada de pan, o bien solas con salsa de tipo mexicano.

SEITÁN CON JENGIBRE Y LIMA SOBRE PAN GERMINADO DE HAMBURGUESA

OBTIENES 4 RACIONES

El seitán se prepara a partir del gluten del trigo y se parece notablemente a la carne vacuna. Asegúrate de buscar una marca de seitán que no incluya aceite.

225 g (8 oz) de seitán

salsa para cocer y marinar de jengibre y lima, o cualquier salsa barbacoa

4 panes germinados para hamburguesa sin aceite añadido, u 8 rebanadas de
   pan integral

4 rodajas de tomate

4 rodajas finas de cebolla dulce

lechuga o espinaca

1. Retira el agua del seitán, ponlo en un cuenco y cúbrelo con la
   marinada o la salsa barbacoa. Deja macerar durante unos minutos.
2. Pasa el seitán y la marinada a una sartén antiadherente y saltéalo
   a fuego suave hasta que se dore y caliente. Controla la preparación en todo momento y añade agua si se pega demasiado.
3. Sirve el seitán sobre una mitad del pan. Cúbrelo con tomate,
   cebolla y lechuga o espinaca, y luego aprieta bien con la otra
   rebanada. (Si lo deseas, usa mostaza o hummus, pero el seitán
   es *muy* sabroso por sí solo.)

PIZZA DE PITA CON PIMIENTOS ROJOS ASADOS Y CHAMPIÑONES

OBTIENES 4 RACIONES

*La levadura nutricional, que puedes conseguir en las tiendas naturistas, parece queso
pero no modifica el sabor de esta deliciosa pizza.*

4 pitas grandes de trigo integral o espelta

1 cebolla grande cortada en rodajas, y estas a su vez por la mitad

caldo vegetal, agua o vino

1 caja de 285 g (10 oz) de champiñones en láminas

2 tazas de salsa para pasta, sin aceite

3 pimientos rojos asados cortados en tiras pequeñas (véase «Pimientos rojos
   asados rústicos», capítulo 19)

levadura nutricional

Puedes añadir también alguno o todos de los siguientes:

maíz congelado o proveniente de una mazorca cocida
brócoli cortado y cocido ligeramente al vapor
corazones de alcachofa en rodajas
tomates picados
piña en trozos grandes

1. Corta las pitas a la mitad con un cuchillo de sierra. Hornea a 175° (350 °F) durante 3-5 minutos, hasta que los bordes estén ligeramente crujientes. (Nota: si la pita se endurece y parece demasiado cocida, sabrá muy bien de todas formas…, ¡o incluso mejor!)
2. Saltea la cebolla en un wok. Añade el caldo, el agua o el vino según lo consideres necesario, y luego retírala y resérvala en un plato aparte.
3. Añade los champiñones al wok y saltéalos hasta que estén tiernos, agregando líquido si hace falta.
4. Cubre la pita generosamente con salsa para pasta y luego agrega las cebollas, los champiñones y los pimientos, divididos a partes iguales.
5. Espolvorea la levadura nutricional por encima y hornea hasta que la pita esté crujiente, y las verduras, templadas. Controla este paso con atención para que los ingredientes no se quemen.

Nota: para preparar una salsa más rápida, mezcla unas pocas cucharadas de salsa de tipo mexicano con salsa para pasta. Y si quieres conocer otra masa de pizza, prueba la de arroz integral que suele encontrarse en la sección de congelados de las tiendas naturistas. Sigue las instrucciones de cocción y luego cubre con un montón de ingredientes de tu elección.

PIZZA DE POLENTA CON VERDURAS ASADAS Y ESPINACAS

OBTIENES 4-6 RACIONES

Nuestro yerno, Brian Hart, preparó pizza de polenta para Navidad. La receta que sigue, que ha sido modificada ligeramente en relación con la original, resulta sorprendentemente sustanciosa y muy divertida de preparar, al igual que bonita.

Polenta:
un poco más de 3 tazas de agua
1 taza de harina de maíz
1 cucharadita de ajo en polvo
1 cucharadita de orégano seco
1 cucharadita de albahaca en polvo

Ingredientes:
1 pimiento rojo
1 cebolla grande cortada en rodajas, y estas a su vez por la mitad
2 champiñones en láminas
1 ½ tazas de flores de brócoli cortadas en trozos de 2 cm aproximadamente
1 paquete de 450 g (16 oz) de espinacas congeladas picadas, a temperatura ambiente
4 dientes de ajo picados
2 tazas de salsa para pasta, sin aceite
1 taza de piña fresca en trozos

1. Precalienta el horno a 200° (400 °F).
2. Vierte 3 tazas de agua en una olla mediana y lleva a ebullición.
3. Coloca la harina de maíz con el resto del agua en un cuenco pequeño y mezcla hasta que los ingredientes se unan un poco. Con una cuchara, ve echando la mezcla de harina de maíz en el agua hirviendo y remueve hasta conseguir una crema homogénea.

4. Baja el fuego y cuece lentamente durante 15 minutos, hasta que la polenta se espese mucho, removiendo con frecuencia.

5. Añade el ajo en polvo, el orégano y la albahaca, y luego extiende sobre una piedra para pizza o una bandeja para horno y dale forma, creando un borde con una espátula plana o con los dedos, mientras la polenta se enfría y se vuelve menos pegajosa. Prepara la masa del espesor que desees y hornéala durante 15 minutos. (Si te sobra polenta, puedes cortarla en tiras finas y «freírla» en una sartén antiadherente.)

6. Coloca el pimiento entero, las cebollas cortadas y los champiñones sobre una bandeja para horno y ásalos en la parte superior. De vez en cuando dale la vuelta al pimiento. Lo que primero se cocinará son los champiñones, así que retíralos y resérvalos en un plato pequeño. Dales la vuelta también a las cebollas y cocínalas un poquito más. Retíralas del horno cuando estén doradas, resérvalas en otro plato pequeño y sigue asando el pimiento hasta que quede casi negro.

7. Retira el pimiento, enfríalo bajo el agua del grifo, quítale las semillas y la piel, y córtalo en tiras.

8. Cuece el brócoli al vapor ligeramente y cuélalo.

9. Descongela las espinacas bajo el agua del grifo en un colador y saltea el ajo en una sartén antiadherente con el caldo vegetal, el vino o el agua; luego añade las espinacas y continúa salteando hasta que el líquido se haya evaporado.

10. ¡Ahora viene lo divertido! Extiende las espinacas sobre la polenta. A continuación, cubre las espinacas con la salsa para pasta, luego las tiras de champiñones, las cebollas, las flores de brócoli, la piña y, por último, el pimiento rojo cortado en tiras.

11. Hornea durante 25-30 minutos.

VARIACIONES:

Puedes sustituir los champiñones por otra seta; si no sufres del corazón, echa nueces sobre la polenta. ¡O sé audaz y creativo!

BOLLITOS DE AJO TOSTADO

OBTIENES MEDIA TAZA O TRES CUARTOS; ALREDEDOR DE 6 RACIONES

Para conseguir el magnífico sabor del pan al ajo, prueba cualquiera de estas sencillas recetas con los panes para hamburguesa de cereal germinado o con cualquier pan integral. Saben fabulosos con sopa o una ensalada.

4 dientes de ajo elefante grandes o dos cabezas de ajo completas

4-6 cucharadas de caldo vegetal

2 cucharadas de perejil o cilantro picado

1. Precalienta el horno a 200° (400 °F).
2. Corta la parte superior del ajo elefante y retírale la piel. Envuélvelo en papel para hornear, rocíalo con dos cucharadas de caldo, cierra bien el envoltorio y hornea durante cuenta y cinco minutos. Deja enfriar ligeramente.
3. Machaca el ajo en un cuenco pequeño. Poco a poco, agrégale el caldo vegetal y el perejil picado hasta que la mezcla adquiera la consistencia de una mantequilla blanda.
4. Unta sobre el bollito tostado o bien sobre pan integral. Una alternativa todavía mejor: tuesta el pan ligeramente, úntale la mezcla de ajo ¡y vuelve a tostarlo!

Si tienes prisa, he aquí otra opción *muy* saborizada:

1. Utilizando un mortero, machaca los dientes de ajo.
2. Pásalos a un plato pequeño y agrégales suficiente vinagre (cualquier variedad), limón, lima o cualquier otro zumo de frutas o caldo vegetal para formar una pasta de ajo.
3. Úntala sobre un bollito y tuesta el pan en la parrilla hasta que la parte superior se dore ligeramente.

22
El plato principal

TU PLATO PRINCIPAL puede estar compuesto por cualquier alimento que te guste. Aquí encontrarás muchas sugerencias, y con ellas podrás crear tu versión favorita.

ALUBIAS NEGRAS CON ARROZ

OBTIENES 6 RACIONES

Este fue nuestro primer y favorito plato sin grasa, que resulta estupendo para recibir invitados. A continuación encontrarás sugerencias de verduras que puedes añadir al plato, pero sé creativo. ¡Recurre siempre a los ingredientes que más te gusten!

Un comentario sobre el arroz: procura que siempre sea integral. Es el más nutritivo (porque solo se le ha despojado de la cascarilla), y lo encuentras en muchas variedades. El arroz de grano largo es ligero y esponjoso. El de grano medio es más pegajoso, aunque más glutinoso y menos duro que el de grano corto, nuestro favorito. El arroz integral basmati es aromático. Algunas de las otras variedades son: arroz negro chino, wehani, texmati y arroz rojo butanés. Prueba hasta que encuentres los que más te gusten. Y no te olvides del arroz salvaje. En general, debes cocerlo en una proporción de 2 tazas de agua por cada taza de arroz, con lo que consigues entre 2 y 4 raciones.

En lo que a las alubias se refiere, existen muchas maneras de prepararlas, aunque resultan deliciosas si simplemente las calientas un poco en cuanto las sacas de la lata, con su líquido y todo. Si tu intención es consumir menos sodio, cuélalas y acláralas primero, y a continuación caliéntalas en agua.

2 tazas de arroz integral sin cocer

3 latas de 425 g (15 oz) de alubias negras

2-3 tomates picados (2-3 tazas)

1 cebolla dulce, 1 manojo de cebolletas o cualquier otra variedad de cebolla, picada

1 paquete de 450 g (16 oz) de maíz congelado, templado previamente bajo el grifo de agua caliente

1-2 pimientos rojos, verdes o amarillos, sin semilla y picados (1-2 tazas)

1 taza de zanahorias ralladas o cortadas en bastoncitos

1 lata de 225 g (8 oz) de castañas de agua

1 manojo de cilantro picado

1 manojo de rúcula picada

tamari bajo en sodio o concentrado proteínico líquido a base de soja

salsa de tipo mexicano

1. Cuece el arroz integral siguiendo las instrucciones del envase.
2. Calienta las alubias en su líquido o, ya coladas y aclaradas, en un poco de agua.
3. Coloca en platos individuales todas las verduras picadas.
4. Para servir, comienza con una base de arroz, añade las alubias y llena todo el plato con las verduras restantes. Cubre todo con salsa de tipo mexicano o rocíalo con tamari bajo en sodio o concentrado proteínico líquido a base de soja. Si te sobra algo, utilízalo para preparar una ensalada al día siguiente, añadiendo vinagre balsámico. O bien aprovecha las sobras para preparar un bocadillo o un rollito con hummus sin tahini, una rodaja de tomate y lechuga. ¡Un manjar!

Nuestra familia ha creado interesantes variantes del mismo plato básico.

Esta es la receta de nuestro hijo Ted:

Por cada lata de alubias negras añade una cucharadita de comino molido, ½ cucharadita de canela picada, un puñado de uvas pasas y dos cucharadas de zumo de naranja concentrado. Simplemente mezcla los ingredientes con las alubias en su líquido.

Y esta es otra versión de nuestro yerno, Brian Hart:

Cuela y aclara 3 latas de 425 g (15 oz) de alubias. En una sartén antiadherente, saltea 1 cebolla picada en una cucharada de comino molido, 1 cucharada de guindilla en polvo, 1 cucharadita de ajo en polvo y zumo de naranja o agua en la cantidad necesaria, hasta que las cebollas estén tiernas. Añade medio frasco de cualquier salsa de tipo mexicano, el zumo de ½ lima y 2 cucharadas de salsa barbacoa (opcional). Cuece a fuego suave.

ALUBIAS NEGRAS BRASILEÑAS

OBTIENES 6 RACIONES

Esta es una receta rápida ¡y muuuuuy buena!

- 1 cebolla grande picada
- caldo vegetal, agua, zumo o vino
- 2-4 dientes de ajo picados
- 1 cucharada de jengibre sin piel, rallado o picado
- 2 latas de 425 g (15 oz) de alubias negras, coladas y aclaradas
- 2 latas de 395 o 425 g (14,5 oz) de tomates cortados
- una pizca o ½ cucharadita de pimiento rojo en escamas picado
- cilantro o perejil

1. En una sartén antiadherente, saltea la cebolla con una pequeña cantidad de caldo vegetal, agua, zumo o vino hasta que esté translúcida. Añade ajo y jengibre y saltea unos minutos más.
2. Añade las alubias, los tomates y el pimiento. Cuece a fuego suave, removiendo sin cesar, durante 5-10 minutos, hasta que estén calientes. Si quieres conseguir un plato rápido y colorido, sirve sobre arroz integral rodeado de guisantes congelados, previamente templados en agua caliente. O en lugar de guisantes, prueba con col y salsa de maíz dulce (véase capítulo 18). Justo antes de servir, añade cilantro.

VARIACIÓN:

Añade maíz, col china picada o cualquier otra verdura de tu elección.

GUISO RÁPIDO INTERNACIONAL

OBTIENES 4-6 RACIONES

Este plato es una creación de Betsy, cuyo esposo, Gene —paciente de Essy—, insistió en que ella nos enviara esta receta que a él tanto le gusta.

1 lata de 425 g (15 oz) de alubias negras, coladas y aclaradas
1 lata de 395 o 425 g (14,5 oz) de tomates cortados con pimientos verdes ácidos suaves
maíz congelado, en cantidad suficiente para llenar la lata de tomate vacía

Betsy escribió: «Simplemente calenté los ingredientes todos juntos y los serví con nachos. Al día siguiente añadí al guiso unas sobras de polenta y avena, y conseguí una variante de la receta original».

ALUBIAS NEGRAS CARIBEÑAS CON SALSA DE MANGO SOBRE ARROZ INTEGRAL

OBTIENES 4 RACIONES

Las alubias negras se preparan enseguida. La salsa (ver a continuación) necesita cierta preparación, pero los resultados son tan frescos y deliciosos que merece la pena el esfuerzo.

1 cebolla grande picada (½ taza)
3 dientes de ajo picados o machacados
1-2 cucharadas de jengibre fresco pelado, rallado o picado
1 cucharadita de tomillo fresco picado o ½ cucharadita de tomillo seco
½ cucharadita de especias variadas molidas
3 latas de 425 g (15 oz) de alubias negras, coladas y aclaradas
1 taza de zumo de naranja

pimienta al gusto
salsa de mango (encontrarás la receta a continuación)

1. En una sartén antiadherente, saltea las cebollas y el ajo en una pequeña cantidad de caldo, agua, vino u otro líquido, durante 5 minutos, hasta que las cebollas empiecen a ablandarse.
2. Añade el jengibre, el tomillo y la mezcla de especias, y sofríe durante 5 minutos más, hasta que las cebollas estén ya muy tiernas.
3. Agrega las alubias y el zumo de naranja, y cuece a fuego suave durante unos 15 minutos, removiendo de vez en cuando, hasta que la mezcla se espese ligeramente. Aplasta algunas alubias con la parte posterior de una cuchara para conseguir una consistencia más espesa. Agrega pimienta y sirve sobre arroz integral y decora con salsa de mango y nachos.

SALSA DE MANGO:

2 mangos maduros medianos pelados y cortados
1 pepino pequeño pelado, sin semillas y cortado en cubos
1 tomate maduro picado (1 taza)
zumo y ralladura de 1 lima
½ o 1 pimiento jalapeño fresco, o cualquier otra variedad de pimiento picante cortado en trocitos pequeños, o salsa de guindilla al gusto
1 cucharada (o más) de cilantro picado

Mezcla los ingredientes y deja reposar durante 10 minutos para que todos los sabores se integren.

TORTITAS SUPREMAS DE ALUBIAS NEGRAS

OBTIENES 8 RACIONES

Nuestro yerno, Brian Hart, preparó esta deliciosa receta con la que nos dimos un festín: incluso nuestros nietos de 2 y 4 años disfrutaron de ella, y se divirtieron mucho además ayudando a preparar las tortitas.

Tortitas de alubias:

6 latas de 425 g (15 oz) de alubias negras, coladas y aclaradas

1 pimiento rojo sin semillas y picado (1 taza)

3 cebolletas picadas

2 zanahorias ralladas

1 cucharadita de ajo en polvo

1 cucharadita de cebolla en polvo

1 cucharadita de guindilla en polvo

2 cucharaditas de comino molido

½ taza de salsa de tipo mexicano

Guarnición:

1 paquete de 450 g (16 oz) de maíz congelado o granos de 6 mazorcas

3 cebollas dulces cortadas en rodajas, y estas, a su vez, cortadas a la mitad

1 frasco de salsa de tipo mexicano de 450 g (16 oz)

1 bolsa de espinacas

½ taza de cilantro picado

1. Precalienta el horno a 180° (350 °F). Coloca las alubias en un cuenco grande y añádeles el resto de los ingredientes de las tortitas, mezclando bien. Tritura bien la pasta resultante, ya sea con un pasapurés o bien con las manos.
2. Vierte la masa sobre una tabla o en la encimera y aplástala hasta formar un círculo de 1 cm de espesor aproximadamente. Con un vaso o un molde de galletas forma tortitas circulares y colócalas en una fuente de horno.

3. Cubre con papel de aluminio y hornea durante 20 minutos. Retira el aluminio y continúa la cocción durante 10 minutos más, hasta que la parte superior adquiera un tono dorado.

4. Asa el maíz en una fuente de horno hasta que se dore. Resérvalo en un cuenco.

5. Asa las cebollas hasta que se doren. Resérvalas en otro cuenco.

6. Prepara cuencos de maíz, cebollas, tortitas de alubias, salsa, espinacas y cilantro, y disponlos en la mesa. Comienza con las espinacas, luego añade una o dos tortitas de alubias, maíz asado y cebollas asadas, y cubre todo con salsa y cilantro. Si no sufres ninguna enfermedad cardíaca, podrías añadir unos trocitos de aguacate.

BURRITOS FABULOSOS

OBTIENES 4 RACIONES

*Nuestros hijos Rip y Zeb nos sorprendieron una noche con este plato, que se ha convertido en uno de los favoritos de nuestra familia. Acompañado de una ensalada grande, se convierte en una comida sumamente sustanciosa. (**Nota:** las fajitas de cereales germinados saben especialmente bien, y al tostarlas adquieren una consistencia crocante.)*

    1 cebolla grande picada (1 taza)

    2 dientes de ajo picados

    caldo vegetal o agua

    2 latas de 425 g (15 oz) de judías pintas coladas y aclaradas

    1 bote de 450 g (16 oz) de salsa de tipo mexicano suave, salsa para pasta sin aceite o una combinación de ambas

    4 rebanadas de pan plano (pita) de trigo integral o fajitas sin grasa

    2-3 tomates o 6-8 tomates pera cortados en rodajas finas

    cilantro o perejil picado

1. Precalienta el horno a 180° (350 °F).
2. En una sartén antiadherente, saltea la cebolla y el ajo en suficiente caldo vegetal o en agua que los cubra, hasta que estén tiernos.
3. Añade las judías pintas y la salsa para pasta, prepara un puré (con un pasapurés) y a continuación cuece todos los ingredientes durante unos minutos. (Si quieres aumentar la cantidad de mezcla para relleno, puedes añadir sobras de arroz, maíz u otras verduras.)
4. En una bandeja de horno, coloca suficiente salsa para pasta como para cubrir el fondo. Unta cada fajita o pieza de pan pita con la mezcla de judías, enróllalas como si fuesen salchichas y colócalas en la bandeja, uniendo los burritos para que no se abran. Cúbrelos con salsa de tipo mexicano, salsa para pasta o una combinación de ambas.
5. Cubre los burritos con las rodajas de tomates.
6. Hornea durante 30 minutos, hasta que burbujeen, o incluso durante más tiempo si te gustan los burritos crocantes. Decora con cilantro o perejil picado.

LOS BURRITOS DE JANE

OBTIENES 4-6 RACIONES

Nuestra hija, Jane, sirve esta receta con frecuencia. Ella prepara los burritos en grandes cantidades y los congela para futuras comidas. ¡Nos encantan sus burritos! Si los congelas, recuerda hornearlos primero. Luego caliéntalos en el horno a 180° (350 °F) durante 10 minutos o hasta que estén suficientemente calientes.

1 cebolla grande picada (1 taza)

caldo vegetal o agua

2 calabacines pequeños o 1 mediano picados

2 calabazas amarillas pequeñas picadas

1 pimiento rojo grande, sin semillas y picado (una taza)

½ taza de brócoli picado en trozos pequeños

2 hojas de col china picadas

2 latas de 425 g (15 oz) de judías refritas sin grasa para vegetarianos

1 lata de 425 g (15 oz) de judías pintas coladas y aclaradas

2 tazas de arroz integral cocido

1 ramo de cilantro picado

6 fajitas sin grasa

salsa de tipo mexicano

1. Precalienta el horno a 180° (350 °F).
2. En una sartén antiadherente, saltea la cebolla en caldo o agua hasta que esté tierna. Añade los calabacines, la calabaza, el pimiento rojo, el brócoli y la col china, y saltea durante tres o cuatro minutos, hasta que estén tiernos.
3. Añade las judías refritas y las judías pintas, y cocina un minuto más.
4. Agrega la cantidad de arroz que desees y la mitad del cilantro.
5. Cubre los burritos con unas cucharadas de mezcla. Pliega uno de los extremos sobre el relleno, luego el otro, y gira cada burrito un poco de lado, de tal manera que se apoye en el siguiente y así se mantenga cerrado.
6. Hornea durante 12 minutos, o hasta que las fajitas estén crocantes. Sirve con mucha salsa de tipo mexicano y el resto del cilantro por encima, para decorar.

Nota: utiliza cualquier verdura que tengas en la nevera. Todos los ingredientes van bien. La parte más difícil de esta receta es encontrar fajitas de harina integral que no contengan grasa. Si descubres alguna marca que cumpla con estos requisitos, compra grandes cantidades y congélalas; pide que te las envíen a casa o bien solicita a tu tienda naturista habitual que te consiga fajitas de esa marca en particular.

CHILE MUY RÁPIDO DE ALUBIAS NEGRAS

OBTIENES 4 RACIONES

Esta receta no solo es rápida de preparar, sino muy sencilla de consumir. Cuando desees preparar un plato realmente sabroso, sirve sobre una cama de espinacas al vapor cubiertas de cebollitas picadas y acompañado de fajitas de maíz crujientes. Si tienes prisa, deja de lado las cebollas, usa ajo molido, prepara las espinacas en el microondas... ¡y presto!

1 cebolla grande picada (una taza)

2-3 dientes de ajo picados o una cucharadita de ajo molido

2 latas de 425 g (15 oz) de judías negras, coladas y aclaradas

1 bote de salsa de tipo mexicano de 450 g (16 oz)

1 manojo de cebollitas, incluyendo las partes blancas y verdes, picadas

1 paquete de 450 g (16 oz) de maíz congelado (alrededor de dos tazas)

½ o 1 taza de cilantro picado

1. Saltea la cebolla en una sartén grande antiadherente a fuego medio hasta que esté tierna y comience a dorarse. Añade el ajo y continúa cocinando durante un minuto más.

2. Añade las judías, la salsa mexicana y las cebolletas. Tapa y cuece a fuego medio durante unos 10 minutos, removiendo de vez en cuando.

3. Añade el maíz y continúa la cocción, removiendo, hasta que todos los ingredientes se hayan calentado.

4. Agrega el cilantro justo antes de servir, de tal manera que mantenga su color verde.

CHILE DE ARROZ FÁCIL

OBTIENES 6 RACIONES

Lori Perry, la esposa de un paciente, nos envió esta receta, que es una de sus favoritas.

- 1 cebolla amarilla grande picada (una taza)
- 2 ramas de apio picadas (½ taza)
- 1 pimiento jalapeño sin semillas y picado
- 1 cucharada de ajo picado
- 1 lata de 395- 425g (14,5 oz) de tomates cortados en cubo de bajo contenido en sodio
- 1 lata de 425 g (15 oz) de judías negras coladas y aclaradas
- 1 lata de 425 g (15 oz) de alubias rojas coladas y aclaradas
- un bote de 720g (25,5 oz) de salsa para espaguetis sin aceite
- 1 taza de agua
- ¾ taza de arroz integral crudo
- 1 cucharada de guindilla en polvo
- cilantro o perejil

1. En una sartén antiadherente, saltea las cebollas, el apio, el jalapeño y el ajo en una pequeña cantidad de agua hasta que estén cocidos.
2. Añade el resto de los ingredientes, excepto el cilantro. Lleva a ebullición; luego reduce el calor y cocina a fuego suave, con la sartén tapada, durante aproximadamente una hora, removiendo con frecuencia.
3. Agrega cilantro o perejil justo antes de servir. Llena tu cuenco con verduras de hoja verde y luego añade el chile o sirve acompañado de una gran ensalada.

PASTEL DE FAJITAS

5-6 fajitas de maíz medianas sin aceite

2-3 latas de 425 g (15 oz) de judías negras coladas y aclaradas

2 botes de 450 g (16 oz) de salsa de tipo mexicano (suave o picante, a tu gusto)

1 paquete de 450 g (16 oz) de maíz congelado

1 cebolla grande picada fina (una taza) y salteada hasta que esté tierna

1 pimiento rojo o verde grande, sin semillas y picado (una taza)

1 tomate grande picado (una taza)

1. Precalienta el horno a 180° (350 °F).
2. En el fondo de una bandeja grande para horno, coloca la mitad de las fajitas. Necesitarás cortar algunas para que cubran el recipiente.
3. Vierte las judías encima; luego añade la mitad de la salsa, el maíz, las cebollas salteadas, los pimientos, el tomate y otra capa de fajitas. Cubre con el resto de la salsa. Utiliza más cantidad si lo considera necesario.
4. Hornea durante 60 minutos, sin tapar. Cuanto más tiempo dejes este pastel en el horno, mejor sabrá.

PASTEL DE BRÓCOLI Y CHAMPIÑONES

OBTIENES 3-5 RACIONES

> 1 cucharadita de ajo granulado
> 1 cucharadita de aderezo de limón y pimienta
> 2 tazas de arroz integral cocido
> 1 patata mediana o grande cortada en rodajas finas
> 1 manojo de cebolletas picadas
> 1 caja de 280 g (10 oz) de champiñones en láminas
> 1 cucharada de miso
> 1 taza de salsa de limón (véase a continuación)
> 3 tazas de brócoli picado y ligeramente cocido al vapor
> 1 manojo de col berza sin tallo con las hojas picadas en trocitos y cocidas al vapor o hervidas hasta que estén tiernas
> pimienta al gusto

1. Precalienta el horno a 180° (350 °F).
2. Mezcla el ajo y el aderezo de pimienta y limón con el arroz integral cocido.
3. Cubre el fondo de un molde para tarta grande con el arroz cocido y presiona para formar una superficie compacta.
4. Coloca las rodajas de tomates sobre el arroz y cubre con un puñado de cebolletas picadas.
5. En una sartén antiadherente, saltea los champiñones y el resto de las cebolletas en caldo vegetal, vino o agua hasta que ambos ingredientes estén ligeramente cocidos.
6. Mezcla el miso en un cuenco pequeño con dos cucharadas de caldo o agua, y añade a los champiñones.
7. Prepara la salsa de limón.
8. Agrega el brócoli y la col berza a la mezcla de champiñones, y luego añade la salsa de limón y la pimienta a tu gusto.
9. Vierte la mezcla de brócoli y champiñones sobre los tomates y

hornea durante 20-30 minutos. (Opcional: antes de hornear, espolvorea ligeramente con levadura nutricional.)

Nota: si lo prefieres, puedes reemplazar la col berza por espinacas ligeramente cocidas al vapor o por col rizada.

SALSA DE LIMÓN

1 cucharada de harina de trigo integral

1 cucharada de harina de maíz o arrurruz

1 cucharada de tamari bajo en sodio

1-2 cucharadas de zumo de limón más la ralladura de un limón

pimienta al gusto

½ taza de caldo vegetal

½ taza de leche de avena, almendra, multicereales o soja sin grasa

1. Combina los primeros cinco ingredientes en una sartén.
2. Gradualmente, añade el caldo vegetal y la leche, removiendo hasta que desaparezcan todos los grumos.
3. Cocina a fuego medio, removiendo constantemente hasta que la salsa quede homogénea y espesa.

Nota: esta salsa también resulta deliciosa con verduras.

LA SORPRENDENTE COMBINACIÓN DE VERDURAS DE ANA

OBTIENES 6 RACIONES

Ana, que se crió en Lituania siguiendo una dieta a base de productos vegetales, compartió con nosotros esta inusual receta que, como ella dice, «¡funciona!». Y nosotros estamos de acuerdo.

> 1 cebolla grande picada (una taza)
> caldo vegetal, agua o vino
> 4 ramas de apio picadas (una taza)
> 4 zanahorias picadas
> 1 lata de 425 g (15 oz) de garbanzos colados y aclarados
> 1 paquete de 450 g (16 oz) de judías congeladas, templadas previamente
>   bajo el agua del grifo

1. En una sartén antiadherente, saltea la cebolla en caldo, agua o vino hasta que esté tierna, y luego añádele las ramas de apio y las zanahorias.
2. Licua las judías en un robot de cocina hasta que formen una pasta homogénea.
3. Añade los garbanzos y los guisantes licuados a las cebollas. Remueve, calienta y sirve sobre arroz integral o solo.

Nota: dado que casi todas las recetas necesitan adquirir una consistencia espesa, los guisantes congelados licuados consiguen dicho efecto. ¡Son, sin duda, un ingrediente mágico!

RATATOUILLE DE CHAMPIÑONES

OBTIENES 6-8 RACIONES

Esta preparación resulta absolutamente deliciosa sobre arroz integral, ¡y lo mejor de todo es que es muy sencilla!

2 cebollas grandes picadas

3 dientes de ajo picados, o más si te gusta el ajo

450 g (16 oz) de champiñones, los más grandes cortados a la mitad

200 g (7 oz) de setas shiitake cortadas en trozos gruesos

1 berenjena pelada y picada en trozos de 2 cm aproximadamente

3 tomates picados

2 cucharaditas de tomillo seco

2 cucharaditas de albahaca seca

1 cucharadita de pimienta

½ taza de caldo vegetal o agua

½ taza de jerez (opcional)

cilantro o perejil picado

1. Precalienta el horno a 190° (375 °F)
2. Coloca todos los ingredientes, excepto el cilantro, en una bandeja de horno u otro molde con los bordes elevados. Mezcla y cuece sin tapar durante 50 minutos. Si lo dejas un poco más, el plato sabe todavía mejor. En el caso de que se seque ligeramente, añade un poco más de caldo o agua. Antes de servir, decora con todo el cilantro o el perejil que desees.

Nota: si no tienes setas shiitake, cualquier otra variedad va bien en esta receta.

CHAMPIÑONES PORTOBELLO A LA BARBACOA

champiñones: 1-2 por persona dependiendo del tamaño de las setas
salsa barbacoa sin aceite o jarabe de arce con alto contenido de fructosa
   (o una mezcla de vinagre balsámico y salsa de tomate sin aceite, con la
   que obtienes tu propia salsa barbacoa)

1. Precalienta el horno a 180° (350° F).
2. Cubre los champiñones con salsa barbacoa y colócalos en una cazuela, separados o ligeramente superpuestos. Añade una pequeña cantidad de agua.
3. Hornea durante al menos 30 minutos o más, si los champiñones son grandes. Deben quedar tiernos.
4. Antes de servir, rocía cada champiñón con el jugo de la cocción.

Nota: estos champiñones se parecen sorprendentemente a la carne. Sirve con algún cereal, verdura cocida al vapor y ensalada, o bien coloca los champiñones sobre arroz en un cuenco, rocía con el jugo de la cocción y rodea con espinacas cocidas al vapor o bien cruda. Otra alternativa es que cubras un bollito o rodaja de pan integral con un champiñón portobello cocido a la parrilla y luego le añadas tomate cortado en rodajas y lechuga, hummus sin tahini o pimientos rojos asados, cilantro y espinacas. ¡El resultado es fabuloso!

SALTEADO BRILLANTE VERANIEGO

OBTIENES 4 RACIONES

1 cebolla roja mediana picada (½ taza)

caldo vegetal, agua, vino o zumo de naranja

2 tazas de brócoli cortado en trozos pequeños

2 ramas de apio cortadas en diagonal (½ taza)

1 pimiento rojo cortado en juliana

1 calabaza amarilla de verano cortada a la mitad y luego en rodajas de 1 cm
de espesor

1 taza de caldo vegetal

115 g (4 oz) de guisantes

1 cucharada de jengibre fresco pelado y picado

3 cucharadas de tamari bajo en sodio o concentrado proteínico líquido a base
de soja

1 cucharada de zumo de lima fresco

2 cucharadas de harina de maíz

2 cucharadas de cilantro picado (¡yo siempre uso *mucho*!)

1. En una sartén antiadherente, saltea la cebolla añadiendo líquido —caldo, agua, vino o zumo de naranja— en la medida en que lo consideres necesario, hasta que la cebolla esté ligeramente tierna.

2. Añade el brócoli, el apio, los pimientos y la calabaza, y cuece durante cinco minutos hasta que el brócoli empiece a ablandarse, removiendo constantemente.

3. Agrega el caldo, los guisantes y el jengibre, y lleva a ebullición. Reduce el calor y cuece a fuego suave durante cinco minutos, hasta que las verduras queden un poco crujientes.

4. En un cuenco pequeño, mezcla el tamari, el zumo de lima y la harina de maíz.

5. Retira la sartén del fuego y vierte en ella la mezcla de tamari. Vuelve a poner la sartén a fuego medio y cocina durante un mi-

nuto, hasta que la mezcla hierva y se espese ligeramente. Por último añade el cilantro. Sirve sobre arroz integral.

Nota: este colorido plato desaparece enseguida. Puedes reemplazar los ingredientes originales por otros, si así lo deseas: por ejemplo, los guisantes por judías verdes o el brócoli por coliflor.

ARROZ COLORIDO

OBTIENES 6-8 RACIONES

1 champiñón portobello muy grande o 2 medianos picados
1 cebolla roja picada
2-3 cucharadas de concentrado proteínico líquido a base de soja o tamari bajo en sodio
1 paquete de 450 g (16 oz) de guisantes congelados o verduras variadas
4 tazas de arroz integral cocido (alrededor de 2 tazas si está sin cocer)
perejil picado
2 cucharadas de pimientos picados

1. Combina los champiñones y la cebolla en un wok o en una sartén antiadherente y sofríelos durante cinco minutos, hasta que estén tiernos. Añade 1-2 cucharadas de concentrado proteínico líquido a base de soja o de tamari, más un poco de agua si lo consideras necesario.
2. Agrega las verduras congeladas y saltea hasta que estén calientes.
3. Añade el arroz y cuece durante unos minutos más. Agrega perejil y otra cucharada de tamari o concentrado de soja (a tu gusto), y decora con los pimientos.

ARROZ DULCE CON GUISANTES Y CEBOLLAS

OBTIENES 4 RACIONES

1 cebolla roja picada (1 ½ tazas)
1 taza de arroz integral de grano corto sin cocer
4 dientes de ajo machacados o dos cucharaditas de ajo asado de bote
1 paquete de 450 g (16 oz) de guisantes congelados

1. Cuece la cebolla en una sartén antiadherente a fuego fuerte hasta que se ablande; luego reduce el calor y cocina a fuego lento durante alrededor de 40 minutos. Agrega agua y remueve si es necesario.
2. Cocina el arroz integral con dos tazas de agua en una arrocera o directamente sobre el hornillo. En cualquiera de los dos casos, el tiempo de cocción es de aproximadamente 40 minutos.
3. Agrega el ajo a la cebolla justo antes de que el arroz esté listo y saltea durante unos minutos.
4. Agrega el arroz a la cebolla y el ajo, y mezcla.
5. Justo antes de servir, incorpora los guisantes congelados y cocina lo suficiente como para que estos se calienten.

Nota: los guisantes mantendrán su brillante color verde si no los dejas en el fuego durante demasiado tiempo. Pero, de todas maneras, aunque lo hagas, el plato resulta deliciosamente dulce. Decora con cilantro antes de servir, si así lo deseas. Este plato va muy bien con una ensalada, champiñones portobello asados, espárragos y pan.

ARROZ CON SALSA, ALUBIAS Y CILANTRO

OBTIENES 2-3 RACIONES

Los invitados que esperábamos no se presentaron, así que nos sobró dip para preparar entrantes, y también quedó bastante arroz. Fue así como nació esta combinación rápida y sorprendentemente deliciosa.

> 1 bote de 450 g (16 oz) de salsa de tipo mexicano
> una lata de 425 g (15 oz) de alubias negras coladas y aclaradas
> zumo de media lima o limón jugoso
> cilantro (mucho)

Mezcla todos los ingredientes y sirve sobre arroz recalentado.

MARAVILLOSO ARROZ SALVAJE Y PILAF DE CHAMPIÑONES

OBTIENES 6-8 RACIONES

Este plato es tan elegante que resulta idóneo para cualquier ocasión especial, y a todo el mundo le encanta. También es muy fácil de preparar.

> caldo vegetal, agua o vino
> 1 cebolla grande o dos medianas picadas (alrededor de dos tazas)
> 3 ramas de apio picadas (¾ taza)
> 2 dientes de ajo picados
> 1 cucharadita de tomillo seco
> ¾ taza de arroz salvaje
> ¾ taza de arroz integral (a nosotros nos gusta el de grano corto, pero el de grano largo va bien también)
> 3 tazas de caldo vegetal
> 2 cajas de 285 gramos (10 oz) de champiñones frescos cortados en cuartos

½ taza (o más) de perejil o cilantro picado
1-2 cucharadas de vinagre balsámico
pimienta negra recién molida al gusto

1. Calienta unas cucharadas de caldo vegetal, agua o vino en una cazuela grande. Añade las cebollas y el apio, y cocina durante 4-6 minutos, hasta que estén tiernos, removiendo con frecuencia.
2. Añade el ajo y el tomillo, y cuece, sin dejar de remover, durante 30 segundos.
3. Agrega el arroz salvaje, el arroz integral y el caldo vegetal, y lleva a ebullición. Tapa y cuece a fuego lento entre 50 y 55 minutos, hasta que la mayor parte del líquido haya sido absorbido. De todas formas, quedará algo en la cazuela.
4. Calienta el caldo, el agua o el vino en una sartén grande antiadherente a fuego medio-alto. Añade los champiñones y cuece durante 4-6 minutos, hasta que estén dorados y tiernos, removiendo de vez en cuando.
5. Agrega los champiñones al arroz. Incorpora el perejil o el cilantro, el vinagre y la pimienta. Coge un tenedor ¡y a disfrutar del festín!

SALTEADO DE PIÑA

OBTIENES 4-6 RACIONES

1 cebolla grande picada (1 taza)

3 dientes de ajo picados

2 cucharaditas de jengibre fresco pelado y picado

1 caja de 285 g (10 oz) de champiñones en láminas

2 pimientos rojos sin semillas y cortados en trozos de unos 2 cm

2 calabacines cortados en rodajas

3-4 hojas de col china

1 piña fresca cortada en dados

1 pimiento jalapeño sin semillas y picado

2 cucharadas de vinagre de arroz integral

pimienta al gusto

1. En una sartén antiadherente, saltea la cebolla, el ajo y el jengibre en zumo de piña, agua o vinagre hasta que las cebollas comiencen a ablandarse.

2. Añade los champiñones y cuécelos durante unos minutos hasta que estén tiernos.

3. Agrega los pimientos rojos, el calabacín y la col china, y prosigue con la cocción hasta que estén calientes y empiecen a ablandarse.

4. Mezcla la piña, el jalapeño, el pimiento rojo y el vinagre en un cuenco pequeño y añádelos a las verduras de la sartén. Cocina hasta que la mezcla esté caliente. Sirve sobre arroz integral o cualquier cereal integral, a tu gusto, sobre una cama de verduras de hoja.

Nota: casi todas las verduras pueden ser sustituidas por otras, ¡así que usa los productos que tengas en casa!

SALTEADO DE COL CHINA, CHAMPIÑONES Y JENGIBRE

OBTIENES 4-6 RACIONES

2 cebollas grandes picadas (2 tazas)

3 dientes de ajo picados

1 ½ cucharadas de jengibre fresco pelado y picado

2 cajas de 285 g (10 oz) de champiñones frescos en láminas (alrededor de 4 tazas)

8 hojas de col china, incluidas las partes verdes y las blancas, picadas en diagonal

6 cebolletas picadas en diagonal

1 pimiento rojo grande sin semillas y picado

½ taza de agua

3 cucharadas de harina de maíz

1-2 cucharadas de tamari bajo en sodio o concentrado proteínico líquido a base de soja

pimienta negra al gusto

cilantro (mucho) picado

fideos soba o arroz

1. En una sartén antiadherente, a calor medio o fuerte, saltea las cebollas, el ajo y el jengibre en caldo vegetal, vino o agua durante 5 minutos, hasta que las cebollas empiecen a ablandarse. Añade los champiñones y cocina la mezcla durante unos 5 minutos más.

2. Agrega la col china y las cebolletas. Prosigue con la cocción durante 2-3 minutos. Condimenta con pimienta negra.

3. Mezcla el agua, la harina de maíz, el tamari bajo en sodio o el concentrado proteínico líquido a base de soja en un cuenco pequeño.

4. Baja el fuego, vierte la mezcla de harina de maíz, tapa el recipiente y cocina durante unos minutos más, hasta que el líquido esté espeso y haya glaseado las verduras.

5. Añade el pimiento y el cilantro a tu gusto y consume el salteado sobre fideos soba o arroz…, o solo.

ACELGA CON AJO, LIMÓN Y ARROZ INTEGRAL

OBTIENES 2 RACIONES

Una vecina me pasó esta receta y me contó que ella y su marido la toman al menos una vez a la semana. ¡Y ahora también nosotros!

caldo vegetal, vino o agua
4 dientes de ajo picados
1-2 manojos de acelgas picada en trozos de 2,5 a 5 cm (1-2 pulgadas), tallos incluidos, y lavada
zumo y ralladura de 1 limón
2-3 tazas de arroz integral cocido

1. Calienta un poco de caldo vegetal, vino o agua en una sartén antiadherente y añade el ajo. Mezcla durante un minuto y luego agrega las acelgas y más líquido si lo consideras necesario. Cuece hasta que las hojas se hayan «marchitado» y mermado, removiendo de forma constante.
2. Añade el zumo y la ralladura de limón, cuece durante un minuto más y luego agrega el arroz integral. Calienta todos los ingredientes y acompaña con una ensalada y pan.

   Nota: se trata de un plato muy sencillo de preparar, y resulta especialmente bonito si usas acelgas rojas, que adquieren un agradable tono rosado.

ACELGA Y GARBANZOS

OBTIENES 6 RACIONES

Si bien lleva un poco de tiempo picar los ingredientes, este plato es más rápido de lo que parece... y es una comida completa. Cuantas más acelgas utilices, mejor. Siempre ve a más, no a menos.

1 cebolla grande picada (1 o 1 ½ tazas)

1 pizca de hebras de azafrán

1 cucharada de ajo picado

1 taza de cilantro picado

½ taza de perejil picado

½ cucharadita de comino molido

1 lata de 170 g (6 oz) de concentrado de tomate

2 manojos grandes de acelgas con las hojas picadas y los tallos cortados en trozos

2 latas de 425 g (15 oz) de garbanzos colados y aclarados

1 taza de caldo vegetal o agua

pimienta al gusto

1. En una sartén antiadherente, a fuego medio, saltea las cebollas y el azafrán en caldo, agua o vino durante unos 10 minutos, hasta que las cebollas estén tiernas.

2. Mezcla el ajo, el cilantro, el perejil y el comino en un cuenco y añade las cebollas junto con el concentrado de tomate. Remueve y cuece a fuego lento durante unos minutos.

3. Cocina primero las hojas de acelga en un poco de agua durante aproximadamente cinco minutos, hasta que empiecen a marchitarse. Retíralas y reserva el agua de cocción. Cocina los tallos de acelga en esa misma agua durante 10 minutos, hasta que estén tiernos.

4. Agrega a la mezcla de cebolla los garbanzos, el caldo o el agua y las hojas de acelga. Cuece a fuego lento durante 10 minutos

y luego añade los tallos y pimienta a tu gusto. Incorpora la ralladura de limón y un chorrito de zumo por encima.

PIMIENTOS RELLENOS DE VERDURAS

OBTIENES 4-8 RACIONES

> 4 pimientos de cualquier color
> 2 cebollas medianas picadas (1 o 1 ½ tazas)
> 3 dientes de ajo grandes picados
> 1 cucharada de jengibre fresco pelado y picado
> caldo, agua o vino (opcional)
> 2 tazas de maíz (alrededor de 3 mazorcas)
> 2 tazas de arroz integral cocido
> 2 tomates medianos picados (dos tazas)
> 1 cucharada de zumo y ralladura de limón
> 1 cucharada de vinagre balsámico
> pimienta al gusto

1. Precalienta el horno a 200° (400° F). Corta los pimientos a la mitad, en sentido longitudinal, y retira las semillas. Reserva.
2. Saltea las cebollas en una sartén antiadherente a fuego medio hasta que comiencen a dorarse.
3. Añade el ajo y el jengibre, y continúa salteando durante dos o tres minutos. Agrega caldo, agua o vino si lo consideras necesario.
4. Incorpora el maíz y cocina durante dos minutos más.
5. Vierte el arroz, los tomates, el zumo y la ralladura de limón, el vinagre y la pimienta, y mezcla.
6. Rellena abundantemente las mitades de pimiento con la mezcla de las verduras, procurando que queden bien colmados.
7. Cubre con papel de aluminio y hornea durante 25 minutos.

Nota: también puedes utilizar esta mezcla para rellenar calabaza o cualquier verdura que tenga algún orificio central. Otra posibilidad es que la consumas sola. Si quieres conseguir un efecto similar al que proporciona el queso, vierte hummus sin tahini en la parte superior de los pimientos y hornea hasta que las superficies estén doradas.

PATATAS CON CONFETTI ASADAS DOS VECES

OBTIENES 6 RACIONES

Las patatas tienen un aspecto muy bonito y saben estupendamente.

12 patatas yukón gold medianas

2 tazas o más de leche de avena, multicereales o de soja sin grasa

1 bolsa de 450 g (16 oz) de maíz congelado

2 tazas de cebolletas picadas

2 pimientos rojos grandes, sin semillas y picados (dos tazas)

1 cucharadita de ajo molido o ajo fresco picado

pimienta al gusto

1. Precalienta el horno a 220° (450° F).
2. Lava bien la piel de las patatas, pínchalas con un cuchillo y hornéalas durante una hora.
3. Retira las patatas del horno, córtalas con cuidado a la mitad, quítales la parte interior y colócalas en un cuenco grande. Aparte, dispón las pieles en una bandeja para horno.
4. Tritura las patatas calientes, añadiendo leche poco a poco hasta conseguir un puré homogéneo.
5. Añade el maíz, las cebolletas, los pimientos rojos, el ajo y la pimienta. Mezcla bien.
6. Baja la temperatura a 180° (350° F.) y hornea 30 minutos.

Nota: a nuestros nietos les encantaron estas patatas con leche de avena, e incluso se comieron las pieles. Las sobras, si es que quedan, se calientan bien en el microondas, o bien puedes congelarlas. Para variar, hornea una calabaza junto con las patatas y mezcla la carne interior de la calabaza con las patatas y las cebolletas. La calabaza confiere a las patatas un sabor ligeramente dulce y un color muy bonito. Si quieres otras variaciones, incorpora al plato cualquiera de estas verduras: zanahoria rallada, brócoli picado, pimientos picados, guisantes, judías de lima, cilantro, perejil... ¡o bien todos estos ingredientes juntos!

PURÉ DE PATATAS

OBTIENES 4 RACIONES

4 patatas grandes o 6-8 patatas de la variedad yukón gold (si bien estas no son tan esponjosas como las primeras, tienen más sabor e incluso una textura mantecosa)

½ taza de leche de avena, multicereales o soja sin grasa

1 cucharadita de cebolla molida

½ o 1 cucharadita de ajo molido

una pizca de pimienta negra

1. Corta las patatas en seis u ocho trozos. Puedes pelarlas o no. Yo rara vez les quito la piel.
2. Introduce las patatas en una olla y cúbrelas con agua. Cuécelas a fuego medio-alto hasta llegar al punto de ebullición. (Otra alternativa es que las hornees en lugar de hervirlas, para conseguir un sabor más intenso).
3. Continúa hirviendo las patatas durante 20 o 25 minutos, hasta que estén blandas pero no demasiado.
4. Cuela las patatas. Vuelve a introducirlas en la olla y agítalas durante dos o tres minutos para que se sequen. A continuación

pásalas al recipiente de una batidora eléctrica o bien utiliza una batidora manual. Procesa las patatas a alta velocidad durante un minuto (cuanto más calientes estén, menos probable es que se formen grumos).

5. Baja la velocidad de la batidora y poco a poco ve añadiendo la leche. Rebaña los laterales del cuenco para integrar toda la patata al puré.

6. Añade los condimentos y vuelve a batir a alta velocidad durante un minuto. Sirve solo o con salsa espesa de champiñones (véase capítulo 18). Las sobras de puré de patatas se convierten en excelentes tortitas, que habrás de «freír» en una sartén antiadherente. (**Nota:** para evitar que la patata quede saturada de agua, introduce ¼ de limón en el agua de cocción y hierve las patatas con piel.)

PATATAS «FRITAS»

Son tan deliciosas, solas o con ketchup, que descubrirás que eres capaz de comer más de las que imaginas. ¡Así que no prepares demasiadas!

patatas, rojas o blancas, cortadas en bastoncitos: 1 grande o 2-3 medianas por persona

tamari bajo el sodio o concentrado proteínico líquido a base de soja

1. Precalienta el horno a 180° (350° F.).

2. Coloca las patatas en una bandeja para horno, rocía con tamari o concentrado proteínico a base de soja, y hornea durante 30 minutos... o más, si te gustan crocantes.

PATATAS BABY ASADAS PICANTES

OBTIENES 6 RACIONES

Estas patatas resultan excelentes frías, como entrantes, o calientes o frías como ingrediente principal de una comida.

1. Cuece al vapor 12 patatas rojas pequeñas durante alrededor de 20 minutos, y luego sumérgelas en agua fría en un cuenco grande. Déjalas enfriar.
2. Corta cada patata a la mitad, y utilizando el extremo más pequeño de un cortamelones o una cuchara pequeña, ahuécalas en el centro.
3. Rellena cada hueco con salsa de hummus y cebolleta (véase a continuación), o salsa de maíz dulce o de nuez (véase capítulo 18). También puedes emplear mostaza o cualquier otra salsa de tu elección.
4. Cubre con unas hojas de perejil o cilantro y sirve.

SALSA DE HUMMUS Y CEBOLLETA

10 cucharadas (o ½ taza más 2 cucharadas) de hummus sin tahini

½ taza de cebolletas picadas, incluidas tanto las partes verdes como las blancas

2 cucharaditas de mostaza de Dijon

Mezcla todos los ingredientes hasta conseguir una pasta uniforme.

CAPAS DE PURÉ DE PATATAS Y BONIATOS CON VERDURAS

OBTIENES 10 RACIONES

Esta deliciosa receta ha sido adaptada de CalciYum!, de David y Rochelle Bronfmam. Se trata de un plato atractivo y sabroso, ¡por el que bien merece la pena la molestia de picar y cocer al vapor!

6 patatas blancas medianas peladas y cortadas en trozos de 2,5 cm (si no te molesta la piel, déjala)

¾ o 1 taza de leche de avena o de soja sin grasa

2 boniatos medianos pelados y cortados en trozos

1 cebolla grande picada (una taza)

4 tazas bien colmadas de col berza picada fina y cocida al vapor

3 tazas de col napa cocida al vapor (alrededor de media col)

¼ taza de hinojo picado fino (no necesariamente cocido al vapor)

cilantro picado

1. Cuece las patatas blancas en una olla grande con agua hirviendo, hasta que estén tiernas. Cuélalas y pásalas a un cuenco grande. Prepara un puré y añádele leche hasta que quede blando.
2. Cuece al vapor o hierve los boniatos hasta que estén blandos. Cuélalos y pásalos a otro cuenco.
3. Saltea las cebollas en una sartén antiadherente a fuego medio-alto hasta que estén doradas, añadiendo agua o caldo según lo consideres necesario. Agrega las cebollas al puré de patatas y también la col. Mezcla bien.
4. Agrega la col napa y el hinojo a los boniatos. Mezcla bien.
5. Coloca una capa de puré de patatas en una bandeja para horno. A continuación cubre con una capa de boniatos y termina con una nueva capa de patatas.
6. Precalienta el horno a 180° (350° F).
7. Hornea durante 30 minutos. Decora con cilantro picado ¡y devora!

PASTA DE TRIGO INTEGRAL CON CEBOLLAS DULCES Y TOMATES EN CUBOS

OBTIENES 6 RACIONES

4 cebollas dulces grandes cortadas en rodajas finas

1 paquete de 450 g (16 oz) de pasta de cabello de ángel de trigo integral o cualquier pasta integral que prefieras

4 latas de 400 g (14,5 oz) de tomates cortados (busca alguna marca de bajo contenido en sodio)

¼ taza (o más) de albahaca picada, cilantro o perejil

1. Pon el horno en función grill.
2. Dispón las cebollas en una bandeja para horno y comienza a asarlas, controlándolas cada pocos minutos, hasta que estén doradas y muy blandas. Dales la vuelta y dóralas más. Si se queman ligeramente, de todas formas tendrán un sabor delicioso.
3. Mientras las cebollas se están dorando, prepara la pasta según las instrucciones del paquete.
4. Coloca los tomates cortados en una cazuela y calienta hasta que empiecen a burbujear.
5. Añade la pasta cocida, mezcla y calienta.
6. Cubre la pasta con albahaca fresca y decora con las cebollas horneadas. No mezcles las cebollas con la pasta. Sirve con pan integral y una ensalada de verduras. ¡Te sentirás en el paraíso! Puedes reducir las cantidades de esta receta a la mitad si es para dos personas, pero ten cuidado de no preparar demasiada pasta. Necesita mucha salsa y una gran cantidad de cebolla.

Nota: suele resultar difícil encontrar salsa para pasta sin aceite. Esta receta te ofrece una alternativa fácil, rápida y sorprendentemente deliciosa, elaborada con tomates en dados. Si quieres variar, dora ajos con las cebollas o añade flores de brócoli cocidas al vapor al final.

PASTA INTEGRAL CON VERDURAS, JUDÍAS Y SALSA DE TOMATE

OBTIENES 4-6 RACIONES

Esta es una comida completa concentrada en un solo plato. Cocer la col rizada, la col berza o la acelga junto con la pasta es una manera sencilla de prepararlas, y no hay límite en la cantidad de verdura que puedes utilizar. De hecho, una proporción superior de verduras que de pasta sería perfecta. Si tienes alguna salsa para pasta sin aceite, puedes utilizarla en lugar de los tomates en cubos y la salsa de tomate. Como siempre, la mejor opción es utilizar albahaca fresca.

1 cebolla grande picada (1 taza)

3-4 dientes de ajo picados

1 lata de 425 g (15 oz) de tomates, sin sal añadida, cortados en cubos

1 lata de 425 g (15 oz) de salsa de tomate sin aceite

1 lata de 425 a 540 g (15 a 19 oz) de judías blancas coladas y aclaradas

1 cucharadita de orégano seco

mucha albahaca fresca o 1 cucharadita de albahaca seca

pimienta negra

340 g (12 oz) de pasta de trigo integral, espelta o quinoa

1 manojo de col rizada, col berza o acelgas, sin tallo y picadas en trozos

cilantro

1. Llena una olla grande con agua y lleva a ebullición.
2. Saltea la cebolla en una sartén antiadherente a fuego medio hasta que se ablande y comience a dorarse, añadiendo agua si es necesario. Agrega el ajo y saltea unos minutos más.
3. Agrega los tomates en cubos, la salsa de tomate, las judías, el orégano y la albahaca, y cuece a fuego lento, con la sartén destapada, entre 10 y15 minutos. Añade pimienta al gusto.
4. Echa la pasta en el agua hirviendo y cocina durante unos minutos; a continuación agrega las verduras y mezcla. Cuece durante cinco minutos más, o hasta que la pasta esté en su punto.

Cuela bien. Pasa a una cazuela o un cuenco y mezcla con la salsa. Decora con cilantro por encima ¡y a comer!

CHILE DE LENTEJAS

OBTIENES 8-10 RACIONES

Esta es una receta de Mary McDougall, aunque la hemos adaptado ligeramente. Nos parece tan sabrosa que la preferimos sola, si bien es posible servirla sobre bollitos de cereal integral o bien sobre arroz.

un poco más de 3 tazas de agua

1 cebolla grande picada (una taza)

1 pimiento de cualquier color, sin semillas y picado (una taza)

1 cucharada de guindilla en polvo

1 ½ tazas de lentejas secas, rojas o marrones

1 lata de 425 g (15 oz) de tomates triturados o cortados en cubos

1 cucharada de tamari bajo en sodio o de concentrado proteínico líquido a
     base de soja

2 cucharadas de mostaza de Dijon o de la variedad que desees

1 cucharada de azúcar moreno (opcional)

1 cucharada de vinagre de arroz

1 cucharadita de salsa Worcestershire vegetariana

1 manojo de cilantro picado

pimienta negra recién molida al gusto

1. Coloca ⅓ de taza de agua en una olla grande. Añade las cebollas y el pimiento, y cocina durante cinco minutos, hasta que las cebollas se ablanden ligeramente, removiendo de vez en cuando.

2. Añade la guindilla en polvo y mezcla bien.

3. Agrega el resto del agua, las lentejas, los tomates y los demás ingredientes. Mezcla bien; lleva a ebullición. Luego baja el fuego, tapa y cocina 55 minutos, removiendo de vez en cuando.

SEITÁN AGRIDULCE CON VERDURAS

OBTIENES 6 RACIONES

Lorri Perry, la esposa de un paciente, sugirió esta receta para su club vegetariano, con la idea de servirla una noche en la que Essy daba una charla para ellos. Y resultó un plato delicioso, servido sobre arroz integral con brócoli y coliflor a un lado. El seitán se prepara con el gluten del trigo ¡y parece carne!

2 cucharadas y media de tamari bajo en sodio o concentrado proteínico líquido a base de soja

225 g (8 oz) de seitán cortado en cubos

2 tazas de flores de brócoli cocidas ligeramente al vapor

1 cebolla dulce grande cortada en rodajas, y estas a su vez a la mitad

1 taza de zanahoria rallada (los palitos de zanahoria en bolsa también valen)

1 pimiento rojo grande, sin semillas y cortado en tiras

3-4 dientes de ajo machacados

2 cucharadita de jengibre fresco pelado y rallado

1 lata de 450 g (16 oz) de piña triturada en su jugo

¼ taza de vinagre de sidra de manzana

1 cucharada de cualquier edulcorante (opcional)

1 cucharada de harina de maíz

2 cebolletas cortadas finas

arroz integral cocido

1. Calienta dos cucharaditas de tamari o concentrado a base de soja en una sartén grande. Cuando el líquido esté caliente, añade el seitán y cocina hasta que adquiera un tono dorado, removiendo constantemente. Agrega más tamari o agua si lo consideras necesario. Retira y reserva en un cuenco.

2. Saltea las flores de brócoli en la misma sartén, hasta que estén tiernas, añadiendo agua si lo consideras necesario. Retira y reserva en otro cuenco.

3. Saltea las cebollas hasta que estén doradas, añadiendo caldo o agua si lo consideras necesario.

4. Incorpora las zanahorias, los pimientos, el ajo y el jengibre, y saltea hasta que los pimientos estén tiernos. Agrega más agua si hiciera falta.

5. Cuela la piña, reservando el jugo. Combina el jugo, el vinagre, el edulcorante (opcional), la harina de maíz y dos cucharadas de tamari o concentrado proteínico a base de soja en un cuenco pequeño o vaso medidor. Bate hasta mezclar bien.

6. Añade el seitán y el brócoli al resto de las verduras. Vierte los ingredientes batidos sobre el seitán y las verduras, y luego incorpora los trozos de piña. Calienta removiendo constantemente durante alrededor de dos minutos, hasta que la salsa esté espesa.

7. Decora con cebolletas en rodajas y sirve sobre arroz integral.

Nota: esta receta es un poco complicada, pero merece la pena el esfuerzo. No cocines de más. Puedes unir todos los ingredientes hasta el paso 5 y luego combinar lo demás justo antes de servir. Otros ingredientes que puedes agregar o cambiar por los que aparecen en la receta son: champiñones, calabacines cortados en rodajas y espinacas.

SEITÁN BOURGUIGNON

OBTIENES 6-8 RACIONES

3 cebollas medianas picadas (1 ½ tazas)

340 g (12 oz) de champiñones en láminas

2 tazas de seitán cortado en cubos

1 taza de vino tinto

1 ½ tazas de caldo vegetal

⅓ taza de tamari bajo en sodio o de concentrado proteínico líquido a base de soja

¼ cucharadita de mejorana seca

¼ cucharadita de tomillo seco

una pizca de pimienta negra molida

2 ½ cucharadas de harina de maíz mezclada con ¼ taza de agua

cilantro o perejil

1. En una sartén antiadherente saltea las cebollas y los champiñones en media taza de agua durante unos 15 minutos, o hasta que las cebollas estén tiernas.
2. Añade el resto de los ingredientes, excepto la mezcla de harina de maíz, y cocina a fuego lento durante cinco minutos.
3. Incorpora la mezcla de harina de maíz y cocina, removiendo hasta que espese.

Nota: si puedes encontrar hamburguesas vegetales sin grasa, pícalas y utilízalas en lugar del seitán, o combínalas con él. Este plato resulta *delicioso* sobre arroz, patatas, una tostada de trigo integral, mijo... ¡o solo! Si lo deseas, puedes duplicar o triplicar la cantidad de champiñones. También puedes emplear más seitán del que aquí se indica.

CUSCÚS Y GUISO AFRICANO DE ANTONIA DEMAS

OBTIENES 8 RACIONES

Antonia Demas es una reconocida chef, pionera enseñando a niños y a adultos a alimentarse a base de productos vegetales. Este plato es rápido, especialmente si cueces los boniatos con antelación. Se congela bien y puedes añadirle más maíz y tomates para aumentar las sobras. ¡Pero no creo que te sobre nada, porque es delicioso!

- **2 tazas de cuscús de trigo integral**
- **1 cebolla grande picada (una taza)**
- **1 pimiento verde grande sin semillas y picado (una taza)**
- **2 tazas de zanahorias picadas**
- **2 cucharadas de comino molido**
- **2 cucharadas de páprika**
- **1 cucharada de canela molida**
- **2 tomates medianos cortados en cubos (dos tazas)**
- **2 tazas de judías verdes (frescas o congeladas, de cualquier tipo)**
- **2 tazas de boniatos asados (uno grande o dos pequeños)**
- **1 lata de 125 g (15 oz) de garbanzos colados y aclarados**
- **2 tazas de guisantes verdes frescos o congelados**
- **2 tazas (o menos) de uvas pasas**
- **tabasco al gusto**

1. Lleva a ebullición dos tazas de agua y añade el cuscús. Cuece a fuego lento y retira del fuego. Deja reposar, tapado, durante al menos 5 minutos.

2. Saltea la cebolla en una sartén antiadherente durante unos minutos, y luego añade el pimiento verde y agua en la medida necesaria.

3. Agrega las zanahorias, el comino, la páprika y la canela. Saltea unos minutos y luego incorpora los tomates, las judías, los boniatos y los garbanzos. Cuece a fuego medio durante 15 minutos.

4. Añade los guisantes y las uvas pasas, y calienta brevemente; por último, echa el tabasco si así lo deseas. Sirve sobre el cuscús.

PAN DE LENTEJAS

OBTIENES 6 RACIONES

Para realizar este saludable pan puedes utilizar cualquier tipo de lentejas, pero mis favoritas son las de color rojo, que se cocinan y deshacen rápidamente y producen una hogaza de color más claro. Si las lentejas marrones no se deshacen con facilidad, añádeles un poco de agua y cocínalas durante unos minutos más. Con las sobras puedes preparar un bocadillo estupendo, o bien «freír» pequeñas porciones en una sartén antiadherente.

1 ½ tazas de lentejas, coladas
2 cebollas medianas picadas (1 ½ tazas)
6 champiñones picados
caldo vegetal o agua
2 tazas bien colmadas de espinacas frescas picadas
1 lata de 425 g (15 oz) de tomates cortados en cubos
2 tazas de arroz integral cocido
1 cucharadita de ajo en polvo
1 cucharadita de salvia seca
1 cucharadita de condimento de ajo y hierbas
½ cucharadita de mejorana seca
¼ a ½ taza de ketchup o salsa barbacoa

1. Precalienta el horno a 180° (350 °F).
2. Cocina las lentejas en dos tazas y media de agua hasta que estén tiernas y luego tritúralas parcialmente en el agua de cocción.
3. En una sartén antiadherente, saltea las cebollas y los champiñones en caldo o agua. Añade las espinacas y cocina, con el recipiente tapado, hasta que las espinacas se marchiten.
4. Añade a las lentejas las cebollas y los champiñones, los tomates, el arroz, el ajo, la salvia, el condimento de hierbas y la mejorana.
5. Coloca sobre una bandeja para horno y vierte el ketchup o la salsa barbacoa por encima.

6. Hornea durante 45-60 minutos. Sirve con puré de patatas, salsa espesa de champiñones (véase capítulo 18) y ensalada.

Nota: busca alguna salsa barbacoa o ketchup que no contenga jarabe de maíz de alto contenido de fructosa.

QUINOA CON SEMILLAS DE MOSTAZA

OBTIENES 6-8 RACIONES

1 cucharada de semillas de mostaza negra

2 tazas de quinoa aclarada

3 ½ tazas de agua

2 cebollas grandes (o más) cortadas en rodajas, y estas, a la mitad

1 cucharada de tamari bajo en sodio o concentrado proteínico líquido a base de soja

¼ o 1 taza (o más) de cilantro o perejil picado

una pizca de cayena

1. Coloca las semillas de mostaza en una sartén pequeña, ya caliente. Ten a mano una tapa para cubrir las semillas una vez que empiecen a explotar. Apaga el fuego en cuanto las semillas se abran y retira la sartén del calor.
2. Lleva el agua a ebullición en una olla mediana. Añade la quinoa, tapa y cocina a fuego mínimo durante 15 minutos.
3. Durante la cocción de la quinoa, enciende el grill del horno. Coloca las rodajas de cebolla cortadas a la mitad en una bandeja y ásalas, procurando que no se quemen. Dales la vuelta en cuanto empiecen a cambiar de color. Deben quedar doradas y tiernas, pero aunque se quemen un poco saben igual de bien.
4. Cuando la quinoa esté cocida, añade las semillas de mostaza, el tamari bajo en sodio o el concentrado proteínico líquido, el cilantro y la cayena. Mezcla, coloca en un molde de 20 × 30 cm

(8 × 12 pulgadas) y cubre con las cebollas doradas. **No las mezcles con la quinoa.** Las cebollas son precisamente el ingrediente que confiere un toque especial al plato, así que asegúrate de distribuirlas bien, para que cada bocado quede cubierto de cebolla.

GARBANZOS AL CURRY CON CHUTNEY

OBTIENES 3-4 RACIONES

Este plato se cocina muy rápido y tiene un aspecto muy bonito servido sobre una cama de rúcula o espinacas baby.

1 lata de 425 g (15 oz) de garbanzos colados y aclarados
3 tomates medianos maduros cortados en cubos (o 2 latas de 410 g —14,5 oz— de tomates en cubos)
2 cucharaditas de curry en polvo, o al gusto
1 bote de 226 o 255 g (8 o 9 oz) de chutney de mango dulce y picante, o 1 mango fresco picado
2 tazas de arroz integral de grano corto, o 1 ¼ tazas de bulgur cocido
cilantro picado: ¡mucho!

1. En una sartén, combina los garbanzos, los tomates y el curry en polvo. Cuece lentamente a fuego medio durante 3-4 minutos y tapa hasta que llegue el momento de utilizar la mezcla.
2. Añade el chutney o el mango picado al arroz cocido o al bulgur.
3. Justo antes de servir, agrega cilantro picado. Sirve una ración de arroz o bulgur en cada plato y cubre con la mezcla de garbanzos.

Nota: si quieres evitar el azúcar, usa mango picado, uvas pasas y un poco de vinagre, un buen sirope de Lieja o solamente mango picado.

CURRY DE COLIFLOR Y PATATA

OBTIENES 6 RACIONES

¡Me encanta este plato!

1 ½ tazas de cebolla (una cebolla grande) cortada fina

3 cucharaditas de jengibre fresco picado

2-3 cucharadas de caldo vegetal o vino

1 cucharada de curry en polvo

3 dientes de ajo picados (alrededor de 3 cucharaditas)

4 tazas de flores de coliflor

unas 4 patatas rojas medianas cortadas en cubos

1 lata de 790 g (28 oz) de tomates cortados en cubos

1 paquete de guisantes congelados

½ taza de cilantro picado

1. Coloca la cebolla, el jengibre y el caldo vegetal o el vino en una cazuela a fuego medio. Tapa y cuece durante 4 minutos aproximadamente.

2. Reduce a fuego medio. Añade el curry en polvo y el ajo, y continúa con la cocción durante un minuto más, mezclando sin cesar.

3. Añade la coliflor y las patatas, y continúa, removiendo con frecuencia, durante 5 minutos o hasta que comiencen a ablandarse.

4. Agrega los tomates, reduce el calor y cocina con el recipiente tapado durante 15 minutos, o hasta que las verduras estén tiernas.

5. Incorpora los guisantes y continúa con el recipiente tapado hasta que estén calientes, unos 2 minutos.

6. Añade el cilantro, mezcla y sirve con ensalada y pan.

ARROZ AL CURRY CON UVAS PASAS, FÁCIL FÁCIL

OBTIENES 3-4 RACIONES

Me encanta este plato. Lo mejor de todo es que solo hay que trocear un poco... ¡y se cocina solo!

1 taza de arroz integral crudo
1 ½ tazas de caldo vegetal
2 cucharadas de ralladura de naranja
1 ½ cucharaditas de curry en polvo
1 ½ cucharaditas de comino molido
1 pimiento grande, de cualquier color, sin semillas y picado (1 taza)
1 cebolla mediana picada (¾ taza)
¼ taza de uvas pasas
cilantro o perejil picado
1 mango o melocotón fresco, picado

1. Coloca el arroz, el caldo, la ralladura y el zumo de la naranja, el curry en polvo, el comino, el pimiento y la cebolla en una arrocera u olla con tapa y cocina durante 40 minutos, hasta que el arroz esté a punto.
2. Añade las uvas pasas cuando el arroz esté cocido. Mezcla y deja reposar unos minutos para que se ablanden.
3. Agrega el perejil. Sirve cubierto de mango o melocotón picado o cómelo así, con brócoli o verduras al vapor. ¡No hay banquete más sencillo!

Nota: si no encuentras mangos o melocotones frescos, usa chutney de mango.

GARBANZOS AL CURRY CON ESPINACAS EN OLLA A PRESIÓN

OBTIENES 4-6 RACIONES

Este plato no lleva casi nada de tiempo y es tan delicioso que merece la pena comprarse una olla a presión para prepararlo. Sírvelo con arroz, con chutney de mango o mango picado fresco a un lado.

> 2 tazas de caldo vegetal o agua
>
> 1 taza de leche de avena, multicereales, almendra o soja sin grasa
>
> 2 cucharadas de curry suave en polvo
>
> 2 ½ tazas de garbanzos secos; cúbrelos con agua y déjalos en remojo toda la noche
>
> 2 paquetes de 280 g (10 oz) de espinacas picadas congeladas
>
> 2 cebollas rojas grandes, peladas y cortadas en ocho partes
>
> 1 lata de 425 g (15 oz) de tomates cortados en cubos con guindillas, incluido el líquido, o una lata de 425 g (15 oz) de tomates en cubos
>
> cilantro picado: ¡mucho!

1. Mezcla el caldo, la leche y el curry en polvo en una olla a presión.
2. Cuela los garbanzos y añade a la olla.
3. Coloca los trozos congelados de espinacas y las cebollas sobre los garbanzos.
4. Vierte el tomate sobre las espinacas y las cebollas.
5. Siguiendo las instrucciones de seguridad de la olla a presión, cocina los ingredientes durante 18 minutos.
6. Mezcla bien. El curry se espesará mientras se enfría, pero si quieres espesarlo de inmediato, tritura algunos garbanzos contra los lados de la olla con un tenedor y mézclalos con el resto.
7. Decora las porciones individuales con cilantro o échale mucho cilantro picado a todo el contenido de la olla.

DAHL INDIO

OBTIENES 4 RACIONES

Aprendí esta receta de un cocinero magnífico de Bombay. Yo omito la sal. Los tres últimos ingredientes también son una sugerencia mía.

2 ½ tazas de lentejas amarillas (también puedes usar de las rojas o guisantes amarillos)

5 tazas de agua

4 dientes de ajo picados

1 cebolla picada (1 taza)

1 tomate picado (½ taza)

4 guindillas verdes (1 jalapeño, 2-3 guindillas verdes medianas o alguna combinación, dependiendo del gusto), picadas y sin semillas

1 cucharadita de sal (opcional)

1 cucharadita de cúrcuma molida

cilantro

zanahorias ralladas

calabacines picados

pimientos rojos picados

1. Hierve las lentejas en agua durante 10 minutos.
2. Añade el ajo, la cebolla, el tomate, la guindilla y la cúrcuma a las lentejas, y cuece lentamente, sin tapar, hasta conseguir una mezcla blanda.
3. Agrega el resto de los ingredientes en el último minuto y sirve sobre arroz integral.

DAHL EN OLLA DE COCCIÓN LENTA

OBTIENES 6 RACIONES

Nuestra hija, Jane, llegó a casa una noche después de cenar con una amiga y dijo haber probado el mejor dahl, y solo contenía unos pocos ingredientes. Llamé al restaurante para interesarme por el plato y Peter, el cocinero, me pasó la siguiente receta. ¡El secreto está en el jengibre!

2 cebollas amarillas grandes picadas (2 tazas)
9 dientes de ajo picados
7 tazas de caldo o agua
5-6 cucharadas de jengibre fresco pelado y picado
1 paquete de 450 g (16 oz) de guisantes amarillos

1. Saltea las cebollas en una sartén antiadherente hasta que queden translúcidas, empleando agua o caldo según lo consideres necesario. Añade el ajo y el jengibre y saltea hasta que las cebollas empiecen a dorarse.
2. Coloca 7 tazas de agua, los guisantes amarillos y la mezcla de cebolla en una olla de cocción lenta y cocina durante 6-10 minutos, hasta conseguir una mezcla blanda. Sirve sobre arroz integral con espinacas al vapor o col alrededor.

Nota: si no tienes una olla de cocción lenta, cuece lentamente al fuego durante el tiempo que haga falta para conseguir una mezcla blanda.

KITCHARI

OBTIENES 10 RACIONES

Adaptamos esta receta de un plato que probamos en 2004 en la Sociedad Vegetariana de Boston. La prepararon los hare krishnas del templo Iskcon, quienes generosamente nos ofrecieron degustarla y nos pasaron la receta. El kitchari está considerado una comida casera india, y entendemos por qué. La asafétida, que puedes comprar en tiendas naturistas, es una deliciosa especia india e iraní que merece la pena conseguir, si bien puedes preparar este plato prescindiendo de dicho ingrediente.

1 taza de guisantes partidos amarillos
2 tazas de arroz integral sin cocer
1 boniato grande cortado en cubos (2 tazas)
1 cabeza pequeña de coliflor cortada en trocitos (2 tazas)
1 ½ cucharadita de cúrcuma molida
1 cucharada de semillas de comino
2 pimientos jalapeños, sin semillas y cortados finos
1 cucharadita de asafétida
4 cucharaditas de jengibre fresco pelado y picado
1 cucharada muy colmada de miso blanco (opcional)
pimienta negra recién molida, al gusto
espinacas
mucho cilantro picado

1. Cuece los guisantes en 12 tazas de agua durante unos 10 minutos, hasta que estén blandos pero no rotos.
2. Añade el arroz, el boniato, la coliflor y la cúrcuma, y cuece hasta que estén tiernos.
3. Saltea las semillas de comino en una sartén pequeña caliente hasta que se doren ligeramente, agitando la sartén constantemente y controlando que el comino no se queme.
4. Agrega los jalapeños y el jengibre, y saltea durante unos segundos, añadiendo agua si es necesario.

5. Añade la mezcla de especias y la asafétida a los guisantes, y cuece a fuego suave durante unos 45 minutos. Si lo deseas, agrega el miso blanco y la pimienta, y mezcla.

6. Para servir, coloca un puñado de espinacas en un cuenco, agrega el kitchari caliente y decora con cilantro picado: ya tienes un plato completo. El kitchari sabe especialmente bien si las espinacas se «marchitan» pero no pierden forma, así que agrégalas a la olla justo antes de servir, en un cuenco individual si el kitchari está CALIENTE, o bien calienta ambos (espinacas y kitchari) en el microondas. Agrega más líquido si no deseas que el kitchari quede muy espeso, y tabasco o cualquier otra salsa picante al gusto si te resulta demasiado soso. ¡Duerme bien!

SALSAS PARA PASTA

Sin lugar a dudas, ganarás tiempo si encuentras una salsa para pasta ya preparada que te guste, pero también te resultará divertido preparar las tuyas, en especial en el verano y el otoño, cuando los tomates abundan y están deliciosos. Las siguientes variedades son muy fáciles de preparar.

SALSA FÁCIL DE ALBAHACA

OBTIENES ALREDEDOR DE 4 TAZAS

Comienza por esto y tendrás la salsa lista para cuando el resto de la cena esté en la mesa.

1 cebolla grande picada (1 taza)

5-6 dientes de ajo picados

1 lata de 790 g (28 oz) de tomates triturados de bajo contenido de sodio

1 lata de 170 g (6 oz) de extracto de tomate sin sal añadida

½ copa de vino (opcional)

1 cucharadita de orégano seco
mucha albahaca fresca (1-2 tazas, picada)
pimienta negra al gusto

1. Saltea la cebolla en caldo, agua o vino hasta que empiece a dorarse. Agrega el ajo y continúa la cocción unos minutos más.
2. Agrega los tomates triturados, el extracto de tomate, el vino, el orégano, la albahaca y la pimienta.
3. Cuece a fuego suave, sin tapar, durante alrededor de 20 minutos, removiendo con frecuencia. Prosigue con la cocción durante 10 minutos más, hasta que la salsa se espese, o hasta que la pasta esté lista y tú te encuentres tan impaciente que no puedas esperar.
4. Añade dos cucharaditas del agua de la pasta a la salsa antes de servirla.

VARIACIÓN:

Agrega champiñones cortados en el paso 2, o bien pimientos en cubos en el paso 3. En la medida de lo posible, añade siempre espinacas, ya sea en la salsa, justo antes de servirla, o bien como guarnición, servida a un lado del plato.

SALSA DE TOMATES PERA ASADOS

OBTIENES 2-4 RACIONES

1. Precalienta el horno a 180° (350 °F).
2. Corta 20-30 tomates pera a la mitad y coloca el lado cortado hacia arriba en una bandeja para horno.
3. Hornea durante 1-2 horas. Su dulzor aumenta cuanto más tiempo permanecen en el horno. Y si quedan negros, saben igual de bien... ¡o incluso mejor!

4. Pasa las mitades de tomate a una batidora y procésalas hasta que estén blandas (como saben muy bien, puedes comerte unos cuantos antes).

SALSA DE TOMATES ASADOS Y AJO

OBTIENES 2-4 RACIONES

6-7 tomates cortados a la mitad
2 cabezas de ajo sin la parte superior
2-3 cucharadas de vinagre de vino tinto
pimienta al gusto
mucha albahaca fresca

1. Precalienta el horno a 190° (375 °F).
2. Coloca los tomates y el ajo sobre una bandeja y hornea durante 30 minutos.
3. Con cuidado, retira el jugo del tomate y resérvalo en un cuenco. Vuelve a colocar el tomate en el horno y prosigue con la cocción durante otros 30 minutos.
4. Retira del horno y deja enfriar. Pela los tomates y aprieta los ajos para sacarles la parte blanda interior. Introduce tomates y ajos en una batidora y procesa hasta conseguir una salsa uniforme.
5. Añade el vinagre, la pimienta y la albahaca. Si quieres aligerar la salsa, incorpórale el jugo que has recogido de la cocción.

LOS TOMATES ASADOS PECAMINOSAMENTE SABROSOS DE SUSIE Y JUDY

Mi hermana, Susie, siempre tiene buenas ideas culinarias. Ella y una amiga nos regalaron un hermoso cuenco de tomates asados... y esta receta.

20 tomates de cualquier tipo cortados a la mitad; a los más grandes se les quita un poco de jugo y se reservan
3-4 rebanadas de pan integral tostadas y desmenuzadas
4 dientes de ajo picados
¼ taza, o un poco más, de cebollinos, cebolletas o chalotas picadas

1. Precalienta el horno a 150° (300 °F).
2. Asa los tomates durante 2 horas. Apaga el horno y deja reposar durante 60 minutos. (Si tienes prisa, simplemente cuece los tomates una media hora más.) Retira del horno.
3. Mezcla el pan desmenuzado con el ajo y el cebollino. Agrega el jugo de tomate que has reservado y vuelve a mezclar los ingredientes hasta conseguir una pasta húmeda pero que no gotee. Vierte la mezcla de pan sobre las mitades de tomate y hornea durante 45 minutos.
4. Coloca cada tomate asado sobre una tostada o una galleta y sirve como un sorprendente aperitivo, o bien decora con ellos un plato de pasta, arroz o patatas asadas. Para disfrutar al máximo del plato, degusta cada bocado de tomate que pruebes: te resultarán muy dulces ¡y casi adictivos!

Postres maravillosos y fáciles

E s PREFERIBLE QUE NO TOMES postre todas las noches, así que conviértelo en un plato excepcional que puedas disfrutar con mucha gente alrededor... ¡para evitar la tentación de comer demasiado!

Congela uvas, piña o rodajas de plátano para aquellas ocasiones en las que quieras tomar algo dulce y frío. Un cuenco de uvas «heladas» en la mesa después de la cena satisface a todo el mundo. El mejor postre de todos se consigue congelando fruta y, mediante la utilización de una licuadora o un robot de cocina, transformándola mágicamente en un «helado» (véase receta de «"Helado" mágico de plátano»).

Cuando hornees algún postre, intenta reproducir algunas de tus propias recetas introduciendo los siguientes cambios:

- Reduce al máximo posible la cantidad de azúcar. Es preferible que te decantes por el néctar o el sirope de agave.
- Utiliza harinas integrales en lugar de harina blanca. Prueba la de trigo integral, cebada o espelta.
- Reemplaza la leche de vaca por leche de avena, multicereales, almendra o soja sin grasa.
- En lugar de azúcar, utiliza la misma cantidad de puré de manzana o ciruelas pasas (la mejor alternativa son los «potitos» de ciruela para bebés).
- En lugar de huevos, usa una cucharada de semillas de lino molidas más 3 cucharadas de agua por cada huevo que re-

quiera la receta. (Compra semillas de lino ya molidas y guárdalas en la nevera o el congelador, o bien compra semillas de lino enteras y las mueles tú.) Mezcla las semillas de lino y el agua hasta formar una pasta y úsala como si fuese un huevo, o bien recurre a este procedimiento menos laborioso: simplemente añade las semillas de lino a los ingredientes líquidos de la receta. (Asegúrate de incrementar los ingredientes líquidos en una proporción de tres cucharadas por cada cucharada de semillas de lino.) Si prefieres utilizar un sustituto de huevo comercial, investiga qué marcas puedes conseguir en las tiendas naturistas y qué resultados te dan en las preparaciones horneadas. En términos generales, 1 cucharadita y media de sustituto de huevo más 2 cucharadas de agua templada equivalen a un huevo. En todos los casos, debes mezclar el sustituto con un líquido antes de utilizarlo en una receta.

Los productos horneados con estos sustitutos no son tan ligeros y es posible que resulten más húmedos que los que preparabas antes, pero su sabor será igual de bueno. Y encierran un premio delicioso: ¡no te harán daño!

Nota: los moldes de horno antiadherentes te facilitan mucho la tarea cuando estás cocinando sin grasa. Pero puedes también utilizar algún molde antiguo, si bien tendrás que rociarlo ligeramente con algún aceite en spray para cocinar, secarlo posteriormente con papel de cocina y por último enharinarlo antes de echarle la masa.

«HELADO» MÁGICO DE PLÁTANO

1 plátano maduro por persona (cuanto más maduro esté el plátano, más dulce sabrá el «helado»)

1. Pela y corta los plátanos en rodajas, disponlos en una bandeja para horno y congélalos.
2. Retíralos del congelador y descongélalos ligeramente, lo suficiente para que puedas despegar las rodajas de la bandeja.
3. Coloca los plátanos congelados en una batidora de vaso fuerte o bien en una licuadora. Si vas a utilizar una batidora de vaso, descongela las rodajas un poco más para evitar estropear el electrodoméstico.
4. Espolvorea con nuez moscada o canela molida; luego añade un poquito de extracto de vainilla, un poco de cereales, bayas, jarabe de arce... o todo junto. También podrías decorar con un poco de salsa de chocolate (cuya receta encontrarás a continuación). ¡Pero este postre sabe tan bien que no necesita nada! Los mangos congelados resultan especialmente sabrosos en esta receta (algunas marcas comercializan bolsas de mangos congelados listos para usar). También puedes probar con bayas congeladas o una combinación de frutas. Experimenta hasta descubrir lo que te guste más.

SALSA DE CHOCOLATE

OBTIENES ALREDEDOR DE ½ TAZA

- 3 cucharadas de jarabe de arce, miel, néctar de agave o azúcar
- 2 cucharadas de cacao en polvo sin azúcar
- ½ taza de agua
- 1 cucharadita de harina de maíz o arrurruz
- 1 cucharadita de extracto de vainilla

En una sartén combina el azúcar, el cacao, el agua, la harina de maíz y la vainilla. Mezcla bien y cocina a fuego medio hasta que espese, removiendo constantemente. Usa esta salsa para «mojar» fresas enteras, o bien para decorar bayas o cualquier otro fruto. Sin lugar a dudas, resulta deliciosa sobre el plátano asado.

BROCHETA DE FRUTA CON SALSA DE LIMA Y MIEL

Este postre resulta delicioso y refrescante en cualquier época del año, y además es muy bonito. Busca otras combinaciones de frutas si lo prefieres. Con todas sabe muy bien.

- piña fresca cortada en trozos
- kiwi en rodajas gruesas
- fresas sin piel
- melón cortado en trozos

Salsa:
- 1 caja de 350 g (12,3 oz) de tofu «light» firme
- 3 cucharadas de miel (o cualquier edulcorante que elijas)
- 3 cucharadas de zumo de lima fresca, más ralladura de lima al gusto

1. Dispón la fruta en palillos de bambú y en un cuenco no muy profundo, con los extremos de las brochetas hacia fuera.

2. En una batidora, coloca el tofu, la miel y el zumo y la ralladura de lima. Mezcla bien y despega la mezcla que pudiera quedar adherida a los lados del vaso. Vuelve a mezclar. Coloca en un cuenco grande, o varios pequeños, y «moja» la fruta en la salsa.

RODAJAS DE FRESA CON VINAGRE BALSÁMICO O VAINILLA

Este postre es particularmente sabroso cuando las fresas no están «estupendas».

Lava, pela y corta las fresas en rodajas. Rocíalas con un poco de vinagre balsámico o vainilla y mezcla bien. Sirve solo o sobre el «helado» de plátano. Si no te parece lo suficientemente dulce, espolvorea con un poquito de azúcar. (Puede parecer sorprendente, pero el vinagre balsámico queda estupendo con algunas frutas; pruébalo, por ejemplo, sobre higos cortados en cuartos.)

FRUTA DE VERANO CON LIMA Y MENTA

OBTIENES 6-8 RACIONES

1 melón (de cualquier variedad, o una combinación de varias)
¾ taza de frambuesas frescas
¾ taza de arándanos frescos
1 cucharadita de ralladura de lima
zumo de 1 lima
6-8 hojas de menta cortadas en tiras

1. Corta el melón en trozos de aproximadamente 1 cm (o utiliza un utensilio para formar bolas de melón) y colócalos en un cuenco.
2. Dispersa las frambuesas y los arándanos sobre el melón.

3. Decora con piel de lima y exprime el jugo de la fruta para rociar el resto de los ingredientes. Por último añade las hojas de menta.

IMPRESIONANTE PIÑA A LA PARRILLA

Nuestra sobrina nos sorprendió a todos en la barbacoa del 4 julio cuando cubrió la parrilla con rodajas grandes de piña. El jugoso resultado se convirtió en una sorpresa notablemente deliciosa para todos.

Pela la piña, quítale la parte central y córtala en rodajas. Colócalas en el horno o en la barbacoa hasta que en cada rodaja queden las marcas de la parrilla. Dales la vuelta para asarlas del otro lado. ¡No volverás a querer comer esta fruta de otro modo!

RODAJAS DE POMELO Y NARANJA CON MENTA Y LIMA

OBTIENES 6 RACIONES

4 pomelos, preferiblemente dos blancos y dos rosados
4 naranjas
6 hojas de menta picadas
ralladura de lima

1. Pela los pomelos y las naranjas, y con cuidado córtalos en gajos y recoge en un cuenco el zumo que haya podido desprenderse.
2. Añade la menta picada, la ralladura de lima y cualquier otro fruto: fresas en rodajas, arándanos, rodajas de kiwi o mangos cortados en cubos. Este postre luce particularmente bonito en un cuenco de vidrio.

Nota: si estás tomando estatinas, reemplaza el pomelo por más naranjas u otra fruta.

FRUTA, FRUTA Y MÁS FRUTA CON JENGIBRE

OBTIENES 8 RACIONES

2 peras peladas y cortadas en trozos
1 piña pelada, sin la parte central y cortada en trozos
1 mango pelado y cortado en trozos
1 caja de frambuesas frescas
1 naranja pelada y cortada, más el jugo y la piel rallada
zumo y ralladura de una lima
2 cucharadas de jengibre fresco pelado y rallado

¡Combina todos los ingredientes y maravíllate de su sabor!

PERAS ASADAS CON CRUJIENTE DE ARCE

OBTIENES 4 RACIONES

2 peras cortadas por la mitad a lo largo y sin semillas
2 cucharaditas (o menos) de jarabe de arce
¼ taza de cereales crujientes

1. Precalienta el horno a 220° (425 °F).
2. Rellena los centros de las peras con jarabe de arce, a partes iguales.
3. Coloca una pequeña cantidad de agua en el fondo de una bandeja para horno, añade las mitades de pera y hornea durante 45 minutos.
4. Cubre cada pera con los cereales crujientes, échales por encima un poquito más de jarabe de arce y hornea unos minutos más.

Nota: si no sufres ninguna enfermedad cardíaca, puedes reemplazar los cereales crujientes por nueces picadas tostadas.

MELOCOTÓN HORNEADO EN LIMÓN Y JENGIBRE

OBTIENES 4 RACIONES

⅓ taza (o menos) de azúcar

¼ taza de zumo de limón fresco

1 cucharadita de jengibre fresco pelado y picado, o ½ cucharadita de jengibre molido

2 cucharadas de agua

4 melocotones maduros cortados a la mitad y sin hueso

1 cucharada de cereales crujientes

1. Precalienta el horno a 220° (425 °F).
2. En una sartén pequeña, combina el azúcar, el zumo de limón, el jengibre y el agua. Cuece a fuego suave.
3. Coloca las mitades de melocotón boca arriba en una bandeja para horno no muy profunda. Vierte sirope de jengibre sobre los melocotones y en sus partes centrales.
4. Hornea durante 15-20 minutos, o hasta que los melocotones estén tiernos cuando los pinches con un cuchillo y el jarabe se haya espesado.
5. Retira del horno, decora con cereales crujientes y sirve a temperatura ambiente. Quedan realmente deliciosos, incomparables. Si quieres preparar un plato especial, acompáñalos con sorbete.

Nota: si no sufres problemas cardíacos, puedes reemplazar los cereales crujientes por nueces tostadas.

MOUSSE DE CHOCOLATE

OBTIENES 3-4 RACIONES

Oblígate a servir 3 o 4 raciones de este postre. ¡Es que sabe tan bien que no sería raro que una sola persona quisiera comérselo todo!

1 paquete de 350 g (12,3 oz) de tofu sedoso ligero, firme o extrafirme
⅓ taza de jarabe de arce, miel o azúcar
2 cucharadas de cacao en polvo sin azúcar
1 cucharadita de extracto de vainilla

Coloca todos los ingredientes en una batidora y procésalos hasta conseguir una mezcla homogénea. Refrigera o congela durante dos horas antes de servir. Distribuye en cuencos pequeños con cucharas también pequeñas y saborea cada bocado.

VARIACIONES:

Añade ¼ de cucharadita de extracto de menta y decora con una hoja de esta planta. O mezcla dos cucharadas de jarabe de frambuesas, una cucharada de miel y ¼ de taza de frambuesas congeladas como sustituto del jarabe de arce.

PASIÓN PÚRPURA DE ARÁNDANOS

OBTIENES 2-3 RACIONES

½ taza de tofu sedoso ligero
1 ½ tazas de arándanos congelados (8-10 oz)
2 cucharadas de jarabe de arce, miel, néctar de agave o azúcar
1 cucharadita de extracto de vainilla

Coloca todos los ingredientes en una batidora y procésalos hasta conseguir una mezcla homogénea. Puede llevarte unos minutos, pero ten paciencia: al final conseguirás un producto suave. Puedes servirlo de inmediato como postre helado o bien esperar hasta que se descongele y ofrecerlo como pudin, con bayas frescas por encima. Si triplicas la receta, puedes conseguir ambas variantes: un poco de postre helado la primera noche y el resto al estilo pudin (no olvides removerlo antes de servirlo). Prueba a añadirle unas gotas de extracto de menta, para variar.

PARAÍSO DE PIÑA

OBTIENES 4 RACIONES

Este es un postre perfecto, ligero, lo suficientemente dulce para resultar del agrado de cualquier paladar goloso.

1 paquete de 350 g (12,3 oz) de tofu ligero extrafirme
1 lata de 250 g (16 oz) de piña cortada en trozos, escurrida
1 cucharada de extracto de vainilla

Coloca todos los ingredientes en un robot de cocina o batidora de vaso hasta que queden bien mezclados. Sirve en cuencos pequeños con cucharas pequeñas. Posibles ingredientes para decorar: piña, cereza, plátano o frambuesas secos, o nueces tostadas si no sufres ninguna enfermedad cardíaca.

POSTRE HELADO DE PASTEL DE LIMÓN

OBTIENES 8 RACIONES

Después de ver la película Million Dollar Baby, *me decidí a buscar una receta de pastel de limón que resultara «legal» según nuestra forma de comer. Alguien había enviado a* Essy *el Libro de cocina de Lifestyle Center of America, y de allí extraje y adapté tanto el relleno de la tarta de limón como la cobertura, que aparecen a continuación. Ambos son rápidos y sencillos, ¡y deliciosos!*

2 tazas de zumo de piña
¼ taza de jarabe de arce, néctar de agave o miel
¼ taza de zumo de limón fresco
7 cucharadas de harina de maíz o arrurruz
1 taza de zumo de naranja
1 cucharada de ralladura de limón

1. En una sartén, mezcla el zumo de piña, el jarabe de arce y el zumo de limón. Lleva a ebullición.
2. Añade la harina de maíz al zumo de naranja hasta conseguir una mezcla homogénea.
3. Cuando el zumo de piña alcance el punto de ebullición, agrégale la mezcla de zumo de naranja y remueve constantemente. Cuando notes que se espesa —y sucede enseguida—, quiere decir que está listo.
4. Retira del fuego y añade la ralladura de limón.

VARIACIONES:

Para preparar un pastel de limón, vierte la mezcla en una masa de tarta (véase receta), cubre con el limón batido (próxima receta) y deja enfriar. Para preparar un postre helado, alterna capas de relleno y cobertura (receta siguiente) en copas de vino o cuencos pequeños, y decora con bayas frescas.

COBERTURA DE LIMÓN BATIDA

1 paquete de 350 g (12,3 oz) de tofu sedoso ligero, firme o extrafirme

2 cucharadas de jarabe de arce

1 cucharadita de extracto de vainilla

3 cucharadas de zumo de limón fresco

1 pizca de extracto de limón

frambuesas o arándanos frescos

Coloca todos los ingredientes en una batidora y procésalos hasta conseguir una mezcla homogénea. Enfría. Además de resultar sabrosa en todas las demás recetas en las que se convierte en un elemento importante, esta cobertura está deliciosa sola, sobre arándanos u otra fruta.

TARTA DE CUMPLEAÑOS

OBTIENES 8 RACIONES

2 tazas de harina de trigo integral o de cebada

1 taza (o menos) de azúcar

2 cucharaditas de levadura en polvo

1 cucharadita de bicarbonato sódico

1 taza de leche de avena a la vainilla, o de soja sin grasa

1 taza de puré de manzana sin azúcar

1 cucharada de extracto de vainilla

sustituto de huevo para 2 unidades (2 cucharadas de semillas de lino mezcladas con 6 cucharadas de agua, o 1 cucharada de sustituto de huevo de alguna marca comercial mezclada con 4 cucharadas de agua).

1. Precalienta el horno a 180° (350 °F).
2. Mezcla los primeros 4 ingredientes en un cuenco mediano.
3. Mezcla el resto de los ingredientes en un cuenco grande.

4. Vierte los ingredientes secos en los líquidos y mézclalos a mano o con batidora eléctrica hasta que no queden grumos.

5. Extiende la masa de forma homogénea en dos moldes circulares para tarta, o en uno solo más grande, y hornea durante 35-40 minutos, hasta que puedas insertar un palillo en el centro y salga limpio, y la tarta no tenga una consistencia pegajosa.

6. Deja enfriar antes de retirar del molde. Sirve sola o cubre con fruta fresca, glaseado de piña o salsa de chocolate. Si quieres sorprender, glasea con el postre helado de pastel de limón y remata con la cobertura de limón batido. O mejor: rellena con el postre helado de pastel de limón ambas capas de tarta.

TARTA DE ZANAHORIA

OBTIENES 6-8 RACIONES

Nuestro yerno, maestro de profesión pero chef de corazón, sugirió utilizar cereales crujientes para que la tarta quedara menos húmeda. ¡Y ahí está el truco!

1 ½ tazas de harina de trigo integral

½ taza de cereales crujientes

1 cucharadita de levadura en polvo

¾ cucharadita de bicarbonato sódico

1 cucharadita de canela molida

½ taza de jarabe de arce, miel, néctar de agave o azúcar moreno

sustituto de huevo para 2 unidades (2 cucharadas de semillas de lino mezcladas con 6 cucharadas de agua, o 1 cucharada de sustituto de huevo de alguna marca comercial mezclada con 4 cucharadas de agua)

1 taza de zanahorias ralladas

225 g (8 oz) de piña cortada en trozos, escurrida

¼ taza de uvas pasas (opcional)

glaseado de piña (ver más adelante)

piña seca

1. Precalienta el horno a 180° (350 °F).
2. Mezcla bien los primeros 4 ingredientes en un cuenco mediano.
3. Añade el resto de los ingredientes y mezcla. **Nota:** si no sufres problemas cardíacos, podrías incluir ¼ taza de nueces picadas.
4. Extiende la masa en 2 moldes de tarta circulares, o en uno solo más grande, y hornea durante 40 minutos o hasta que puedas insertar un palillo en el centro de la preparación y salga limpio. Deja enfriar por completo.
5. Cubre la tarta fría con el glaseado de piña (siguiente receta) y decora con trocitos de piña seca o bayas frescas.

Nota: esta tarta tiene muy poco espesor, ¡pero con el glaseado entre las capas y por encima consigue tener aspecto de tarta!

GLASEADO DE PIÑA

Este preparado no es dulce ni se parece a los glaseados tradicionales, pero resulta sorprendentemente sabroso. Las cantidades que aparecen en la receta alcanzan para glasear dos tartas y sobra un poco. Pruébalo sobre la tarta de zanahoria o sobre la tarta de chocolate del diablo rojo.

> 1 paquete de 350 g (12,3 oz) de tofu ligero extrafirme
>
> 1 lata de 450 g (16 oz) de piña en trozos, escurrida (reserva el jugo)
>
> ¼ taza de jarabe de arce, miel, néctar de agave o azúcar moreno
>
> ¼ taza de zumo de piña
>
> 2 cucharadas de arrurruz
>
> 1 cucharada de extracto de vainilla
>
> ⅓ taza de piña deshidratada picada (opcional)

1. Coloca el tofu en un robot de cocina y procésalo hasta conseguir una pasta homogénea.
2. Añade los trozos de piña, el jarabe de arce y el zumo de piña, y procésalos hasta que queden bien mezclados.

3. Añade el arrurruz y el extracto de vainilla y continúa procesando los ingredientes.
4. Vierte en una cacerola y cuece a fuego medio o bajo durante 5 minutos, removiendo con frecuencia. Deja enfriar.
5. Vierte sobre la tarta y decora con trozos de piña seca.

TARTA DE CHOCOLATE DEL DIABLO ROJO

OBTIENES 8-10 RACIONES

Para su quinto cumpleaños, nuestro nieto Zeb pidió una tarta de chocolate. Esta receta, adaptada del libro The Vegan Sourcebook, *de Joanne Stepaniak, parecía muy apetecible. ¡Y Zeb nunca se enteró de que estaba comiendo remolachas!*

2 tazas de harina de trigo integral

1 taza de azúcar

½ taza de cacao en polvo sin azúcar

2 cucharaditas de levadura en polvo de doble acción

2 cucharaditas de bicarbonato sódico

2 cucharadas de semillas de lino

⅓ taza de agua

1 remolacha grande cocida y cortada en dados (1 taza)

1 taza de agua

⅓ taza de «potito» de ciruelas (1 frasco grande)

2 cucharaditas de vinagre de sidra de manzana

2 cucharaditas de extracto de vainilla

glaseado cremoso de caramelo (véase receta a continuación) o glaseado de piña

1. Precalienta el horno a 180° (350 °F). Utiliza un molde cuadrado grande o dos pequeños de forma circular si quieres colocar relleno entre las dos mitades.
2. En un cuenco grande, vierte la harina, el azúcar, el cacao en pol-

vo, la levadura en polvo y el bicarbonato sódico, y mezcla hasta unirlos.

3. Coloca las semillas de lino en una batidora. Añade ⅓ taza de agua y bate durante 30 segundos, hasta que la mezcla quede pegajosa. Agrega las remolachas, el agua, las ciruelas, el vinagre y la vainilla, y procesa durante 1-2 minutos, hasta conseguir una crema homogénea y espumosa.

4. Mezcla el líquido sobre los ingredientes secos. Remueve bien hasta combinarlos todos y rápidamente vierte la masa en el molde.

5. Hornea durante 35-40 minutos, hasta que puedas insertar un palillo en el centro y salga limpio. Deja enfriar durante al menos 30 minutos. Cubre la tarta fría con glaseado cremoso de caramelo (receta siguiente) o con glaseado de piña (p. 340).

GLASEADO CREMOSO DE CARAMELO

LA CANTIDAD RESULTANTE ALCANZA PARA GLASEAR ABUNDANTEMENTE UNA CAPA

1 paquete de 350 g (12,3 oz) de tofu ligero extrafirme
⅓ taza de jarabe de arce, néctar de agave o miel
2 cucharadas de cacao en polvo sin azúcar
1 cucharadita de extracto de vainilla

Combina todos los ingredientes en un robot de cocina hasta conseguir una mezcla homogénea, y con ella cubre de inmediato la tarta de chocolate del diablo rojo. Aunque parezca líquida, la cobertura queda firme.

TARTA EXQUISITA DE LIMÓN

OBTIENES 6-8 RACIONES

Adapté esta tarta de una receta de Angie McIntosh, una magnífica cocinera vegetariana que vive en Penticton, en la Columbia Británica. Es una receta fácil de preparar, muy esponjosa ¡y deliciosamente buena! En realidad no sabemos cómo sabe cuando se enfría, porque nunca dura lo suficiente...

sustituto de huevo para 2 unidades (2 cucharadas de semillas de lino mezcladas con 6 cucharadas de agua, o 1 cucharada de sustituto de huevo de alguna marca comercial mezclada con 4 cucharadas de agua)
¾ taza (o menos) de azúcar moreno
2 cucharadas de zumo de limón fresco
ralladura de 1 limón
¾ taza de leche de avena, multicereales, almendra o soja sin grasa
½ taza de puré de manzana
2 cucharaditas de extracto de vainilla
1 ½ tazas de harina de trigo integral
1 cucharadita de bicarbonato sódico
medio limón
azúcar granulado

1. Precalienta el horno a 180° (350 °F).
2. Mezcla el sustituto de huevo y el agua en un cuenco grande. Añade el azúcar moreno, 2 cucharadas de zumo de limón, la ralladura del limón, la leche, el puré de manzana y la vainilla, y mezcla bien.
3. Combina la harina y la levadura en polvo en un cuenco pequeño y luego añade al líquido y mezcla bien.
4. Vierte en un molde cuadrado y hornea durante 40 minutos, o hasta que puedas insertar un palillo en el centro y salga limpio.
5. Deja enfriar un poco. Exprime la mitad del limón (o más, si te apetece) sobre la tarta y espolvorea con azúcar granulado.

SORBETE DE LIMÓN HELADO

OBTIENES 6 RACIONES

Fue nuestra nuera, Anne Bingham, quien nos presentó estos adorables postres, tan fáciles de elaborar. Te resultará divertido preparar sorbetes con su capa superior de distintos colores. Prueba a usar frambuesas, mango o arándanos. A los niños les encanta ayudar y elegir sus combinaciones de sabores favoritas.

1. Corta la parte superior de 6 limones grandes y vacíalos. Con mucho cuidado, recórtales un poco la base para que se mantengan «de pie».
2. Congela los limones, incluidas las partes superiores.
3. Cuando estén congelados, rellena cada uno con el sorbete que prefieras o bien con una variedad de sabores. Decora con el «sombrero» de limón congelado y vuelve a congelar hasta el momento de servir.

SORBETE DE FRAMBUESA CON SALSA DE FRESA

OBTIENES 4 RACIONES

La primera vez que probé este postre fue en la casa de Georgetown de mi tía Kay Halle, en Washington D.C. Ahora lo preparamos todas las Navidades. Es bonito y simple: puedes prepararlo con antelación, ¡y a todo el mundo le encanta! Lo más importante que debes recordar es que tanto el sorbete como la salsa deberían empezar a derretirse antes de que servir el postre.

1. Descongela ligeramente ½ litro (1 pinta) de sorbete de frambuesa y viértelo en un molde. (Yo uso uno con forma de corazón, pero vale cualquiera. Y dado que por lo general somos bastantes comensales, relleno el corazón con al menos 2 o 3 litros de sorbete.) Congela.

2. Cuando el molde esté sólido, sumérgelo en agua caliente o déjalo en reposo hasta que el contenido se ablande lo suficiente como para poder desmoldarlo en un cuenco. Vuelve a congelar el sorbete.

3. Templa ligeramente un paquete de salsa de fresa congelada de bajo contenido en azúcar (puedes dejarlo a temperatura ambiente o introducirlo en un cuenco lleno de agua).

4. Vierte la salsa de fresa parcialmente descongelada en un robot de cocina o batidora y procésala hasta conseguir una mezcla homogénea. Refrigera hasta el momento de utilizarla.

5. Treinta minutos antes de servir el postre, retira el sorbete del congelador y échale por encima la mayor parte de la salsa de fresa. Si te sobra un poco, resérvalo en una jarra. Coloca el cuenco en un lugar templado y permite que la salsa y el sorbete se mezclen.

6. Sirve y pasa la jarra por si a alguien le apetece un poco de salsa extra.

7. Recapitulando: este postre sabe mejor cuando se ablanda y comienza a mezclarse. (En realidad, a nosotros nos gusta más cuando todos los invitados se han marchado y solo queda un poco de sorbete en el fondo del cuenco donde lo hemos servido.) Retira el sorbete del congelador antes de que los invitados se sienten a cenar. Calcula que necesitas más o menos ½ litro de sorbete (1 pinta) por paquete de salsa de fresa congelada, y que de cada ½ litro de sorbete obtienes unas 5 raciones.

MASA DE CEREALES CRUJIENTES

OBTIENES UNA TAPA DE MASA DE 23 CM (9 PULGADAS)

1 taza o 1 ¼ de cereales crujientes, o una cantidad suficiente como para cubrir ligeramente un molde de tarta

2-3 cucharadas de concentrado de zumo de manzana congelado (se descongela con mucha facilidad)

1. Precalienta el horno a 180° (350 °F).
2. Vierte los cereales crujientes en el molde de 23 cm, añádele el concentrado de zumo de manzana y mezcla hasta que el cereal se haya humedecido pero no esté mojado.
3. Presiona los cereales contra los lados del molde y hornea durante 10 minutos, hasta que se doren un poco. Controla constantemente.
4. Deja enfriar la tapa de masa en el congelador o la nevera hasta que esté lista para rellenar.

Nota: rellena en el último minuto para que no pierda la consistencia crujiente.

RELLENO PARA TARTA DE BAYAS

OBTIENES RELLENO SUFICIENTE PARA UNA TARTA

4 tazas (1 cuarto de galón) de arándanos, fresas, frambuesas, o una mezcla de todas, cortadas en rodajas (o un paquete de 450 g / 16 oz de bayas congeladas)

⅓ taza de concentrado de zumo de manzana congelado

2 cucharadas de harina de maíz

1 plátano (opcional)

1. Coloca las bayas, el concentrado de zumo de manzana y la harina de maíz en una olla y cuece a fuego medio, removiendo, hasta que la mezcla se espese.
2. Forra la masa de cereales crujientes con plátano en rodajas (opcional). Enfría la mezcla de bayas ligeramente y vierte sobre la masa. Sirve de inmediato. (La masa crujiente se «moja» demasiado si no se consume enseguida, aunque de todas formas resulta deliciosa.)

TARTA DE ARÁNDANOS MUY FÁCIL

OBTIENES 4-6 RACIONES

⅔ taza de harina de trigo integral

1 ½ cucharaditas de levadura en polvo

un poco menos de 1 taza de leche de avena, multicereales o soja sin grasa

3 cucharadas de jarabe de arce, azúcar o miel

1 cucharada de extracto de vainilla

2 tazas de arándanos

1. Precalienta el horno a 180º (350 ºF).
2. Mezcla la harina y la levadura en polvo en un cuenco pequeño.
3. Echa la leche, la miel y la vainilla en un vaso medidor y remueve; luego añade la harina y mezcla hasta conseguir una masa homogénea (que resultará bastante húmeda).
4. Vierte la masa en un molde cuadrado antiadherente y cubre con las bayas.
5. Hornea durante 45 minutos o hasta que adquiera un tono dorado. Con unas cucharadas de sorbete resulta delicioso.

TARTA DE BAYAS VARIADAS

OBTIENES 9 RACIONES

Mezcla de bayas:

6 tazas de bayas frescas o congeladas (moras de Boysen, moras, frambuesas o una mezcla de varias)

3 cucharadas de harina de trigo integral o harina de cebada

¼ de taza de azúcar, jarabe de arce, néctar de agave o miel.

Cobertura:

1 taza de harina de trigo integral o harina de cebada

2 cucharadas de azúcar o jarabe de arce

1 ½ cucharaditas de levadura en polvo

un poco menos de 1 taza de leche de avena, multicereales o soja sin grasa

2 cucharaditas de extracto de vainilla

1. Precalienta el horno a 180° (375 °F).
2. Distribuye las bayas en un molde de horno antiadherente cuadrado e incorpora la harina y el azúcar.
3. Hornea durante unos 15 minutos, hasta que la mezcla esté caliente.
4. Mientras las bayas se calientan, prepara la cobertura: mezcla la harina, el azúcar y la levadura en polvo. (Si usas jarabe de arce, añádelo en el próximo paso.)
5. Mezcla la leche y la vainilla, y bate hasta conseguir una masa homogénea.
6. Vierte la masa sobre las bayas calientes (no te preocupes si no quedan completamente cubiertas) y hornea durante 25-30 minutos, hasta que adquiera un color dorado. Queda perfecta con un poco de cualquier sorbete.

GALLETAS BLANDAS DE JENGIBRE

OBTIENES 2 DOCENAS DE GALLETAS PEQUEÑAS

Esta es una adaptación de otra popular receta de galletas de Martha Stewart. A pesar de estar elaboradas con harina de trigo integral y nada de chocolate semiamargo ni de mantequilla, están buenísimas. A nuestra nieta de cuatro años, Bainon, le encantaba hacer las bolitas y cubrirlas luego de azúcar. Estábamos tan impacientes por poner la preparación en la nevera, que la niña quedaba cubierta de masa desde las muñecas hasta la punta de los dedos..., ¡y eso formaba parte de la diversión! Si tienes prisa, simplemente retira la masa con una cuchara y espolvoréala con un poco de azúcar.

1 ½ tazas de harina de trigo integral o harina de cebada
1 cucharada de cacao en polvo sin azúcar
un poco más de 1 cucharadita de jengibre molido
¼ cucharadita de canela molida
¼ cucharadita de clavo molido
¼ cucharadita de nuez moscada molida
½ taza de «potito» de ciruelas o puré de manzana
1 cucharada de jengibre fresco pelado y picado muy fino
½ taza bien colmada de azúcar moreno
¼ taza de melaza sin sulfitos
1 cucharadita de bicarbonato sódico disuelto en un poco más de 1 cucharadita
   de agua hirviendo
¼ taza de azúcar granulado

1. Precalienta el horno a 160º (325 ºF).
2. Tamiza la harina, el cacao y las especias en un cuenco mediano y reserva.
3. Coloca las ciruelas y el jengibre en el recipiente de una batidora eléctrica y bate a velocidad media hasta conseguir una mezcla homogénea. Añade el azúcar moreno y sigue mezclando; agrega la melaza y continúa batiendo.
4. Agrega la mezcla de harina en dos tandas, alternando con la mezcla de bicarbonato sódico.
5. Pasa la masa a un trozo de film transparente y presiónala para darle un espesor de unos 2 cm. Refrigera hasta que esté firme o no puedas esperar más (¡pero si no esperas, la masa estará realmente muy pegajosa!).
6. Cubre dos bandejas con papel para horno. Con la masa, prepara bolitas de poco menos de 4 cm de diámetro y pásalas por azúcar granulado. A continuación disponlas en la bandeja, manteniendo una separación de 5 cm entre cada una.
7. Hornea durante 20 minutos, o hasta que estén ligeramente crujientes. Deja enfriar las galletas 5 minutos, y luego pásalas a una rejilla y déjalas enfriar por completo.

GALLETAS DE AVENA Y JARABE DE ARCE

OBTIENES ALREDEDOR DE 1 DOCENA DE GALLETAS SI EMPLEAS ½ TAZA DE UVAS PASAS

> 1 taza de avena
> ⅔ taza de harina de trigo integral o harina de cebada
> 2 cucharadas de semillas de lino
> ⅓ o ½ taza de uvas pasas
> ⅓ taza de jarabe de arce, azúcar moreno, néctar de agave o miel
> ½ taza de leche de avena o agua
> 1 cucharada de extracto de vainilla

1. Precalienta el horno a 170° (350 °F).
2. Tuesta la avena hasta que quede ligeramente dorada. Controla con atención para que no se queme.
3. Mientras la avena se tuesta, coloca el resto de los ingredientes, en el orden que aparece arriba, en un cuenco mediano. Añade la avena tostada y mezcla bien.
4. Coloca 10-12 cucharadas de masa formando otros tantos montoncitos en una bandeja antiadherente y aplástalos con la parte posterior de un tenedor.
5. Hornea durante 15 minutos, o hasta que cada galleta esté ligeramente dorada en los bordes. Contrólalas con frecuencia para evitar que se quemen.

Agradecimientos

E STE PROYECTO JAMÁS PODRÍA haber llegado tan lejos ni habría alcanzado objetivos tan importantes sin la ayuda de las siguientes personas, a quienes deseo expresar mi agradecimiento.

En primer lugar, un especial tributo a mi cuñado George Crile III, ya fallecido, y a su esposa, Susan Lyne. Desde el principio, George —periodista, productor de televisión y escritor de increíble talento— se sintió inspirado por la investigación y también fascinado por la dimensión humana de la recuperación de mis pacientes. Si bien se negó a incluir su nombre, él es el responsable de la convincente introducción de este libro.

Mi secretaria Irene Greenberg también fue una de las primeras y más grandes entusiastas de este proyecto. Después de su prematura muerte en 1988, Sandy Gobozy asumió sus tareas secretariales y pacientemente volvió a volcar en el ordenador boceto tras boceto de mi manuscrito mientras nos ayudaba con nuestros pacientes.

Los siguientes cardiólogos de la Clínica Cleveland nos enviaron pacientes para la investigación: los doctores Stephan Ellis, Irving Franco, Jay Holman, Frederick Pashkow, Russ Raymond, Ernest Salcedo, William Sheldon, Earl Shirey y Donald Underwood. Un agradecimiento particular al cardiólogo James Hodgman, por revisar el manuscrito, y a Bernadine Healy, quien en 1985, al inicio de mi investigación, me ofreció su asesoramiento y sabiduría.

Muchas almas gemelas en transición hacia una vida más sana cuentan con mi gratitud por su inspirador trabajo. Entre ellas: Neal

Barnard, Colin Campbell, Antonia Demas, Hans Diehl, Joel Fuhrman, Mladen Galubic, Alan Goldhammer, William Harris, Michael Jacobson, Michael Klaper, Robert Kradjian, Doug Lisle, Howard Lyman, John McDougall, Jeff Nelson, Dean Ornish y John Robbins.

Tim Crowe, brillante técnico de imágenes del laboratorio de angiografías de la Clínica Cleveland, fue el responsable de los precisos e importantes descubrimientos que se han reproducido en este libro. Y la investigación de reperfusión habría sido imposible sin la ayuda de los doctores Richard Brunken, Raymondo Go y Kandice Marchant.

Los directores ejecutivos de la Clínica Cleveland, William Kaiser y Floyd Loop, y el presidente de mi departamento, Robert Hermann, amablemente me permitieron suspender mis obligaciones quirúrgicas durante media jornada a la semana para dedicarme a mi investigación.

Abraham Brickner, colega, amigo y paciente, me ayudó mucho con su crítica, además de creer firmemente en mi programa nutricional a base de productos vegetales para prevenir y revertir la cardiopatía.

Julia Brandi me ofreció una ayuda valiosísima durante la organización de la Primera Conferencia Nacional sobre la Prevención y Eliminación de la Cardiopatía Coronaria, donde mi investigación marcó un hito.

Mi especial agradecimiento al doctor Joe Crowe y a su esposa, Mary Lind, cuyo compromiso absoluto con mi programa produjo algunas de las más espectaculares pruebas de que la cardiopatía puede revertirse. Las sorprendentes angiografías que muestran el progreso del doctor Crowe han animado a muchas otras personas a probar nuestro método.

Mi difunta hermana, la doctora Sally Esselstyn Howell; su marido, el doctor Rodney Howell, y mi hermano Erik Esselstyn me ofrecieron su apoyo incondicional a lo largo de los años.

Mi difunto padre, el doctor Caldwell B. Esselstyn, siempre ha sido mi inspiración. Él me enseñó que nunca debes bajar los brazos cuando sabes que tienes razón. Y mucho antes de que se convirtiera en una cuestión de moda, él argumentaba que la única manera de salir de la imposible carga sanitaria que afronta Estados Unidos es enseñando a las personas a vivir de manera más sana.

Mis hijos, Rip, Ted, Jane y Zeb; sus cónyuges, Anne Bingham, Brian Hart y Jill Kolasinski, y mis nietos, Flinn Esselstyn, Gus Esselstyn, Rose Esselstyn, Crile Hart, Zeb Hart y Bainon Hart, se han hecho adeptos a la alimentación vegetariana. Les estoy muy agradecido a todos ellos y aprecio lo mucho que nos divertimos cuando comemos juntos. Un agradecimiento especial a mi hijo Ted por la ilustración del endotelio.

Agradezco vivamente al grupo Avery de Penguin —la editora Megan Newman y su equipo, Lucia Watson, Kate Stark y Lissa Brown—, cuya aptitud, perspicacia y experiencia han resultado fundamentales para desarrollar este libro.

Mi agente, Peter Bernstein, ha sido para mí una gran fuente de sabiduría, orientación y amistad. Me siento especialmente en deuda con él por haber encontrado a mi excelente colaboradora, Merrill McLoughlin. Mimi me ha ayudado a convertir mi investigación biológica en un material comprensible y accesible, entretejiendo en el áspero ámbito científico el componente humano de las historias de mis pacientes originales. El resultado, a mi entender, es un libro que educará y aportará esperanzas a mucha gente.

Por último, estaré siempre agradecido a mi esposa, Ann, por su inquebrantable lealtad cuando la resistencia a mis ideas y mi investigación parecía insalvable. Ella me animó, me ayudó a reescribir y constantemente renovó mi fe en mí mismo y mi compromiso con la pasión que me movía. Trabajando como una mula durante más de veintidós años, ha desarrollado, modificado y probado todas las recetas vegetarianas que aparecen al final del libro. Se lo dedico a ella.

APÉNDICE I

Lectura adicional

S I BIEN LOS TÍTULOS QUE APARECEN a continuación no son en
sentido estricto libros de cocina, recomendamos especialmente su lectura a todas aquellas personas interesadas en la buena
salud:

The China Study, de T. Colin Campbell, con Thomas M. Campbell II,
 BenBella Books, 2005. Si tienes alguna duda sobre la dieta a
 base de productos vegetales, ¡este libro te convertirá en un gue-
 rrero de las verduras! Realmente debería ser una lectura obli-
 gatoria para todo el mundo.

Turn Off the Fat Genes, Three Rivers Press, 2001, y *Breaking the
 Food Seduction: The Hidden Reasons Behind Food Cravings—and 7
 Steps to End Them Naturally*, de Neal Barnard, St. Martin's Press,
 2003. Estos libros contienen algunas recetas (ten cuidado con
 el aceite en *Breaking the Food Seduction*), pero en realidad lo más
 destacable es el importante mensaje que difunden.

*No More Bull!: The Mad Cowboy Targets America's Worst Enemy: Our
 Diet*, de Howard F. Lyman, Glen Merzer y Joanna Samorow-
 Merzer, Scribner, 2005. Un libro muy convincente sobre la importancia de consumir productos vegetales. Incluye recetas, pero
 deberías dejar de lado el aceite en algunas de ellas.

*The Pleasure Trap: Mastering the Hidden Force that Undermines Health
 & Happiness,* de Douglas J. Lisle y Alan Goldhamer, Healthy
 Living Publications, 2003. Los autores proponen una solución

a los impulsos fisiológicos básicos del hombre, responsables de las enfermedades crónicas.

Becoming Vegan: The Complete Guide to Adopting a Healthy Plant-Based Diet, de Brenda Davis y Vesanto Melina, Book Publishing Company, 2000. Buenos consejos de verdaderos profesionales.

Food Is Elementary: A Hands-on Curriculum for Young Students, de Antonia Demas, Food Studies Institute, 2001. Veintiocho planes alimentarios para una alimentación infantil sana, desarrollados por una chef vegetariana que trabaja por cambiar los productos que ofrecen los comedores escolares en Estados Unidos.

Health Power, de Aileen Ludington y Hans Diehl, Review & Herald Publishing Association, 2000. Este libro de fácil comprensión está repleto de información para prevenir y revertir muchas enfermedades mortales.

PÁGINAS WEB RECOMENDADAS

Las páginas web que aparecen a continuación contienen todo tipo de consejos útiles y recetas. Una de ellas en particular —www.engine2.org— resulta especialmente significativa para nosotros, porque fue creada por bomberos de la Estación n.º 2 de Austin, Texas, que se han dedicado a seguir y promover la alimentación sana. Nuestro hijo Rip es uno de ellos. Su lema es: «Combatir el fuego, combatir el colesterol, combatir la grasa».

www.drmcdougall.com: una excelente publicación mensual gratuita que contiene recetas seguras.

www.vegdining.com: una guía de restaurantes vegetarianos en todo el mundo.

www.fatfree.com: recetas sin grasa (pero ten cuidado con el aceite, los productos lácteos y la harina blanca).

www.grainaissance.com: productos de arroz integral ecológico y recetas.

www.ivu.org: recetas vegetarianas internacionales (pero ten cuidado con el aceite).

www.veganculinaryexperience.com

www.vegparadise.com: estupendas sugerencias de productos y recetas.

www.vegsource.com: la página web vegetariana más completa y visitada de Internet

www.engine2.org: la web del equipo de bomberos de Rip, dedicados a combatir el fuego y la grasa.

Si investigas en la red, sin lugar a dudas encontrarás muchos sitios más que pueden ofrecerte información concreta sobre recursos y direcciones de tu país o zona de residencia.

APÉNDICE II

Otras publicaciones del autor sobre las enfermedades cardíacas

«Beyond Surgery», discurso presidencial presentado en la Vigésima Reunión Anual de la Asociación Norteamericana de Cirujanos Endocrinos, San José, CA, celebrada los días 14-16 de abril de 1991. *Surgery*, diciembre de 1991; 110(6): 923-27.

Con S. G. Ellis, S. V. Medendorp y T. D. Crowe. «A Strategy to Arrest and Reverse Coronary Artery Disease: A Five-Year Longitudinal Study of a Single Physician's Practice». *The Journal of Family Practice*, diciembre de 1995; 41(6): 560-68.

(Como editor invitado) «A Symposium: Summit on Cholesterol and Coronary Disease. 2nd National Conference on Lipids in the Elimination and Prevention of Coronary Disease». Suplemento basado en un simposio que tuvo lugar los días 4 y 5 de sept de 1997 en Lake Buena Vista, FL. *The American Journal of Cardiology*, 26 de noviembre de 1998; 82(10B): 1T-94T.

«Foreword: Changing the Treatment Paradigm for Coronary Artery Disease». *The American Journal of Cardiology*, 26 de noviembre de 1998; 82(10B): 1T-4T.

«Updating a Twelve-Year Experience with Arrest and Reversal Therapy for Coronary Heart Disease». *The American Journal of Cardiology*, 1 de agosto de 1999; 84: 339-341.

«In Cholesterol Lowering, Moderation Kills». *Cleveland Clinic Journal of Medicine*, agosto de 2000; 67(8): 560-564.

«Resolving the Coronary Artery Disease Epidemic Through Plant-Based Nutrition». *Preventive Cardiology*, 2001; 4: 171-177.

Información de interés para residentes en Estados Unidos

ALIMENTOS SEGUROS

A continuación encontrarás una lista de algunos de los productos de origen vegetal que hemos descubierto, fabricados con cereales cien por cien integrales, sin contenido de aceite y con bajos niveles de sodio y azúcar. Algunos son muy fáciles de encontrar en los supermercados corrientes, pero otros solo están disponibles en tiendas naturistas (por ejemplo, las marcas Trader Joe's y Wild Oats se venden principalmente en sus propios locales).

Recuerda que los productos cambian constantemente, así que lee SIEMPRE las etiquetas. No creas que porque un tipo de pan elaborado por una determinada empresa sea «seguro» lo serán también el resto de las variedades que ofrece dicho fabricante.

BASE PARA PIZZA

Nature's Hilights, base para pizza de arroz integral

CALDO

Health Valley, caldo vegetal sin grasa (360 mg de sodio)
Kitchen Basics, caldo de verduras asadas (330 mg de sodio)
Pacific Organic, caldo vegetal sin grasa y caldo de setas sin grasa (530 mg de sodio)
Pacific Organic, caldo vegetal bajo en sodio (140 mg de sodio)
Trader Joe's, caldo vegetal orgánico sin grasa (330 mg de sodio)

CEREALES

Barbara's Bakery, copos de trigo (sin azúcar)

Erewhon, cereales integrales con uvas pasas

Grainfield, cereales integrals con uvas pasas y copos de multicereales

Grape-Nuts

Post, copos de trigo y salvado

Shredded Wheat

Trader Joe's, bocaditos de trigo

GALLETAS / DULCES

Barbara, barras de higo sin trigo (evita las de frambuesa, porque contienen glicerina, y las de trigo integral, porque llevan aceite de canola)

Fruta y verdura deshidratada.

GALLETAS INTEGRALES

Edward & Sons, galletas de arroz integral (sabor tamari-sésamo, cebolla-ajo y sin sal)

Hol-Grain, galletas (sin sal y de arroz integral)

Ryvita (sésamo, centeno, etc.)

San-J, galletas de arroz integral y tamari (no las confundas con las de arroz integral con sésamo y tamari)

Wasa Original, galletas (lee los ingredientes: algunas contienen mono y diglicéridos)

Kavli, galletas crujientes finas

Scandinavian, biscotes integrales (solo los de sésamo; los de cebolla y verduras asadas contienen aceite de girasol, así que evítalos)

Wheat Weavers (de Wild Oats y Whole Foods)

HELADOS / SORBETES

Dole, sorbetes de fruta (atención: el sorbete de chocolate de la marca Dole contiene clara de huevo.)

Dreyer, barras integrales con fruta
Edy, productos integrales con fruta (barras, sorbetes)
Häagen-Dazs, sorbetes
Sweet Nothings, barras de caramelo sin leche y barras de mango y
 frambuesa

HUMMUS / SALSAS PARA UNTAR / DIPS
Guiltless Gourmet, dip suave de alubias negras
Oasis Classic Cuisine, hummus sin grasa, mezcla mediterránea, se-
 tas shiitake y pimientos rojos asados (todos sin tahini)
Sahara Cuisine, dips de alubias negras y lentejas
Sahara Cuisine, hummus original y pimientos rojos asados ecoló-
 gicos (ambos sin tahini)
Trader Joe's, salsa de mango y salsa de piña

NACHOS
Hornea tus propios nachos a partir de pan pita, pan de maíz o las
 tortillas de la marca Ezekiel. ¡Todas las demás contienen aceite!

PAN
Aladdin, pan pita
Alvarado Street Bakery, rosquillas de pan y bollos
Ezekiel 4:9, panes de cereal germinado, bollos y tortillas
French Meadow, pan de espelta, centeno e integral
Genuine Bavarian Bread, pan integral, con semillas de lino, mul-
 ticereales y con semillas de girasol
Great Harvest Bread Company (comprueba siempre las etiquetas)
Lahvash, fajitas auténticas sin grasa
Mestemacher, pan de centeno, de centeno integral, con semillas de
 lino y de tres cereales
Paramount, lavash (pan armenio) de trigo integral
Reinecker's Bolkorn Brot
Trader Joe's, pan pita de trigo integral
Wild Oats, tortillas orgánicas (trigo integral, maíz amarillo)

Wild Oats, tortillas ecológicas de maíz amarillo

PASTA
Ancient Harvest, de quinoa
Bionature, pasta ecológica: penne, fusilli y rigatoni
DeBoles, pasta tipo espagueti de trigo integral, penne y cabello de
    ángel
Eden Organic, pasta udon, soba, de espelta y de arroz integral
Hodgson Mill, lasaña y macarrones de trigo integral
Lindburg, pasta de arroz integral, rotini y penne
Tinkyada, pasta de arroz integral: espirales, penne, conchas, fettuccini
    y lasaña
VitaSpelt, pasta de harina integral: macarrones y rotini
Wild Oats, fusilli y espagueti de trigo integral, kamut y espelta

PERRITOS CALIENTES / HAMBURGUESAS VEGETALES /
    CHILE
Health Valley, chile vegetariano 99 por 100 sin grasa, chile suave
    de alubias negras, chile picante de alubias negras y chile suave de
    tres alubias
Lightlife Smart Dogs
Price Chopper, hamburguesas veganas
Whole Foods, hamburguesas veganas y vegetarianas ecológicas
Yves Veggie Cuisine Veggie Dogs

POLENTA / MOCHI
Grainaissance mochi: original, pizza, uvas pasas con canela, sésamo
    y ajo, artemisa y trigo candeal
Monterey Pasta Company, Nate, polenta ecológica 100 por 100
Trader Joe's, polenta ecológica

SALSA PARA PASTA
Muir Glen, marinada de setas y salsas para pasta de champiñones
    portobello

Trader Joe's, salsa ecológica con setas para espagueti
Walnut Acres, salsa de albahaca y tomate baja en sodio
Whole Foods' 365, salsa orgánica para pasta

TOFU / SEITÁN
Lightlife, seitán ecológico
Mori-Nu, tofu sedoso bajo en grasa ligero (extrafirme, firme, blando)
White Wave, seitán

LIBROS DE COCINA RECOMENDADOS

La siguiente lista incluye una selección de los libros que más nos han ayudado a nosotros. Desde luego, tú encontrarás otros a medida que empieces tu propia investigación. Ten en cuenta que las recetas que aparecen en algunos libros deben ser modificadas para poder ajustarse a tus necesidades, cualesquiera que sean: por ejemplo, nada de sal, nada de azúcar y nada de frutos secos. Tú simplemente sigue las reglas. Busca siempre recetas basadas en productos vegetales, cereales integrales y, por supuesto, que no contengan aceite. El mejor consejo que podemos ofrecerte sobre los platos descritos en estos libros de cocina es el mismo que damos sobre los alimentos envasados: que leas los ingredientes. Siempre puedes adaptar una receta para que se ajuste a tu plan de alimentación segura.

The Accidental Vegan, de Devra Gartenstein, Crossing Press, 2000. Un librito con buenas recetas que no contienen carne, pescado, aves ni productos lácteos.
The (Almost) No-Fat Cookbook: Everyday Vegetarian Recipes y *The (Almost) No-Fat Holiday Cookbook: Festive Vegetarian Recipes*, de Bryanna Clark Grogan, Book Publishing Company, 1994 y 1995, respectivamente. Recetas creativas y apetecibles que no contienen carne, pescado, aves, productos lácteos ni aceite.

CalciYum! Delicious Calcium-Rich and Dairy-Free Vegetarian Recipes, de David y Rachelle Bronfman, Bromedia, Inc., 1998. Muy buenas recetas ricas en calcio que no contienen carne, pescado, aves ni productos lácteos. Evita las recetas que contienen aceite y frutos secos.

The Candle Café Cookbook, de Joy Pierson y Bart Potenza, con Barbara Scott-Goodman, Clarkson Potter, 2003. Basado en la cocina del restaurante del mismo nombre de Nueva York, contiene estupendas recetas veganas, algunas de las cuales pueden ser adaptadas para ajustarse a una dieta sin grasa.

Dr. Attwood's Low-Fat Prescription for Kids, de Charles R. Attwood, Viking, 1995. Un excelente libro para niños —y toda la familia— que incluye recetas sin contenido de carne, pescado, aves ni productos lácteos, pero sí algo de aceite.

Eat More, Weigh Less, de Dean Ornish, HarperCollins, 2001, y *Everyday Cooking with Dr. Dean Ornish*, HarperCollins, 1997. Estos libros contienen deliciosas recetas sin carne, pescado, aves ni aceite, en las que resulta fácil incorporar sustitutos de lácteos.

Eat to Live: The Revolutionary Formula for Fast and Sustained Weight Loss, de Joel Fuhrman, Little, Brown and Company, 2003. Véase también *Disease-Proof Your Child*, de Fuhrman, St. Martin's Press, 2005. Estos libros —cuyas recetas no contienen carne, pescado, aves, productos lácteos ni aceite— son excelentes para elaborar platos de alto contenido nutricional.

Fat Free and Delicious, de Robert N. Siegel, Pacifica Press, 1996. Uno de mis favoritos. Sus deliciosas y variadas recetas no contienen carne, pescado, aves, productos lácteos ni aceite.

Fat-Free & Easy: Great Meals in Minutes, de Jennifer Raymond, Book Publishing Company, 1997. Otro libro con fabulosas recetas a base de productos vegetales sin aceite. ¡Jennifer Raymond facilita mucho comer de esta manera!

The Health Promoting Cookbook: Simple, Guilt-Free, Vegetarian Recipes, de Alan Goldhamer, Book Publishing Company,

1997. Una destacada colección de recetas básicas y saludables que no contienen carne, pescado, aves, productos lácteos ni aceite.

Life Tastes Better Than Steak: Cookbook, de Gerry Krag y Marie Zimolzak, Avery Color Studios, 1996. No emplean carne, pescado, aves ni aceite. Evita las recetas que incluyen productos lácteos bajos en grasa y claras de huevo.

The McDougall Quick & Easy Cookbook, de John A. McDougall y Mary Mc-Dougall, Plume, 1999; *The New McDougall Cookbook*, Plume, 1997; *The McDougall Program for Maximum Weight Loss*, Plume, 1995. Todos los libros de cocina de McDougall son estupendos, con recetas para cada ocasión y todos los gustos. Son los primeros que recomendamos a las personas que están cambiando su forma de alimentarse, y nuestros platos festivos siempre se basan en las recetas de Mary McDougall.

The Millennium Cookbook: Extraordinary Vegetarian Cuisine, de Eric Tucker y John Westerdahl, con recetas de postres de Sascha Weiss, Ten Speed Press, 1998. The Millennium Restaurant de San Francisco es uno de los mejores establecimientos veganos del mundo. Estas recetas suelen contener un elevado porcentaje de grasa, pero algunas pueden ser adaptadas con facilidad.

The Moosewood Cookbook, de Mollie Katzen, Ten Speed Press, 2000 (edición revisada). Este libro de cocina y sus versiones subsiguientes introdujeron a muchos norteamericanos a la cocina vegetariana. Evita los productos lácteos y el aceite.

The RAVE Diet & Lifestyle, de Mike Anderson, Beacon DV, 2004. Nada de carne, pescado, aves, productos lácteos ni aceite. Lleno de recetas sabrosas y seguras (www.ravediet.com).

The Taste for Living Cookbook: Mike Milken's Favorite Recipes for Fighting Cancer, de Beth Ginsberg y Michael Milken, CaP Cure, 1998. Creativas y deliciosas recetas sin carne, pescado, aves, productos lácteos ni aceite. Evita la soja procesada y las claras de huevo, ¡por tentadoras que resulten las ilustraciones!

The Vegan Sourcebook, de Joanne Stepaniak, McGraw-Hill, 2000. Este completo libro contiene recetas sin carne, pescado, aves, ni productos lácteos. Pero atención con el aceite y los frutos secos.

Vegetarian Cooking with Jeanie Burke, R.D., de Jeanie Burke, auto-edición, 2003 (disponible a través de su página web www.jeanieskitchen.com). Algunas buenas ideas, sin carne, aves ni pescado. Pero evita los productos lácteos, el aceite y los frutos secos.

A Vegetarian's Ecstasy, de James Levin y Natalie Cederquist, GLO Publishing, 1994. Deliciosas recetas sin carne, pescado, aves ni productos lácteos, y muy poco aceite.

FABRICANTES Y PRODUCTOS

Por supuesto, esta no es una lista completa, pero sí una guía que podrá ayudarte a encontrar los productos que necesites.

ALVARADO STREET BAKERY: panes de cereales germinados, bollos y rosquillas de pan
500 Martin Ave.
Rohnert Park, CA 94928
www.alvaradostreetbakery.com
707-585-3293
Fax: 707-585-8954

ARROWHEAD MILLS: productos y cereales integrales
The Hain Celestial Group
4600 Sleepytime Drive
Boulder, CO 80301
www.arrowheadmills.com
1-800-434-4246

BOB'S RED MILL NATURAL FOODS: productos integrales y
   semillas de lino molidas
5209 SE International Way
Milwaukie, OR 97222
www.bobsredmill.com
1-800-349-2173
Fax: 503-653-1339

DEBOLES: pasta ecológica y de trigo integral
The Hain Celestial Group
4600 Sleepytime Dr.
Boulder, CO 80301
www.deboles.com
1-800-434-4246

FOOD FOR LIFE BAKING CO., INC.: productos ecológicos sin
   harina, incluidos los panes germinados Ezekiel 4:9, bollos y tortillas
PO Box 1434
Corona, CA 92878
www.foodforlife.com
1-800-797-5090

GREAT HARVEST BREAD COMPANY: panes integrales (pero
   esta marca requiere una comprobación exhaustiva de sus ingredientes)
28 S. Montana St.
Dillon, MT 59725
www.greatharvest.com
1-800-442-0424 or 406-683-6842
Fax: 406-683-5537

HEALTH VALLEY: sopas, caldos y productos sin grasa
The Hain Celestial Group

4600 Sleepytime Dr.
Boulder, CO 80301
www.healthvalley.com
1-800-434-4246

HODGSON MILL: harinas integrales, cereales y pastas; catálogo
  online
1100 Stevens Ave.
Effingham, IL 62401
www.hodgsonmill.com
1-800-347-0105
Fax: 217-347-0198

HUDSON VALLEY HOMESTEAD: montones de condimentos,
  en especial mostazas
102 Sheldon La.
Craryville, NY 12521
www.hudsonvalleyhomestead.com
518-851-7336
Fax: 518-851-7553

JUST TOMATOES, ETC.: frutas y verduras deshidratadas
PO Box 807
Westley, CA 95387
www.justtomatoes.com
1-800-537-1985 (orders) o 209-894-5371
Fax: 1-800-537-1986 (orders) o 209-894-3146

KITCHEN BASICS: caldo de verduras asadas; recetas
PO Box 41022
Brecksville, OH 44141
www.kitchenbasics.net
440-838-1344

MESTEMACHER: panes integrales y cereales de Alemania
Am Anger 16
D-33332 Gütersloh
Postfach 2451 D-33254
Germany
www.germandeli.com/mebr.html

MUIR GLEN: dos salsas para pasta sin aceite (marinada de setas
y de champiñones portobello)
Small Planet Foods
PO Box 9452
Minneapolis, MN 55440
www.muirglen.com
1-800-624-4123

NATURAL MARKET PLACE: base para pizza de arroz integral,
Bragg Liquid Aminos (concentrado proteínico líquido a base
de soja)
4719 Lower Roswell Rd.
Marietta, GA 30068
www.naturalmarketplace.net
770-973-4061

NATURE'S PATH FOODS: pasta, cereales, pan Manna (un pan
parecido a un bizcocho, de cereales germinados, sin aceite, edul-
corantes ni sal; se elabora en diferentes sabores y queda delicioso
tostado)
9100 Van Horne Way
Richmond, BC
V6X 1W3
Canada
www.naturespath.com
1-888-808-9505

OASIS MEDITERRANEAN CUISINE: hummus sin tahini
1520 Laskey Rd.
Toledo, OH 43612
419-269-1459

PACIFIC FOODS: caldos vegetales y de setas, sin grasa
19480 SW 97th Ave.
Tualatin, OR 97062
www.pacificfoods.com
503-692-9666
Fax: 503-692-9610

SAHARA CUISINE: hummus original y ecológico a base de pimiento rojo asado sin tahini ni aceite (otros productos de Sahara Cuisine sí contienen tahini); también *dip* de alubias negras, de lentejas y de siete alubias
PO Box 110866
Cleveland, OH 44111
www.saharacuisineinc.com
216-761-9322

TURTLE MOUNTAIN: barritas sin grasa ni productos lácteos, endulzadas con fruta, de caramelo y también de mango y frambuesa
PO Box 21938
Eugene, OR 97402
www.turtlemountain.com
541-338-9400
Fax: 541-338-9401
Atención al cliente: info@turtlemountain.com

CADENAS DE TIENDAS NATURISTAS

En la actualidad proliferan las tiendas naturistas, y es muy probable que encuentres algunas realmente buenas cerca del lugar en el que vives. Sin embargo, las tres empresas que menciono en este apartado han abierto un gran número de comercios en los que es posible encontrar productos que en cualquier otro sitio escasean. También comercializan productos de sus propias marcas que pueden encajar con tus necesidades. Trader Joe's, por ejemplo, elabora una salsa para pasta sin aceite y espaguetis orgánicos con setas, en tanto que Whole Foods prepara su propia salsa para pasta sin grasa y hamburguesas veganas que no contienen aceite. A continuación encontrarás su dirección e información de contacto.

TRADER JOE'S
800 S. Shamrock Ave.
Monrovia, CA 91016
www.traderjoes.com
626-599-3700

WHOLE FOODS
550 Bowie St.
Austin, TX 78703
www.wholefoodsmarket.com
512-477-4455

WILD OATS NATURAL MARKETPLACE
3375 Mitchell La.
Boulder, CO 80301
www.wildoats.com
1-800-494-9453

Índice alfabético

Notas

1. Comer para vivir

[1] Oficina de Responsabilidad Gubernamental de Estados Unidos.

[2] Lewis H. Kuller et al., *Archives of Internal Medicine*, 9 de enero de 2006: «10-year Followup of Subclinical Cardiovascular Disease and Risk of Coronary Heart Disease in the Cardiovascular Health Study.»

[3] Bertram Pitt, David Waters et al., *New England Journal of Medicine*, 8 de julio de 1999: «Aggressive Lipid-lowering Therapy Compared with Angioplasty in Stable Coronary Artery Disease.»

2. «Algún día tendremos que ser más listos»

[1] G. Bjerregarrd and A. Jung'u, *East African Medical Journal*, enero de 1991: «Breast Cancer in Kenya: A Histopathologic and Epidemiologic Study.»

[2] K. M. Dalessandri and C. H. Organ, Jr., *American Journal of Surgery*, abril de 1995: «Surgery, Drugs, Lifestyle and Hyperlipidemia.»

[3] T. Colin Campbell con Thomas M. Campbell II, *The China Study*, BenBella Books, 2005.

[4] National Heart, Lung and Blood Institute, National Institutes of Health.

[5] R. W. Wissler y D. Vesselinovitch, *Advanced Veterinary Science Comp Med*, 1977: «Atherosclerosis in Nonhuman Primates.»

3. En busca de la cura

[1] Campbell y Campbell.

[2] La dosis más frecuente era de 4 gramos, dos veces al día, de colestiramina, y de 40 a 60 milligramos diarios de lovastatina.

4. Información básica sobre la enfermedad cardíaca

[1] K. M. Dalessandri y C. H. Organ, Jr., *American Journal of Surgery*, abril

de 1995: «Surgery, Drugs, Lifestyle and Hyperlipidemia.»

[2] Campbell with Campbell.

[3] W. Castelli, J. Doyle, T. Gordon et al., *Circulation*, mayo de 1977: «HDL Cholesterol and Other Lipids in Coronary Heart Disease.»

5. La moderación mata

[1] N. B. Oldridge, G. H. Guyatt, M. E. Fischer y A. A. Rimm, *Journal of the American Medical Association*, 19 de agosto de 1988: «Cardiac Rehabilitation After Myocardial Infarction; Combined Experience of Randomized Clinical Trials.»

[2] Varios autores, *Journal of the American Medical Association*, 8 de febrero de 2006: «Low-Fat Dietary Pattern and Risk of Invasive Breast Cancer»; «Low-Fat Dietary Pattern and Risk of Colorectal Cancer and Low-Fat Dietary Pattern and Risk of Cardiovascular Disease: The Women's Health Initiative Randomized Controlled Dietary Modification Trial.»

[3] W. C. Roberts, *American Journal of Cardiology*, 1 de septiembre de 1989: «Atherosclerotic Risk Factors—Are There Ten or Is There Only One?»

[4] R. Luyken, F. Luyken-Louing y N. Pikaar, *American Journal of Clinical Nutrition*, 1964: «Nutrition Studies in New Guinea; Epidemiological Studies in a Highland Population of New Guinea: Environment, Culture and Health Status.»

[5] N. Werner et al., *New England Journal of Medicine*, 8 de septiembre de 2005: «Circulating Endothelial Progenitor Cells and Cardiovascular Outcomes.»

[6] Robert A. Vogel, *Clinical Cardiology*, junio de 1999: «Brachial Artery Ultrasound: A Noninvasive Tool in the Assessment of Triglyceride-Rich Lipoproteins.»

[7] Christopher P. Cannon et al., *New England Journal of Medicine*, 8 de abril de 2004: «Intensive versus Moderate Lipid Lowering with Statins After Acute Coronary Syndromes.»

[8] Galardonados con el Nobel: doctores Robert F. Furchgott, Ferid Murad and Louis J. Ignarro.

6. Una prueba vivita y coleando

[1] E. A. Brinton, S. Eisenberg y J. L. Breslow, *Journal of Clinical Investigation*, enero de 1990: «A Low-fat Diet Decreases High-Density Lipoprotein (HDL) Cholesterol Levels by Decreasing HDL Apolipoprotein Transport Rates.»

7. ¿Por qué no me lo dijo nadie?

[1] K. L. Gould, *Circulation*, septiembre de 1994: «Reversal of Coronary Atherosclerosis: Clinical Promise as the Basis for Noninvasive Man-

agement of Coronary Artery Disease.»

[2] J. Stamler, D. Wentworth y J. D. Neaton, para MRFIT Research Group, *Journal of the American Medical Association*, 28 de noviembre de 1986: «Is Relationship Between Serum Cholesterol and Risk of Premature Death from Coronary Heart Disease Continuous and Graded?»

[3] W. Castelli, *Prevention*, noviembre de 1996: «Take This Letter to Your Doctor.»

[4] *Nutrition Action*, septiembre de 2004, volumen 31.

[5] Campbell y Campbell.

[6] T. Colin Campbell, de un discurso en la Primera Conferencia Nacional para la Eliminación de la Cardiopatía Coronaria, octubre de 1991, Tucson, Arizona; citado por el doctor Charles Attwood, en una entrevista con el autor.

[7] El interés cada vez mayor en la preveción de la cardiopatía coronaria derivó en la 2.ª Conferencia Nacional sobre Lípidos en la Eliminación y Prevención de la Cardiopatía Coronaria, llevada a cabo en asociación con The Disney Company, en Orlando, Florida, en el mes de septiembre de 1997. El tema: cambiar el paradigma de tratamiento desde los invasivos tratamientos sintomáticos hacia la detención y la reversion de la enfermedad a través de cambios nutricionales. El resultado del simposio fue publicado como un suplemento del *American Journal of Cardiology*, 26 de noviembre de 1998.

8. Una serie de pasos simples

[1] D. J. Jenkins et al., *New England Journal of Medicine*, 5 de octubre de 1989: «Nibbling versus Gorging: Metabolic Advantages of Increased Meal Frequency.»

9. Preguntas frecuentes

[1] R. D. Mattes, *American Journal of Clinical Nutrition*, marzo de 1993: «Fat Preference and Adherence to a Reduced-fat Diet.»

[2] M. H. Frick et al., *New England Journal of Medicine*, 12 de noviembre de 1987: «Helsinki Heart Study: Primary-prevention Trial with Gemfibrozil in Middle-aged Men with Dyslipidemia. Safety of Treatment, Changes in Risk Factors and Incidence of Coronary Heart Disease.»

[3] G. Weidner, S. L. Connor, J. F. Hollis y W. E. Connor, *Annals of Internal Medicine*, 1992: «Improvements in Hostility and Depression in Relation to Dietary Change and Cholesterol Lowering. The Family Heart Study.»

[4] *The Lancet*, 19 de noviembre de 1994, Scandinavian Simvastatin Survival Study Group: «Randomized Trial of Cholesterol Lowering in 4,444 Patients with Coronary Heart Disease.»

10. ¿Por qué no puedo tomar aceites «sanos para el corazón»?

[1] Michel de Lorgeril et al., *Circulation*,
16 de febrero de 1999: «Mediterranean Diet, Traditional Risk
Factors, and the Rate of Cardiovascular Complications After Myocardial Infarction; Final Report of the
Lyon Diet Heart Study.»
[2] D. H. Blankenhorn, R. Johnson et
al., *Journal of the American Medical
Association*, 23 de marzo de 1990:
«The Influence of Diet on the Ap-
pearance of New Lesions in Human
Coronary Arteries.»
[3] Lawrence L. Rudel, John S. Parks y
Janet K. Sawyer, *Arteriosclerosis,
Thrombosis, and Vascular Biology*, diciembre de 1995: «Compared with
Dietary Monounsaturated and Satu-
rated Fat, Polyunsaturated Fat Pro-
tects African Green Monkeys from
Coronary Artery Arteriosclerosis.»
[4] R. Vogel, M. Corretti y G. Plotnick,
*Journal of the American College of
Cardiology*, 2000: «The Postpran-
dial Effect of Components of the
Mediterranean Diet on Endothelial
Function.»
[5] N. Tsunoda, S. Ikemoto, M. Taka-
hashi et al., *Metabolism*, junio de
1998: «High Monounsaturated Fat
Diet-induced Obesity and Diabetes.»

11. **Almas gemelas**

[1] J. D. Hubbard, S. Inkeles y R. J.

Barnard, *New England Journal of
Medicine*, 4 de julio de 1985:
«Nathan Pritikin's Heart.»
[2] Steven Aldana, Roger Greenlaw,
Hans Diehl, Audrey Salberg, Ray
Merrill, Seiga Ohime y Camille
Thomas, *Journal of the American
Dietetic Association* 105 (2005):
«Effects of an Intensive Diet and
Physical Activity Modification
Program on the Health Risks of
Adults.» Heike Englert, Hans
Diehl y Roger Greenlaw, *Preventive
Medicine* 38 (2004): «Rationale and
Design of the Rockford CHIP, a
Community-Based Coronary Risk
Reduction Program: Results of a
Pilot Phase.»
[3] Viking, 352 páginas.

12. **Un mundo feliz**

[1] Centro Nacional de Estadística de la
Salud, Centros para el Control y
la Prevención de la Enfermedad
(EE UU).
[2] Pierre Aramenco et al., *New England
Journal of Medicine*, 1 de diciembre
de 1994: «Atherosclerotic Disease
of the Aortic Arch and the Risk of
Ischemic Stroke.»
[3] Mark F. Newman et al., *New England
Journal of Medicine*, 8 de febrero de
2001: «Longitudinal Assessment
of Neurocognitive Function after
Coronary Artery Bypass Surgery.»
[4] Sarah E. Vermeer et al., *New England
Journal of Medicine*, 27 de marzo de
2003: «Silent Brain Infarcts and

the Risk of Dementia and Cognitive Decline.»

5 Ingmar Skoog et al., *New England Journal of Medicine*, 21 de enero de 1993: «A Population Study of Dementia in 85-year-olds.»

6 M. Breteler et al., *British Medical Journal*, 18 de junio de 1994: «Cardiovascular Disease and Distribution of Cognitive Function in Elderly People. The Rotterdam Study.»

7 Ian M. Thompson et al., *Journal of the American Medical Association*, 21 de diciembre de 2005: «Erectile Dysfunction and Subsequent Cardiovascular Disease.»

8 James Fries y Lawrence Crapo, *Vitality and Aging*, W. H. Freeman & Co., 1981.

2 John P. Cooke y Judith Zimmer, *The Cardiovascular Cure: How to Strengthen Your Self-Defense Against Heart Attack and Stroke*, Broadway, 2002.

3 James S. Forrester y Prediman K. Shah, *Circulation*, 19 de agosto de 1997: «Lipid Lowering Versus Revascularization: An Idea Whose Time (for Testing) Has Come.»

4 Demosthenes D. Katritsis y John Ioannidis, *Circulation*, 7 de junio de 2005: «Percutaneous Coronary Intervention Versus Conservative Therapy in Nonacute Coronary Artery Disease.»

5 *The Cleveland Clinic Heart Advisor*, junio de 2006: «What to Do About Chest Pain: Your Knowledgeable Response to Discomfort Could Save Your Life.»

13. El control lo tienes tú

1 René G. Favaloro, *Journal of the American College of Cardiology*, 15 de marzo de 1998: «Critical Analysis of Coronary Artery Bypass Graft Surgery: a 30-Year Journey.»

14. Estrategias simples

1 R. D. Mattes, *American Journal of Clinical Nutrition*, marzo de 1993: «Fat Preference and Adherence to a Reduced-fat Diet.»

LA REVOLUCIÓN VERDE

Victoria Boutenko

978-84-8445-439-7

SMOOTHIE. LA REVOLUCIÓN VERDE

Victoria Boutenko

978-84-8445-440-3

Para otras obras de Gaia Ediciones, solicítalas
en tu librería habitual o visita www.alfaomega.es

en esta misma editorial

VEGANOMICÓN
Isa Chandra Moskowitz
Terry Hope Romero

978-84-8445-475-5

PURA FERMENTACIÓN
Sandor Ellix katz

978-84-8445-457-1

Para otras obras de Gaia Ediciones, solicítalas
en tu librería habitual o visita www.alfaomega.es